Spiel und Stuhl
Datum

Lehr- und Lernmedien

- Was kann man in Berlin machen?
- Was muss man in Berlin machen
- Was wollen wir in Berlin machen?

Dietmar Rösler
Nicola Würffel

- Bilder mit Verben - sehen
besuchen

Ernst Klett Sprachen

Stuttgart

Fort- und Weiterbildungsreihe des Goethe-Instituts
Allgemeiner Herausgeber: Goethe-Institut e.V.
Herausgeber dieser Einheit: Karin Ende, Goethe-Institut e.V.
Fachlektorat: Karin Ende, Imke Mohr
Überarbeitung: Sabine Rotberg, Irina Baeva
Redaktion der überarbeiteten Neuausgabe: Esther Debus-Gregor
Manuskriptbetreuung: Steffi Borneleit
Illustrationen: Daniela Kohl, heutebunt
Filmproduktion: Magnus Froböse, Context Film

Die ersten sechs Einheiten der Reihe Deutsch Lehren Lernen, die auf einem gemeinsamen Curriculum basieren, wurden wissenschaftlich begleitet durch folgende Mitglieder des Beirats Sprache des Goethe-Instituts: Prof. Hans Barkowski (FSU Jena), Prof. Rüdiger Grotjahn (RU Bochum), Prof. Britta Hufeisen (TU Darmstadt) und Prof. Michael Legutke (JLU Gießen).

1. Auflage 1 6 5 4 3 2 | 2025 24 23 22 21

ISBN 978-3-12-676208-3

Koordination: Michaela Späinghaus
Verlagsredaktion: Barbara Stenzel
Covergestaltung: Bettina Lindenberg, München
Innengestaltung: Ute Weber GrafikDesign, Geretsried
Satz: KSA Media GmbH, Augsburg
Druck und Bindung: Elanders GmbH, Waiblingen

Printed in Germany

Symbole

Arbeitsblatt/Arbeitsmaterialien

www-Link

Auszug aus einem Lehrwerk

Video-QR-Code: weitere Informationen auf Seite 6. Video

Information zum verwendeten Video

Aufgabe möglichst in Partner- oder Gruppenarbeit zu bearbeiten

relevant für Präsenzphase, wenn kombinierte Fortbildungsveranstaltung besucht wird

Blau gesetzte Begriffe werden im Glossar erklärt. Sie sind dann blau, wenn sie eingeführt werden.

Weitere Informationen finden Sie auf www.goethe.de/dll.

Inhalt

Vorwort

Wir freuen uns, dass Sie sich entschieden haben, Ihre Kompetenz im Unterrichten von Deutsch als Fremdsprache mit der Fort- und Weiterbildungsreihe *Deutsch Lehren Lernen* weiterzuentwickeln.

Die bisher erschienenen Einheiten dieser Reihe sind:
1. Lehrkompetenz und Unterrichtsgestaltung
2. Wie lernt man die Fremdsprache Deutsch?
3. Deutsch als fremde Sprache
4. Aufgaben, Übungen, Interaktion
5. Lehr- und Lernmedien
6. Curriculare Vorgaben und Unterrichtsplanung
7. Prüfen, Testen, Evaluieren
8. DaF für Kinder
9. Unterrichten mit digitalen Medien
10. DaF für Jugendliche

Die Einheiten der Reihe *Deutsch Lehren Lernen* beschäftigen sich mit den Lehrenden als Hauptakteuren von Unterricht und den grundlegenden Elementen von Unterricht: Den Lernenden, der deutschen Sprache als fremder Sprache, der Interaktion im Klassenzimmer, den Lehr- und Lernmedien, der Unterrichtsplanung und den Vorgaben für Unterricht wie Curricula und didaktisch-methodische Prinzipien für die Unterrichtsplanung.
In jeder Einheit werden zunächst die grundlegenden Bedingungen des Lehrens und Lernens dargestellt, um zu verstehen, was das Lehren und Lernen einer Fremdsprache ausmacht. Anschließend wird erarbeitet, wie Lehrende in der Unterrichtspraxis mit diesen Erkenntnissen arbeiten können.

Die Einheiten können Sie in jeder Reihenfolge bearbeiten. Sie sind so gestaltet, dass sie auch einzeln gelesen werden können.

Damit Sie dieses Material erfolgreich bearbeiten können, erhalten Sie hier einige Hinweise:

Bearbeitung der Aufgaben

Deutsch Lehren Lernen ist ein Material, das sich durch die Bearbeitung der Aufgaben erschließt. Es gibt unterschiedliche Aufgabentypen. Zu den geschlossenen Aufgaben mit nur einer richtigen Lösung finden Sie die Antworten im Lösungsschlüssel. Zu halb offenen Aufgaben gibt es mehrere Antwortmöglichkeiten. Die zu diesen Aufgaben im Lösungsschlüssel angebotenen Antworten sind also lediglich als mögliche Lösungen zu verstehen. Es kommt sehr häufig vor, dass Sie in den Aufgaben Ihre persönlichen Erfahrungen oder die Bedingungen, unter denen Sie unterrichten, Ihre Beobachtungen und Einschätzungen thematisieren. Zu solchen Fragestellungen finden Sie keine Lösungen.

Im Buch selbst gibt es aus Platzgründen nur jeweils eine Schreibzeile, weswegen Sie die Aufgaben oft auf einem separaten Blatt Papier bearbeiten werden. Wir empfehlen Ihnen, sich einen Ordner anzulegen, in dem Sie diese Blätter sammeln.

Arbeit mit den Unterrichtsmitschnitten

Dieses Symbol zeigt Ihnen, dass Sie einen Unterrichtsmitschnitt sehen werden.

Durch die Beobachtung von Unterricht können Sie etwas über das Lehren und Lernen und damit indirekt auch etwas über Ihren eigenen Unterricht lernen. Die in dieser Einheit eingesetzten Unterrichtsdokumentationen zeigen keinen modellhaften, sondern authentischen Unterricht, sind also nicht als Best Practice zu verstehen. Sie sollen Ihnen helfen, den Gesamtkontext Unterricht zu reflektieren und Antworten auf Fragen zu finden, die Ihnen in Ihrer Professionalisierung begegnen.

Die Unterrichtsmitschnitte sind in Sequenzen aufgeteilt und zum Teil für die Entwicklung von *Deutsch Lehren Lernen* aufgenommen worden, zum Teil handelt es sich um Archivaufnahmen; daher schwankt die technische Qualität. Zusätzlich zu diesen Sequenzen finden Sie auch Zusammenschnitte zu bestimmten Themen oder Interviews mit Lehrenden.

Am Ende des Buches finden Sie eine Übersicht über die verwendeten Videos, die auf der beiliegenden DVD zu finden sind.
Die DVD ist so programmiert, dass Sie sie auf einem DVD-Player oder aber auch auf Ihrem Computer ansehen können. Um die Videos im Computer ansehen zu können, installieren Sie am besten den kostenfreien VLC-Player.

QR-Code

Über den QR-Code neben den Video-Icons können Sie die Videos auch direkt von Ihrem mobilen Endgerät sehen. Sie müssen dafür online sein: QR-Code einscannen, Passwort „Lernmaterialien" eingeben und Video ansehen. Weitere Informationen zu QR-Readern finden Sie unter: www.goethe.de/dll/qr.

Austausch mit Kollegen

Der Austausch mit Kolleginnen und Kollegen ist im Rahmen von Fort- und Weiterbildung besonders wertvoll. Selbst wenn Sie diese Einheit als Selbstlernmaterial bearbeiten, haben Sie vermutlich Gelegenheit, andere Lehrerinnen und Lehrer um ihre Einschätzungen zu bitten. Sie könnten sie einladen, sich gemeinsam mit Ihnen ein Interview oder einen Unterrichtsmitschnitt anzusehen und zu diskutieren. Dieses Icon markiert Aufgaben, die Sie in Kooperation mit einer Kollegin oder einem Kollegen bearbeiten können.

Praxiserkundungsprojekte

Das fortbildungsdidaktische Konzept von *Deutsch Lehren Lernen* ist der Aktions- oder Handlungsforschung verpflichtet: Das Lernen im Klassenzimmer/Kursraum kann dadurch optimiert werden, dass Sie als Lehrkraft fremden und eigenen Unterricht beobachten und reflektieren, neue Handlungsmöglichkeiten erkennen und in Ihrem Unterricht erproben. Sie erhalten deshalb in Ihren Fort- und Weiterbildungseinheiten immer wieder Anregungen dafür, Fragen an Ihren eigenen Unterricht zu stellen, sich mit anderen Fortzubildenden über Unterricht auszutauschen und über die Erweiterung Ihrer Handlungsmöglichkeiten zu reflektieren. Wenn Sie dieses Material im Rahmen eines Fort- oder Weiterbildungskurses an einem Goethe-Institut oder an einer Universität absolvieren, bearbeiten Sie zu jeder Einheit themenbezogen eine konkrete Fragestellung aus Ihrer Praxis in Form eines sogenannten Praxiserkundungsprojekts.

Präsenzphase

Sollten Sie diese Einheit im Rahmen eines Kurses mit Präsenzphasen bearbeiten, präsentieren Sie die Ergebnisse von Aufgaben, die mit diesem Icon gekennzeichnet sind, in der Gruppe. In diesem Sinne ermöglicht Ihnen *Deutsch Lehren Lernen* forschendes und reflektierendes Erfahrungslernen.

Informationen

Weitere Informationen finden Sie unter www.goethe.de/dll.

Einleitung

Bei Kindern entwickelt sich die Sprache in der Interaktion mit den Eltern, Verwandten und anderen Kindern: Das „Lernmaterial" kommt also aus der Umgebung des Kindes. Kinder schaffen es dabei ohne Schwierigkeiten, die komplizierten Regeln, die Fremdsprachenlernenden in höherem Alter so viele Probleme bereiten, richtig „anzuwenden". Dabei setzen sie interessante Strategien ein, so z.B. beim Erwerb der Pluralformen: Zunächst wird das Kind Pluralformen imitieren. Irgendwann wird es feststellen, dass es Regeln gibt, und diese dann mehr oder weniger bewusst ausprobieren. Auf mehrere Bälle wird es dann vielleicht zuerst mit *Ballen oder *Balls Bezug nehmen, weil es glaubt, dass die Endungen -s oder -en deutlich machen, dass es sich um mehr als einen Gegenstand handelt. Im Laufe der Interaktion mit der Umwelt eignet sich das Kind dann Schritt für Schritt die richtigen Pluralformen an. Das sprachliche Material, anhand dessen das Kind die erste Sprache erwirbt, entstammt also dem kommunikativen Alltag der Kinder. Erst wenn Kulturtechniken wie das Lesen oder das Schreiben ins Spiel kommen, lernen Kinder Sprache systematisch mit Hilfe von Lernmaterialien kennen, die gezielt zum Sprachenlernen hergestellt wurden. Dabei setzen auch Kinder inzwischen schon digitale Medien wie z.B. Lernspiele ein.

Im Fremdsprachenunterricht begleiten Lernmedien den Lernprozess von Anfang an. Dabei wird nun beispielsweise der Plural nicht durch das schrittweise Herantasten an die Komplexität der deutschen Pluralformen erworben: Man rät den Lernenden, beim Wortschatzerwerb bei den Substantiven gleich von Anfang an die richtige Pluralform zu lernen. In Lehr- und Übungsmedien werden Dialoge und Texte präsentiert, grammatische Phänomene beschrieben; es gibt Aufgaben und Übungen, durch die die Lernenden Deutsch verwenden lernen. Anders als beim Erstspracherwerb präsentieren die Lehrwerke Sprache in einer festgelegten Reihenfolge. Das kann dazu führen, dass Lernende bestimmte sprachliche Strukturen in der Interaktion mit der Umwelt zu einem Zeitpunkt benötigen, zu dem diese in ihrem Lehrwerk noch nicht eingeführt worden sind. Verben werden z.B. zunächst nur im Präsens eingeführt und es dauert einige Zeit, bis eine Vergangenheitsform hinzukommt. Trotzdem wollen Lernende vielleicht schon sehr früh neuen Bekannten Erlebnisse aus ihrer Vergangenheit berichten. Das Lernmaterial wird in Lehrwerken sortiert und systematisch angeordnet, um den Lernenden den Erwerb der neuen Sprache zu erleichtern. Welche Kriterien bei der Konzeption von Lehrwerken eine Rolle spielen, ist ein wichtiges Thema dieser Einheit.

Wahrscheinlich werden Sie in Ihrem Unterricht nicht nur mit einem Lehrwerk arbeiten, sondern auch auf zusätzliche **Lehr- und Lernmedien** zurückgreifen, um Sprache und Kultur der deutschsprachigen Länder in Ihren Unterricht zu holen. Vermutlich nutzen Sie neben Printmedien, wie z.B. Zeitungsartikeln und Auszügen aus Büchern, zunehmend auch digitale Medien, um Ihren Lernenden Deutsch zu vermitteln: Wahrscheinlich greifen Sie auf das Internet zurück, um z.B. kulturwissenschaftliche Themen zu recherchieren und Texte für den Unterricht zu finden. Wie Sie mit einem Lehrwerk, weiteren Lernmaterialien und speziell den digitalen Medien umgehen und Ihren Unterricht so gestalten können, dass sich diese drei Komponenten gut verzahnen, ist ein weiterer Schwerpunkt dieser Einheit.

Das Kapitel 1 führt sie in die Thematik ein: Welche Lehr- und Lernmedien nutzen Sie in Ihrem Unterricht? Wofür?

In Kapitel 2 beschäftigen wir uns genauer mit Lehrwerken. Dabei geht es uns um folgende Fragen: Woraus bestehen Lehrwerke? Wie sind sie aufgebaut? Inwieweit berücksichtigen sie spezifische Zielgruppen? Wie lässt sich ein Lehrwerk an die Bedürfnisse der eigenen Lernenden anpassen? Welche Zusatzmaterialien gibt es und wie lassen sie sich in die Arbeit mit Lehrwerken integrieren? Wir stellen Ihnen auch einige Kriterien vor, mit denen Sie Lehrwerke einschätzen können.

Das Kapitel 3 widmet sich den lehrwerkunabhängigen Lehr- und Lernmedien und folgenden Fragen: Wo findet man als Lehrkraft Lehr- und Lernmedien, welche Kriterien für die Auswahl von Lehr- und Lernmedien sind wichtig und wie kann man Lehr- und Lernmedien für Lernende aufbereiten, wenn sie für die eigene Lerngruppe zu schwierig sind? Wie können Sie als Lehrende auch selbst Lehr- und Lernmedien produzieren?

Das Kapitel 4 geht der Frage nach, welche digitalen Werkzeuge für den Deutschunterricht verwendet werden können.

Das Kapitel 5 fragt: In welchem Zusammenhang stehen die Begriffe Lehr- und Lernmedien und der Begriff Text? Welche Arten von Texten gibt es und welche Bedeutung haben sie für das Sprachenlernen? Wie verstehen Lernende überhaupt Texte bzw. wie werden dem Text während des Lesens Informationen entnommen? Wie wirkt sich das Sprachniveau, das man in der fremden Sprache schon erreicht hat, auf das Lesen aus? Wann liest man in der fremden Sprache wie in der Erstsprache, wann anders? Welche Strategien verwendet man beim Lesen, Hören und Hör-Sehen? Was sind unterschiedliche Hör- und Lesestile? Mit welchen Aufgaben können Sie den Lernenden helfen, deutsche Texte besser zu verstehen? Und wie können Sie Ihre Lernenden bei der Produktion von Texten unterstützen und diese Lernertexte im Unterricht nutzen?

Das Kapitel 6 schließlich befasst sich intensiver mit dem Wandel, den die digitalen Medien (auch) im Fremdsprachenunterricht bewirkt haben bzw. bewirken könnten. Wie verändert sich das Sprachenlernen durch digitale Medien? Was bedeutet es, wenn sich beim Deutschlernen computergestützte und nicht-computergestützte Phasen abwechseln, wenn nicht mehr nur zeitgleich im Klassenzimmer/Kursraum, sondern auch zeitversetzt und an anderen Lernorten gelernt wird?

Wir schließen auch diese Einheit wie alle Einheiten von *Deutsch Lehren Lernen* mit einem Kapitel zu Praxiserkundungsprojekten ab. Unsere Vorschläge unterstützen Sie darin, etwas Neues zum Thema Lehr- und Lernmedien in Ihrem Unterricht auszuprobieren und dadurch Ihre Lehrkompetenzen weiter zu entwickeln.

Wir wünschen Ihnen viel Spaß und Erfolg bei der Arbeit mit *Lehr- und Lernmedien*!

1 Lehr- und Lernmedien: eine erste Annäherung

Am Ende dieses Kapitels
- haben Sie zusammengetragen, welche Lehr- und Lernmedien Sie als Lernende/r und als Lehrkraft verwendet haben bzw. verwenden,
- haben Sie einen ersten Eindruck gewonnen, was unter Lehr- und Lernmedien verstanden wird,
- haben Sie erfahren, welche Funktion Lehr- und Lernmedien im Unterricht haben können,
- haben Sie sich erste Gedanken über die Bedeutung der Digitalisierung für den Deutschunterricht gemacht.

Beim natürlichen Spracherwerb lernen die Menschen die neue Sprache aus der Interaktion mit ihrer Umgebung – sie verarbeiten, so nennt man das, den sprachlichen **Input**. Im Unterricht besteht der Input zumeist aus Material, das speziell für den Unterricht produziert wurde. Aber auch die Menschen, die eine neue fremde Sprache im Unterricht lernen, hören, lesen oder sehen Texte, die nicht speziell für ihren Lernprozess produziert wurden. Machen Sie zunächst eine Bestandsaufnahme: Womit lernen Ihre Lernenden häufig, manchmal, selten oder nie?

Aufgabe 1 **Womit arbeiten Ihre Lernenden? Kreuzen Sie bitte an, ob sie mit den folgenden Quellen häufig, manchmal, selten oder nie Kontakt haben.**

		häufig	manchmal	selten	nie
Lehrwerk		☐	☐	☐	☐
Audio-CD zum Lehrwerk		☐	☐	☐	☐
DVD zum Lehrwerk		☐	☐	☐	☐
Internet-komponente eines Lehrbuchs	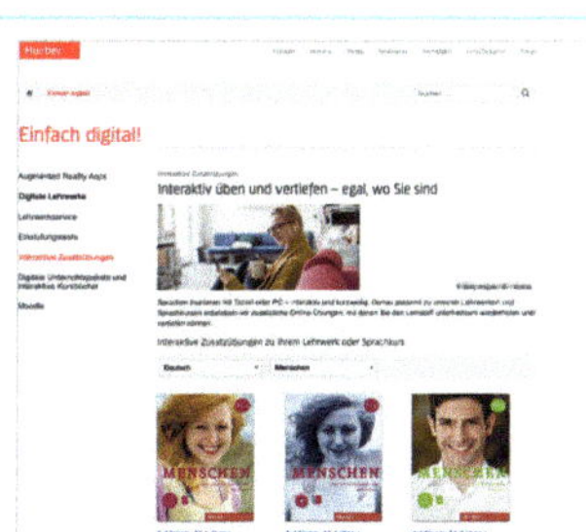 (www.hueber.de/einfach-digital/interaktive-zusatzuebungen?sprache=de&sprache_1=de&lehrwerk=mns&lehrwerk_1=)	☐	☐	☐	☐

		häufig	manchmal	selten	nie
Apps	 *Duolingo*	☐	☐	☐	☐
Radio	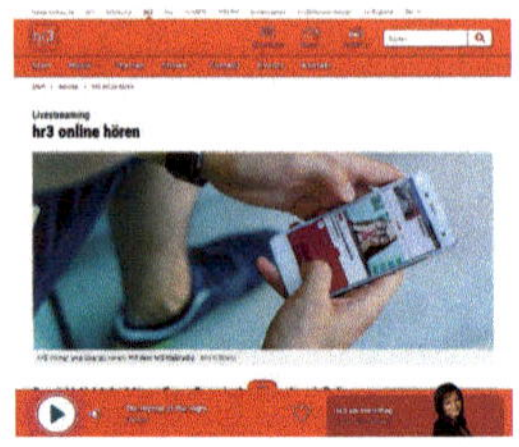 (www.hr3.de/service/hr3-online-hoeren,webradio-100.html)	☐	☐	☐	☐
Fernsehen	 (www.br.de/br-fernsehen/sendungen/abendschau/index.html)	☐	☐	☐	☐
Buch (Sachbuch/Belletristik)		☐	☐	☐	☐
Internet		☐	☐	☐	☐
Zeitung/Zeitschrift (online/Papier)	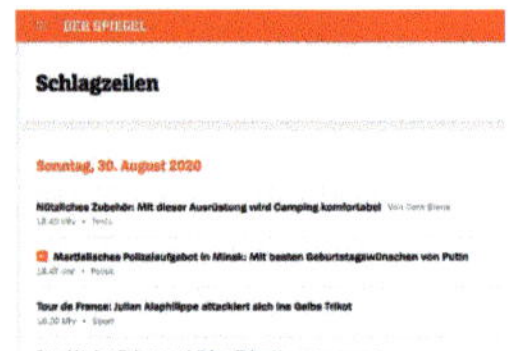 (www.spiegel.de/schlagzeilen/)	☐	☐	☐	☐
Muttersprachlerinnen/Muttersprachler des Deutschen		☐	☐	☐	☐
Chatten mit anderen Lernenden oder Freunden		☐	☐	☐	☐

		häufig	manchmal	selten	nie
Videos	 (www.goethe.de/prj/dfd/de/index.cfm?fuseaction=learning.TutorialDetail&tutorial=24h_deutsch_ida_erklaert_-_verben_mit_ver-_zer-_er-)	☐	☐	☐	☐
soziale Medien	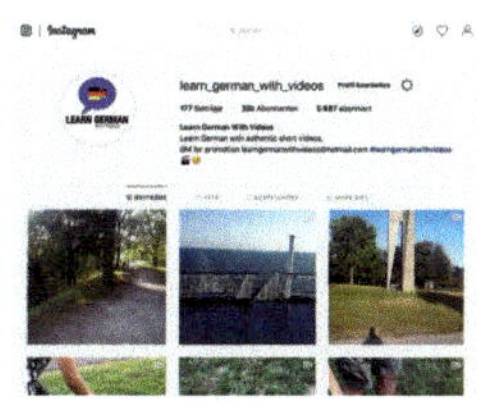 (www.instagram.com/learn_german_with_videos/)	☐	☐	☐	☐
Realien		☐	☐	☐	☐
Sonstiges:		☐	☐	☐	☐

Bleiben Sie noch einen Moment bei den Quellen, mit denen Ihre Lernenden Deutsch lernen.

Aufgabe 2

Sortieren Sie: Mit welchen dieser Quellen arbeitet man in erster Linie im Unterricht? Mit welchen Quellen hat man auch im Alltag Kontakt?

Internet – Lehrwerk – Radio – CD/DVD – Muttersprachlerinnen/Muttersprachler des Deutschen – Zeitung (online/Papier) – Internetkomponente des Lehrwerks – Buch (Sachbuch/Belletristik) – Chat – Realien – Fernsehen – Videos – soziale Medien – Apps

Quellen in erster Linie im Unterricht vorhanden	Quellen auch im Alltag vorhanden

Wir werden uns in dieser Einheit zunächst mit den Medien beschäftigen, die speziell für den Unterricht produziert wurden. Später werden wir uns dann mit der Frage beschäftigen, wie auch die anderen Medien sinnvoll in den Unterricht integriert werden können.

Sehen Sie sich nun zunächst ein kurzes Video aus dem Deutschunterricht am Goethe-Institut Madrid an. Die Kursteilnehmerinnen und Kursteilnehmer haben gelernt, über Kleidung zu sprechen (Lehrwerk *Optimal A1*, Lektion 11). In der Videosequenz wiederholen und festigen die Lernenden den Wortschatz, der in der Lektion des Lehrwerks eingeführt wurde. Sie machen das in kleinen Gruppen jeweils an einer Lernstation. Hier sind einige Informationen zum Unterrichtsmitschnitt, den Sie gleich sehen werden:

i

Ort, Jahr	Goethe-Institut Madrid, 2011
Zielgruppe	Erwachsene zu Beginn von A2
Lehrkraft	Katja Wirth
Lernziel	Die Lernenden kennen Wortschatz zum Thema Kleidung.
Lehr-/Lernmedium	Die Lernenden üben den neuen Wortschatz zum Thema Kleidung in der Arbeitsform Stationenlernen.

Sehen Sie sich zuerst die Lösungen zu Aufgabe a) an, bevor Sie Aufgabe b) in Angriff nehmen.

Aufgabe 3

Sehen Sie Sequenz 4 von *Goethe-Institut Madrid.*

a) Notieren Sie die Lehr- und Lernmedien, die die Lernenden zum Wortschatzlernen verwenden.

____

b) Sehen Sie Sequenz 4 von *Goethe-Institut Madrid* noch einmal.
Mit welchem Ziel werden die Lehr- und Lernmedien hier konkret verwendet?

____

Sie haben gesehen, dass die Lernenden in diesem Unterricht nicht mit einem Buch arbeiten, sondern im Anschluss an die Arbeit mit einem Lehrwerk auch andere Lehr- und Lernmedien verwenden. Das Buch, das im Unterricht häufig eine besonders wichtige Rolle spielt, ist zumeist Teil eines Lehrwerks. **Lehrwerke** behandeln die sprachlichen und kulturellen Phänomene der Zielsprache Deutsch und steuern den Lernprozess für einen bestimmten Zeitraum. Mit ihnen befassen wir uns in Kapitel 2 genauer. Aber schon in diesen beiden ersten Aufgaben haben Sie gesehen: Lehrwerke sind nur ein Teil der Lehr- und Lernmedien, mit denen die Lernenden die neue Sprache erwerben.

Lehr- und Lernmedien

Der Begriff Lehr- und Lernmedien bezeichnet alle **Medien**, mit denen Inhalte, Aufgaben usw. transportiert werden, um so den Erwerb von Wissen und Fertigkeiten zu fördern und die Lernenden beim Deutschlernen zu unterstützen. Lehr- und Lernmedien können also Lehrwerke, geschriebene und gesprochene Texte, Abbildungen aller Art, Spiele, Filme, **Apps** usw. sein. Sie können extra für das Lernen im Klassenzimmer hergestellt worden sein. Es gibt aber auch Lehr- und Lernmedien wie Zeitungsartikel, Radiosendungen usw., die eigentlich für ganz andere Zwecke verfasst wurden und dann für das Sprachenlernen eingesetzt werden. Der Begriff Lehr- und Lernmedien kann sich auf einzelne Medien oder auf Sammlungen von Medien beziehen. Wenn man betonen will, dass Lehr- und Lernmaterialien zusätzlich zum Lehrwerk eingesetzt werden, bezeichnet man sie auch als **Zusatzmaterialien**.

Die Begriffe Lernmaterial und Lehrmaterial bzw. Lernmedien und Lehrmedien sind synonym im Hinblick auf die Materialien bzw. Medien, auf die sie sich beziehen. Traditionell herrschte der Begriff Lehrmaterial/Lehrmedium vor, der Begriff Lernmaterial bzw. Lernmedium wurde erst in den 1970er-Jahren unter den Fremdsprachenforscherinnen und

-forschern populär: Sie wollten mit dem Begriff signalisieren, dass die Perspektive der Lernenden eine wichtige Rolle spielt. Das war historisch wichtig, darf aber natürlich nicht zu der Idee führen, dass die Beschäftigung mit den Lehrenden und mit der Vermittlung nicht wichtig ist. Als Kompromiss erscheint manchmal der Begriff Lehr-/Lernmaterial bzw. Lehr-/Lernmedien. Einheitlich sind die Verwendungsweisen nicht: Selbstlernmaterialien hießen auch schon vor 1970 Selbstlernmaterial und Lehrwerke heißen auch im 21. Jahrhundert noch Lehrwerk.

Eine Abgrenzung zwischen Material/Materialien und Medium/Medien erscheint uns problematisch, da beide Begriffe zunehmend synonym gebraucht werden. Da die Anzahl an digitalen Lehr- und Lernmedien die in Papierform vorliegenden Lernmaterialien inzwischen sehr stark erweitert haben und wahrscheinlich zahlenmäßig längst übersteigen, verwenden wir den Begriff der Lehr- und Lernmedien als Oberbegriff. Diesen beziehen wir sowohl auf digitale Lehr- und Lernmedien als auch auf nicht-digitale. Zudem arbeiten wir mit der Unterscheidung zwischen Medien und Werkzeugen, wie sie Mitschian 2004 eingeführt hat.

Medien und Werkzeuge

Alle Lehr- und Lernmedien haben eine inhaltliche und eine stoffliche Gestalt. Mitschian hat versucht, diese Perspektive auf Lehr- und Lernmedien sichtbar zu machen, indem er die Unterscheidung zwischen Werkzeug und Medium eingeführt hat. Während ein Werkzeug eine inhaltsleere Anwendung darstellt, ist das Medium ein Informationsträger, der „aus Verbindungen von Zeichen- und Symbolsystemen mit einer jeweils dazu passenden Präsentationsform" besteht (Mitschian 2004, S. 13). Die Unterscheidung kann dabei helfen, jeweils klarer zu bezeichnen, worüber man gerade spricht. Gerade in Bezug auf digitale Medien (und Werkzeuge) kommt es nämlich häufig zu Unklarheiten: Wenn man über den Einsatz von Podcasts im Deutschunterricht redet, muss man klarstellen, ob es um den Einsatz einer Podcast-Software geht, mit deren Hilfe Lernende eigene Podcasts erstellen, oder ob man über didaktisierte oder nicht didaktisierte Podcasts spricht, die z.B. zur Förderung des Hörverstehens eingesetzt werden sollen. Eine weitere Unterscheidung, auf die man in Bezug auf die digitalen Medien häufig stößt, ist die zwischen analogen und digitalen Medien.

analoge und digitale Medien

In der Diskussion um digitale Medien werden diese häufig von analogen Medien abgegrenzt. Tatsächlich wird die Abgrenzung aber immer schwieriger, weil viele der ehemals analogen Medien inzwischen auch oder nur noch in digitaler Form vorliegen (so können Lernende Lernplakate inzwischen sowohl auf Papier anfertigen als auch mit einer App auf dem Computer). Während der Begriff „digitales Medium oder Werkzeug" noch definiert werden kann (als ein elektronisches Medium, das mit digitalen Codes arbeitet), bleibt meist völlig unklar, was mit dem Begriff „analog" eigentlich gemeint ist. Das führt dazu, dass unter analogen Medien die unterschiedlichsten Medien zusammengefasst werden müssen (wie z.B. das Buch auf Papier und das analoge Fernsehen), da analogen Medien nur gemein ist, dass sie nicht digital sind. Wir sprechen deshalb in diesem Band ganz allgemein von Lehr- und Lernmedien. Die Unterscheidung zwischen digitalen und nicht-digitalen Medien benutzen wir nur dann, wenn es uns wichtig erscheint, auf die stoffliche Gestalt des Lehr- und Lernmediums zu fokussieren. In diesem Fall konkretisieren wir dann auch, wie die stoffliche Gestalt aussieht. So werden wir in Bezug auf das Lehrwerk immer dann darauf hinweisen, dass wir über das Lehrwerk in Buchform sprechen, wenn die gerade getroffenen Aussagen nicht oder nicht in gleicher Weise auch für die digitale Version des Lehrwerks gilt (oder umgekehrt).

Neben der begrifflichen Unterscheidung ist die Frage interessant, wie sich der Einsatz von Lehr- und Lernmedien beim Fremdsprachenlernen im Laufe der Zeit verändert hat. Um diese zeitliche Perspektive in den Blick zu bekommen, möchten wir Sie bitten, in der folgenden Aufgabe zu vergleichen, womit Sie früher gelernt haben und was Sie heute in Ihrem Unterricht nutzen oder gern nutzen würden.

Aufgabe 4

Mit welchen Lehr- und Lernmedien (inklusive Werkzeugen) haben Sie früher gelernt, welche nutzen Sie aktuell als Lehrkraft in Ihrem Unterricht und welche würden Sie gern neu ausprobieren?

a) Kreuzen Sie an.

Lern- und Lehrmedien	früher als Lernende/r	heute als Lehrende/r	würde ich gern ausprobieren
Lehrbuch, Arbeitsbuch	☐	☐	☐
Arbeitsblätter, Kärtchen usw.	☐	☐	☐
CD	☐	☐	☐
Übungen zum Lehrwerk, die online zur Verfügung stehen	☐	☐	☐
Übungsmaterial auf CD-ROM	☐	☐	☐
Lernplakate	☐	☐	☐
Belletristik, Lektürehefte usw.	☐	☐	☐
Realien, z.B. Formulare, Fotos, Obst usw.	☐	☐	☐
Zeitungsartikel	☐	☐	☐
Landkarten	☐	☐	☐
Texte im Internet	☐	☐	☐
Wandtafel	☐	☐	☐
Stelltafel/Pinnwand	☐	☐	☐
Diaprojektor	☐	☐	☐
Overhead-Projektor	☐	☐	☐
DVD-Player und Fernseher	☐	☐	☐
interaktive Tafel/interaktives Whiteboard	☐	☐	☐
Beamer	☐	☐	☐
Tablet/PC	☐	☐	☐
internetfähiges Mobiltelefon	☐	☐	☐
Lernplattform	☐	☐	☐
Apps	☐	☐	☐
Messengerdienste wie *Whatsapp*	☐	☐	☐
soziale Netzwerke wie *Facebook*	☐	☐	☐
Apps wie *Duolingo* oder *Klett Augmented*	☐	☐	☐

b) Vergleichen Sie Ihre Ergebnisse mit denen Ihrer Kolleginnen und Kollegen.

Sie haben nun in einer ersten Bilanz festgehalten, welche Lehr- und Lernmedien Sie früher zum Sprachenlernen benutzt haben und heute in Ihrem Deutschunterricht verwenden. Außerdem haben Sie darüber nachgedacht, was Sie gern neu in Ihrem Unterricht ausprobieren würden.
Wenn Sie Ihre Ergebnisse mit denen von Kolleginnen und Kollegen vergleichen konnten, gab es sicher einige Unterschiede dabei, welche Lehr- und Lernmedien verwendet wurden/werden. Dabei spielen ganz unterschiedliche Voraussetzungen eine Rolle, wie z.B. die Ausstattung der Schulen/Institutionen, die didaktisch-methodischen Vorstellungen der Lehrkräfte, von denen Sie unterrichtet wurden, bzw. Ihre eigenen Vorstellungen vom Lernen und Lehren und Ihre aktuellen Medienkenntnisse.

Mediennutzung im Fremdsprachenunterricht

Das grundlegende Medium des Fremdsprachenunterrichts war über einen sehr langen Zeitraum das Buch. Das veränderte sich (in Teilen) mit der rasanten technischen Entwicklung im Verlauf des 20. Jahrhunderts. Ab der zweiten Hälfte des 20. Jahrhunderts spielten in der fremdsprachendidaktischen Diskussion zunehmend auch andere Medien im Unterricht eine Rolle, und zwar in Verbindung mit den audiolingualen und audiovisuellen Methoden (siehe als Überblick Rösler 2012, S. 71–74). So wurde die audiolinguale Methode, die zum Ziel hatte, sprachliche Strukturen schematisch einzuüben, durch den Unterricht im Sprachlabor unterstützt. Das Sprachlabor war ein separater Raum, in dem jede Lernerin / jeder Lerner einen eigenen Arbeitsplatz mit Kopfhörer und Mikrofon hatte und Sätze, die auf einer Kassette vorgesprochen wurden, wiederholte oder darauf mit festgelegten sprachlichen Strukturen reagierte. Die Stimmen konnten aufgenommen und wieder abgespielt werden. Die Lehrkraft saß an einem Kontrollpult und konnte einzelnen Lernenden zuhören und mit ihnen Kontakt aufnehmen.

Mit der audiovisuellen Methode wurde visuelles Lernmaterial über Dias, Spielfilme und das Fernsehen in den Unterricht eingeführt. Nun sahen die Lernenden erstmalig in größerem Umfang authentische Bilder, hörten Äußerungen unterschiedlicher Sprecherinnen und Sprecher der Zielsprache und bekamen Informationen über den Kontext, in dem die Sprache verwendet wurde.

Für den kommunikativen und den interkulturellen Ansatz stellt die Verwendung vielfältiger Lehr- und Lernmedien prinzipiell eine Selbstverständlichkeit dar – die Lernenden sollen mit Texten in Schriftform genauso in Berührung kommen wie mit vielfältigen Hör- und Hör-Seh-Texten. An manchen Unterrichtsorten werden letztere vor allem in Form von Lehrwerkskomponenten genutzt (z.B. auf einer DVD zum Lehrwerk, die Hörtexte und Filme enthält). An anderen Orten nutzen Lehrende dagegen digitale Lehr- und Lernmedien, die von kommerziellen oder nicht kommerziellen Anbietern gezielt für den Fremdsprachenunterricht oder auch für ganz andere Zielgruppen im Internet bereitgestellt werden. So haben sich in den letzten Jahren die Vorschläge zur Nutzung von *YouTube*-Videos im Deutschunterricht in den Fachzeitschriften deutlich erhöht und auch Gespräche mit Lehrenden zeigen, wie stark solche einfach zugänglichen digitalen Medien den modernen Fremdsprachenunterricht schon verändert haben: Sie bieten viele Möglichkeiten, die deutsche Sprache und Kultur so lebendig und real wie möglich ins Klassenzimmer / in den Kursraum zu holen, um die Lernenden zu motivieren, Impulse zu geben, um Emotionen zu wecken und durch gemeinsames Erleben die Kommunikation zu fördern.

Die folgende Wort-Wolke vermittelt einen kleinen Eindruck dessen, was an digitalen Lehr- und Lernmedien heute schon alles im Deutschunterricht genutzt wird:

Sie haben wahrscheinlich auch selbst schon einige Erfahrungen mit dem Einsatz von digitalen Medien in Ihrer Unterrichtspraxis gemacht. Reflektieren Sie diese in der nächsten Aufgabe.

Aufgabe 5

P

Welche Ziele hat der Einsatz welcher digitaler Medien im Deutschunterricht? Welche Vorteile ergeben sich daraus? Notieren Sie einige Punkte.

Einsatz von	Ziele	Vorteile
Videos im Internet (z.B. auf YouTube)	*Lernende hören die deutsche Aussprache.*	*Die Lernenden haben Aussprache-Vorbilder von Muttersprachlerinnen und Muttersprachlern.*

auf neue Entwicklungen reagieren

Die technische Entwicklung der digitalen Medien schreitet schnell voran. Auch in der Fremdsprachendidaktik wird laufend überlegt, ob und wie die technischen Entwicklungen für das Lernen nutzbar gemacht werden können. An einigen Stellen haben digitale Medien sehr schnell Einzug in den Deutschunterricht gehalten – Recherchen im Netz zu vielfältigen Themen sind in vielen Klassenzimmer der Welt fester Bestandteil des Deutschunterrichts; die Arbeit mit *YouTube*-Videos findet sich häufig; der Griff zu Online-Wörterbüchern ist bei vielen Lernenden, die Smartphones haben, fast schon eine Selbstverständlichkeit; kaum ein Lehrwerk bietet nicht auch irgendeine digitale Komponente an usw.

In den meisten Fällen entscheiden sich Lehrende für den Einsatz von digitalen Medien, weil sie es didaktisch für sinnvoll halten und nicht (nur) deshalb, weil man es mit digitalen Medien anders machen kann als vorher. Sie folgen also dem Primat des Didaktischen: Sie sind durchaus offen für Neuheiten und gleichzeitig skeptisch genug. Nur weil ein neues Medium vorhanden ist, schließen sie daraus nicht automatisch, dass man es auch sinnvoll in den Unterricht integrieren kann. Stattdessen prüfen sie, ob es für das Erreichen von Zielen, die das Fremdsprachenlernen im Einzelnen ausmachen, für die Zielgruppe und den Kontext, in dem sie unterrichten, geeignet ist. Da der Einsatz digitaler Medien zu Beginn oft mit einem Mehraufwand verbunden ist, wird zudem häufig gefordert, dass es einen deutlichen Mehrwert geben muss im Vergleich mit der Art und Weise, wie die Ziele vorher erreicht worden sind. Auch das ist gerechtfertigt.

Gleichzeitig birgt die Forderung nach dem Primat des Didaktischen auch eine Gefahr: Nämlich die, die digitalen Medien nur in ihrer dienenden Funktion für den Deutschunterricht, wie man ihn „schon immer gemacht hat", zu sehen. Damit versäumt man, in Zusammenhang mit der weltweit voranschreitenden Digitalisierung auch darüber nachzudenken, wie diese den Fremdsprachenunterricht verändert hat, verändern kann und verändern wird. Dazu gehört auch, dass sich die Rolle der Lehrenden verändert: Lehrende werden die Lernprozesse der Lernenden in Zukunft wahrscheinlich immer mehr begleiten und immer weniger komplett steuern.
Über all dies werden wir in Kapitel 6 ausführlicher nachdenken und uns mit den Potenzialen und den Herausforderungen des Einsatzes der digitalen Medien im Deutschunterricht beschäftigen. Zuerst wenden wir uns den schon lange existierenden Lernmaterialien zu, die zumeist eine besonders hervorgehobene Rolle im Unterricht spielen: den Lehrwerken.

Zusammenfassung

Sie haben nun einen Überblick über das Themenfeld dieser Einheit erhalten und haben die zentralen Begriffe Lehr- und Lernmedien kennengelernt. Sie haben sich bewusst gemacht, wie vielfältig die Lehr- und Lernmedien sind, die aktuell parallel im Deutschunterricht eingesetzt werden, und wissen, wie es historisch zu dieser Medienvielfalt gekommen ist. Mit Blick auf die digitalen Medien, die als Lehr- und Lernmedien eingesetzt werden können, haben Sie sich über die Unterscheidung zwischen Medium und Werkzeug informiert. Sie haben zudem darüber nachgedacht, wie der Deutschunterricht auf die schnell voranschreitende Digitalisierung reagieren kann und sollte.

2 Lehrwerke

In den Aufgaben 1 und 4 fiel vielleicht einigen von Ihnen auf, dass Sie häufig mit dem **Lehrbuch** und dem Arbeitsbuch und den mitgelieferten Hörmaterialien arbeiten und dass Sie seltener Radio, Zeitungen, Internet oder soziale Medien in den Unterricht einbeziehen. In sehr vielen Kontexten kommt dem Lehrwerk eine zentrale Rolle für die Unterrichtssteuerung zu. Es ist deshalb für Lehrende wichtig, mit grundlegenden Aspekten von Lehrwerken vertraut zu sein. Gleichzeitig machen viele Lehrende die Erfahrung, dass das Lehrwerk zwar immer mehr Teile hat, trotzdem aber nicht genau zu ihrer Lerngruppe und zu bestimmten **Lernzielen** passt, so dass sie Lehr- und Lernmedien verändern oder selbst produzieren müssen, damit es zu ihrer Gruppe passt.

Zentrale Themen dieses Kapitels sind also folgende:
- Sie lernen Kriterien zur Einschätzung von Lehrwerken kennen.
- Sie erfahren, aus welchen Komponenten Lehrwerke bestehen, wie diese Komponenten zusammenspielen und welche Funktionen sie haben können.
- Sie lernen, wie Sie den inneren Aufbau von Lehrwerken und einzelnen Lektionen erkennen können.
- Sie erkennen, ob ein Lehrwerk für Ihre Zielgruppe geeignet ist.
- Sie lernen, wie man vorhandene Lehr- und Lernmedien adaptieren kann.

Teilkapitel 2.1 beginnt mit der Frage, aus welchen Bestandteilen sich Lehrwerke zusammensetzen und welche Funktionen diese einzelnen Komponenten von Lehrwerken haben. Teilkapitel 2.2 befasst sich mit dem inneren Aufbau eines Lehrwerks. Das Teilkapitel 2.3 thematisiert das, was Ihnen nach dem Titel eines Lehrwerks meist als erstes ins Auge fällt: die Niveaustufe, für die das Lehrwerk geschrieben ist. Sie werden sich genauer damit beschäftigen, was die Niveaustufen des *Gemeinsamen europäischen Referenzrahmens* für die Produktion von Lehrwerken bedeuten. In Teilkapitel 2.4 wird die Kernfrage der Lehrwerkdiskussion behandelt: Wie gut können Lehrwerke auf eine bestimmte Zielgruppe bezogen sein? Wir werden dies exemplarisch an zwei Faktoren erarbeiten, die bei der Entscheidung für ein Lehrwerk für eine bestimmte Zielgruppe eine Rolle spielen können: am Bezug des Lehrwerks zu einer Altersstufe (Kinder, Jugendliche, Erwachsene) und am Bezug des Lehrwerks zu den Erstsprachen der Lernenden. Das Kapitel schließt damit, dass wir mit Ihnen in Teilkapitel 2.5 überlegen, wie man Lehr- und Lernmedien so adaptieren kann, dass sie möglichst gut zu den Lernenden, zu ihren Interessen und Voraussetzungen passen.

2.1 Bestandteile von Lehrwerken und ihre Funktionen

Vorbereitung

Bei mehreren Aufgaben in Kapitel 2 werden wir Sie bitten, ein Lehrwerk, das Sie gut kennen (mit dem Sie z.B. gerade eine Klasse / einen Kurs unterrichten), und ein Ihnen unbekanntes Lehrwerk zu vergleichen. Es wäre deswegen sinnvoll, wenn Sie sich möglichst bald, z.B. aus einer Bibliothek, ein Ihnen noch unbekanntes Lehrwerk für Deutsch als Fremdsprache für die Niveaustufen A1 bis B1 beschaffen könnten. Dies sollte sich an dieselbe Altersgruppe wenden wie Ihr Lehrwerk. Ansonsten sollte es aber anders aussehen und aufgebaut sein als das, das Sie benutzen. Dadurch arbeiten Sie bei den Aufgaben mit einem größtmöglichen Kontrast und können sehen, wie unterschiedlich Lehrwerke konzipiert sind.

Am Ende dieses Teilkapitels
- wissen Sie, aus welchen Bestandteilen das Lehrwerk besteht, mit dem Sie gerade arbeiten,
- kennen Sie die Funktion von Lehrbuch und Arbeitsbuch,
- wissen Sie, wie das Lehrerhandbuch zu Ihrem Lehrwerk aufgebaut ist.

Aufgabe 6

Hat das Lehrwerk, mit dem Sie häufig arbeiten, die folgenden Komponenten?

a) Kreuzen Sie an und notieren Sie auch, wie oft Sie damit im Unterricht arbeiten.

Material		ist vorhanden	verwende ich		
			häufig	manchmal	selten
Lehr-/Kursbuch		☐	☐	☐	☐
Arbeitsbuch		☐	☐	☐	☐
Lehrerhandbuch		☐	☐	☐	☐
Wortliste zum Lehrwerk	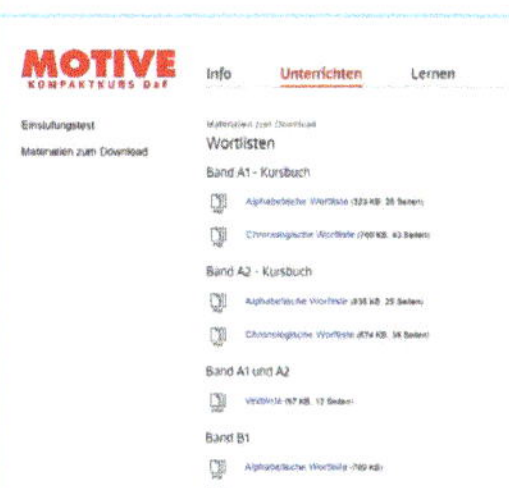	☐	☐	☐	☐

Material		ist vorhanden	verwende ich		
			häufig	manchmal	selten
zusätzliche Trainingsbücher		☐	☐	☐	☐
CD		☐	☐	☐	☐
Video-material/DVD	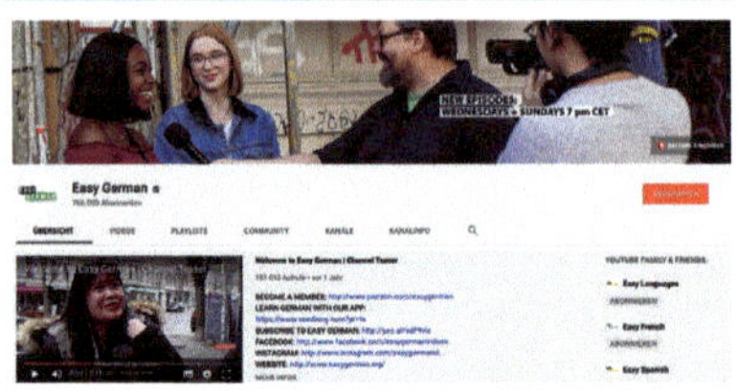 (https://www.youtube.com/channel/UCbx2fq9oNgglAoYqsYOtQ)	☐	☐	☐	☐
Online-Übungen	 (www.goethe.de/de/spr/ueb/daa/all/be0/be1.html)	☐	☐	☐	☐
Material für interaktives Whiteboard		☐	☐	☐	☐

Material		ist vorhanden	verwende ich		
			häufig	manchmal	selten
Apps zu Wortschatz und Grammatik	MEM RiSE (www.memrise.com/de/apps/)	☐	☐	☐	☐
Material aus sozialen Medien	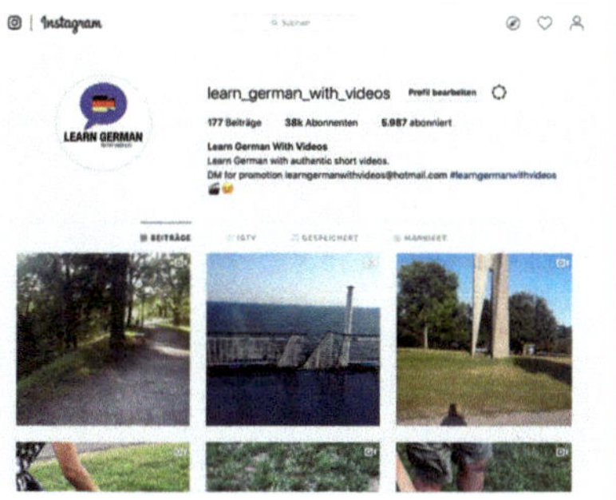 (www.instagram.com/learn_german_with_videos/)	☐	☐	☐	☐

b) Sehen Sie sich Ihre Ergebnisse in der Tabelle an. Notieren Sie Ihre Einschätzung zu den Ergebnissen und beschreiben Sie, was das für Ihren Unterricht bedeutet.

Das Lehrwerk hat/ist

____

Ich benutze

____

Mein Unterricht ist

____

Komponenten von Lehrwerken

Das **Lehrbuch**, manchmal auch Kursbuch, Schülerbuch, Lernerbuch oder Hauptbuch genannt, bildet zusammen mit dem **Arbeitsbuch** und dem Lehrerhandbuch den Kern des Lehrwerks. Manchmal bestimmt der Einsatz dieser drei Lehrwerkkomponenten die Aktivitäten im Klassenzimmer/Kursraum, manchmal sind sie eine Quelle neben anderen.

Lassen Sie sich nicht verwirren: Bei manchen Lehrwerken werden Lehrbücher und Arbeitsbücher getrennt als separate Bücher verkauft, bei manchen sind beide in einem Band integriert. Das erklärt, warum es Lehrwerke für den Bereich A1 bis B1 gibt, die aus zwei oder drei Bänden bestehen, und Lehrwerke, die z.B. aus fünf Bänden bestehen: Eine größere Zahl von Bänden bedeutet oft, dass dort die Arbeitsbücher integriert sind.

Dann gibt es in der Regel auch noch CDs oder Hörmaterialien oder Videos im Internet, Wortschatztrainer, Grammatiktrainer, Arbeitsblätter, Kopiervorlagen zum Herunterladen, Online-Übungen oder digitales Material für ein interaktives Whiteboard.

Im Laufe der Zeit sind Lehrwerke immer komplexer geworden, d. h. sie haben mehr und mehr Teilkomponenten bekommen. Dies ist nicht zuletzt eine Nebenwirkung der Digitalisierung von Lehr- und Lernmedien. So gibt es zu den printgeleiteten Lehrwerken nicht nur immer mehr digitale Komponenten, sondern häufig auch eine digitale Variante.

digitale Komponenten

Die ersten digitalen Komponenten waren CDs mit Grammatikübungen. Beim Lehrwerk *Passwort Deutsch* wurden dann erstmals auf der Verlagshomepage zu jeder Lektion zusätzliche Übungen oder auch inhaltliche Erweiterungen, z.B. durch Fotogalerien, angeboten. Inzwischen haben viele Verlage ein breites Portfolio an digitalen Komponenten: Zusätzlich zu den Lehrwerken gibt es Online-Tests, interaktive Online-Übungen und Vokabelpakete. Die Lehrwerke gibt es als Varianten für interaktive Tafeln und Tablets, als Variante für Moodle oder auch für andere Lernplattformen (z.B. BlinkLearning). Die zu den Lehrwerken gehörenden Video- und Audiomaterialien werden auf DVD, als Download oder in einer **Augmented-Reality**-App angeboten.

Augmented Reality

Dieser Begriff stammt ursprünglich nicht aus der Verlagswelt. Bei Augmented Reality werden der physischen Realität virtuelle Elemente hinzugefügt, es kommt also zu einer erweiterten (engl. augmented) Realität. Das Spannende an dieser Sache ist, dass im Kopf des Nutzers die beiden Welten zusammenkommen und wie in einem Raum existieren. Wer Mitte der 2010er-Jahre auf eine Gruppe von Menschen traf, die auf ihr Handy starrten und sich für den Betrachter eher seltsam verhielten, erlebte das erste sehr populäre Auftreten von Augmented Reality, die Jagd nach Pokémons.

Bei der Verwendung von Augmented Reality im Zusammenhang mit Lehr- und Lernmedien werden neue Wege beschritten, wie das Material zu den Nutzenden kommt.
Wer mit seinem Smartphone die Seite eines Lehrwerks scannt und auf eines der Icons klickt, kann Lernmaterial in Form von Audio- oder Videodateien abspielen. Dies bedeutet zunächst einmal, dass die Lernenden auf eine sehr elegante Weise zusätzliche Informationen bekommen und dass eine Vielzahl von Materialien aufgerufen werden kann, zum Beispiel ein Dialog, eine Grammatikübung usw. Diese Technik hat Potenzial, denn man könnte sich vorstellen, dass der gesamte Prozess der Individualisierung des Lernens über diese Technik vorangetrieben wird. Aktuell muss man allerdings festhalten, dass zunächst auf diese Weise nur Material geliefert wird, das nicht unbedingt besser oder schlechter ist als Material, das auf traditionelle Weise vertrieben wird.

Funktionen von Lehr- und Arbeitsbuch

Zusammen sollen Lehrbuch und Arbeitsbuch
- den Spracherwerb steuern,
- in bestimmte Themen einführen,
- dabei den passenden Wortschatz und die landeskundlichen Informationen liefern,
- grammatische Phänomene und Redewendungen präsentieren,
- Material zum Üben anbieten,
- Kommunikationsanlässe liefern,
- den Erwerb der Aussprache anleiten,
- unterschiedliche Arbeits- und Sozialformen vorschlagen und unterschiedliche Textsorten enthalten,
- das Sprechen, Schreiben, Lesen und Hören und das Zusammenspiel dieser Fertigkeiten fördern,
- den Lernenden Hinweise anbieten, wie sie ihr Wissen überprüfen können.

Die Rolle, die die Komponenten Lehrbuch und Arbeitsbuch dabei spielen, ist allerdings unterschiedlich. Von einem Lehrbuch erwartet man generell, dass es die wesentlichen Inhalte, das heißt die Themen, den Wortschatz, die Redemittel und die sprachlichen Strukturen, die man einführen will, vorgibt. Es stellt damit die Grundlage für den Unterricht dar.

Das Arbeitsbuch kann hingegen unterschiedliche Funktionen haben: Manchmal liefert es vor allen Dingen Material für die Einzelarbeit zu Hause; manchmal muss es stärker in den

Unterricht integriert werden, da es – gemäß der Konzeption des Lehrwerks – das Lehrbuch ergänzt und ein notwendiger Bestandteil für den Unterricht ist. In beiden Fällen geht man aber davon aus, dass im Arbeitsbuch im Vergleich zum Lehrbuch stärker geübt oder wiederholt wird und dass die Einführung von Neuem eher im Lehrbuch erfolgt.
Da Arbeitsbücher unterschiedlich gestaltet sein können, lohnt es sich, vor der Einführung eines neuen Lehrwerks darüber nachzudenken, wozu man sie einsetzen möchte.

Qualität von Arbeitsbüchern

Generell ist es ein Zeichen für hohe Qualität, wenn Sie die folgenden Fragen positiv beantworten können:

- Ist das Arbeitsbuch mit dem Lehrbuch verzahnt? Verweisen die Komponenten aufeinander?
- Gibt es im Lehrbuch Hinweise, wann welche Übung des Arbeitsbuchs gemacht werden soll?

Andere Einschätzungen hängen davon ab, wie Sie mit dem Arbeitsbuch arbeiten möchten. Hier sind weitere Fragen, die man an ein Arbeitsbuch stellen kann:

- Werden im Arbeitsbuch nur die Strukturen und der Wortschatz aus den Lektionen des Lehrbuchs geübt oder gibt es eigenständige Aufgaben (z.B. Arbeitsaufträge für Projekte oder kreative Schreibaufgaben)?
- Gibt es Angaben zu Sozialformen wie Partner- oder Gruppenarbeit?
- Gibt es Grammatikerklärungen im Arbeitsbuch? Sind das Wiederholungen aus dem Lehrbuch oder präzisieren und erweitern sie das Wissen über sprachliche Strukturen?
- Werden Vertiefungen angeboten, z.B. in Form von zusätzlichen Themen oder Projektvorschlägen?

Je nachdem, ob Sie möchten, dass mit dem Arbeitsbuch einfach nur das geübt werden soll, was im Unterricht behandelt wurde, oder ob es für Ihren Unterricht sinnvoll ist, dass Arbeitsbücher Anregungen für Aktivitäten, zusätzliche Informationen usw. anbieten, werden die Bewertungen der Antworten auf die letzten vier Fragen sehr unterschiedlich sein. So kann die aufwendig gemachte Hinführung zu einem Projekt für Sie z.B. eine tolle Ergänzung Ihres Unterrichts oder aber Platzverschwendung sein.

Aufgabe 7

Nehmen Sie das Ihnen bekannte Lehrwerk und beschreiben Sie das Verhältnis von Lehrbuch und Arbeitsbuch.
Notieren Sie Ihre Beobachtungen und schätzen Sie ein, was das für Ihren Unterricht bedeutet.

	meine Beobachtungen	für meinen Unterricht bedeutet das
1. Wie ist das Arbeitsbuch mit dem Lehrbuch verzahnt?		
2. Werden sprachliche Strukturen nur wiederholt oder auch erweitert?		
3. Gibt es im Arbeitsbuch Angaben zu Sozialformen wie Partner- oder Gruppenarbeit?		
4. Werden Vertiefungen angeboten, z.B. in Form von zusätzlichen Themen oder Projektvorschlägen?		
5. Ist das Übungsangebot zum individuellen Arbeiten geeignet?		

Durch Ihre Analyse können Sie nun besser einschätzen, welche Bedeutung das Arbeitsbuch als Komponente des Lehrwerks hat. Sie haben erkannt, ob es in den Unterricht integriert werden muss oder ob es sich eher um Übungs- und Hausaufgabenmaterial handelt.

Lehrerhandbuch

Um die Konzeption eines Lehrwerks nachzuvollziehen, hilft Ihnen in der Regel das **Lehrerhandbuch**. Es erklärt Ihnen das Lehrwerk und zeigt Ihnen, wie Sie mit den Komponenten arbeiten können. Lehrerhandbücher gibt es traditionell in gedruckter Fassung. Immer häufiger stehen sie aber auch im Internet auf den Lehrwerkseiten der Verlage als Download zur Verfügung oder sind Teil von digitalen Unterrichtspaketen.

Falls Sie sich schon einmal Lehrerhandbücher zu verschiedenen Lehrwerken angesehen haben, haben Sie sich vielleicht gewundert, wie unterschiedlich deren Umfang sein kann. Es gibt sehr dünne und sehr dicke Lehrerhandbücher, die manchmal auch Lehrerhandreichung oder Lehrerheft heißen. Tatsächlich sind Lehrerhandbücher ganz unterschiedlich geschrieben; manchmal sind sie nicht viel mehr als eine Art Lösungsschlüssel, manchmal wirken sie fast wie Einführungen in die Fremdsprachendidaktik. Natürlich gibt es alle möglichen Varianten dazwischen. Wie sehen die Lehrerhandbücher zu den Lehrwerken aus, mit denen Sie arbeiten? Verwenden Sie die Lehrerhandbücher überhaupt?

Aufgabe 8

Enthält das Lehrerhandbuch, mit dem Sie am häufigsten arbeiten, die folgenden Teile? Lesen und nutzen Sie sie? Wenn ja, wie häufig?

a) Notieren Sie den Titel und kreuzen Sie an.

Lehrerhandbuch, das ich verwende:

____

Teile des Lehrerhandbuchs	nicht vorhanden	lese und nutze ich		
		häufig	selten	nicht
1. allgemeine Informationen zur methodischen Konzeption des Lehrwerks	☐	☐	☐	☐
2. Begründungen für den Aufbau des Lehrbuchs oder einzelner Lektionen	☐	☐	☐	☐
3. Beschreibungen des methodischen Vorgehens zu einer Lektion	☐	☐	☐	☐
4. Beschreibungen von Lernzielen	☐	☐	☐	☐
5. Alternativen zur Arbeit mit den Seiten des Lehrwerks: zusätzliche Texte, Vorschläge für kleine Projekte, weitere Übungen	☐	☐	☐	☐
6. Hintergrundinformationen zu Fakten aus dem deutschsprachigen Raum	☐	☐	☐	☐
7. Lösungsschlüssel	☐	☐	☐	☐
8. Verschriftlichung der Hörtexte aus dem Lehrwerk (Transkripte)	☐	☐	☐	☐
9. Sonstiges:	☐	☐	☐	☐

b) Tauschen Sie sich mit Ihren Kolleginnen und Kollegen über den Aufbau Ihres Lehrerhandbuchs und Ihre Nutzung des Lehrerhandbuchs aus. Vergleichen Sie Ihre Einschätzungen.

Dass Lehrerhandbücher so unterschiedlich sind, hat neben kommerziellen Erwägungen auch funktionale Gründe. Es kann sehr unterschiedliche Erwartungen an Lehrerhandbücher geben. Wer anfängt zu unterrichten, freut sich sicherlich darüber, dass ein Lehrerhandbuch den Unterrichtsablauf Schritt für Schritt erklärt, zu jedem Text und jeder Übung didaktische Tipps vermittelt, Tafelbilder vorschlägt, Hintergrundinformationen zur Landeskunde liefert usw. Als erfahrene Lehrkraft brauchen Sie derartige kleinschrittige Hinweise wahrscheinlich nicht. Viel eher möchten Sie vielleicht Vorschläge für alternative Vorgehensweisen haben, vielleicht sogar Ideen, welches zusätzliche Material man verwenden könnte, oder Kopiervorlagen für Wiederholungen und Spiele.
Das sind eigentlich zwei ganz unterschiedliche Lehrerhandbücher, und so ist es nicht verwunderlich, dass man je nach Ausgangslage mit ein- und demselben Lehrerhandbuch zufrieden oder unzufrieden sein kann. So lange Lehrerhandbücher als gedruckte Bücher oder herunterladbare PDFs geschlossene Texte sind, ist das unvermeidlich. Im Zuge der Digitalisierung von Lehrwerken hat sich hier aber einiges getan. So ist es bei einigen Verlagen und Lehrwerken schon möglich, sich gezielt die Teile eines Lehrerhandbuchs herunterzuladen, die man als Lehrender oder Lehrende benötigt (vergleiche z.B. die Materialien zum Download für Lehrende zum Lehrwerk *Delfin* von Hueber).

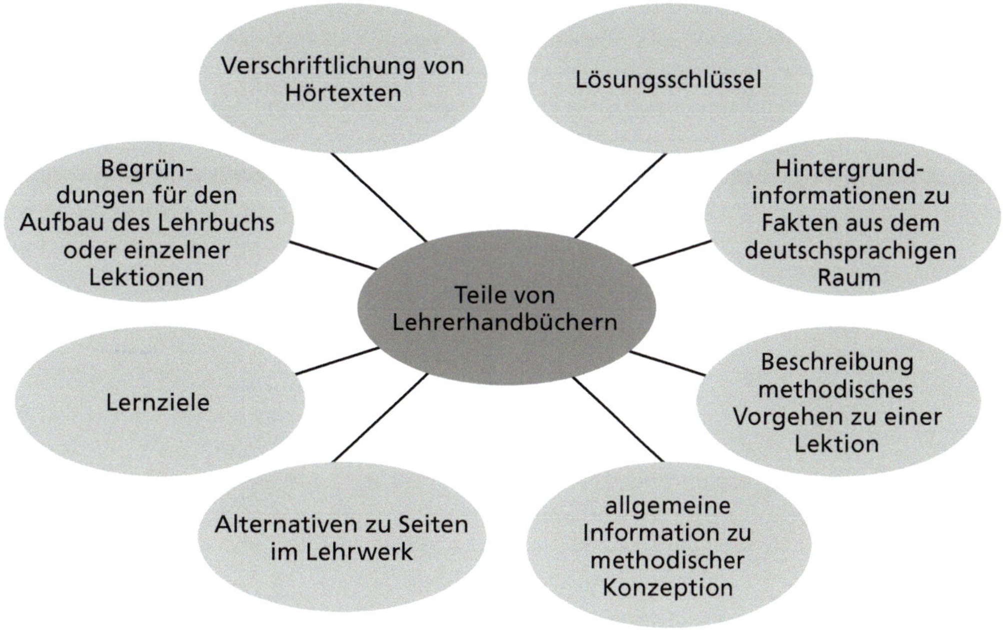

Wenn bestimmte Teile eines Lehrerhandbuchs vorhanden sind, von Ihnen aber nicht genutzt werden, dann ist das natürlich schon eine Art Bewertung, die Sie durch Ihr Handeln vornehmen. Trotzdem möchten wir Sie jetzt mit der folgenden Aufgabe bitten, eine explizite Wertung vorzunehmen. Bitte bewerten Sie unabhängig davon, ob die in Aufgabe 8 angegebenen Teile in Ihrem Lehrerhandbuch vorhanden sind oder nicht und wie stark Sie sie nutzen oder nicht.

Aufgabe 9

Sehen Sie sich die verschiedenen Teile Ihres Lehrerhandbuchs noch einmal an und vergleichen Sie sie mit den genannten in der Tabelle.

a) Enthält Ihr Lehrerhandbuch die Teile, die in der Tabelle stehen? Kreuzen Sie an.

b) Bewerten Sie dann, wie wichtig für Sie persönlich die einzelnen Teile von Lehrerhandbüchern sind (1 = sehr wichtig, 8 / 9 = am wenigsten wichtig).

Teile des Lehrerhandbuchs	vorhanden ja	vorhanden nein	meine Bewertung
1. allgemeine Informationen zur methodischen Konzeption des Lehrwerks	☐	☐	
2. Begründungen für den Aufbau des Lehrbuchs oder einzelner Lektionen	☐	☐	
3. Beschreibungen des methodischen Vorgehens zu einer Lektion	☐	☐	
4. Beschreibungen von Lernzielen	☐	☐	
5. Alternativen zur Arbeit mit den Seiten des Lehrwerks: zusätzliche Texte, Vorschläge für kleine Projekte, weitere Übungen	☐	☐	
6. Hintergrundinformationen zu den behandelten Themen	☐	☐	
7. Lösungsschlüssel	☐	☐	
8. Verschriftlichung der Hörtexte aus dem Lehrwerk (Transkripte)	☐	☐	
9. Sonstiges:	☐	☐	

Unterschiede zwischen Lehrwerken

Je mehr Lehrwerke Sie sich ansehen, desto mehr werden Sie sehen, wie unterschiedlich diese sind. Jedes Lehrwerk behandelt Themen und liefert damit Wortschatz und landeskundliche Informationen, aber die gewählten Themen und die Art der Vermittlung von Wortschatz und Landeskunde können sehr unterschiedlich sein. Jedes Lehrwerk enthält grammatische Strukturen, aber sie werden unterschiedlich stark geübt und explizit gemacht (also beim Namen genannt). Die Einführung von grammatischen Strukturen erfolgt in den Lehrwerken unterschiedlich schnell: Manchmal werden neue Phänomene sehr schnell nacheinander eingeführt, manchmal geht es langsamer voran und die Lernenden erhalten mehr Raum zum Üben.

Während Wortschatz, Landeskunde und Grammatik in jedem Lehrwerk zu finden sind, gibt es im Bereich der Ausspracheschulung Lehrwerke, die diese sehr systematisch betreiben und (unterschiedlich viel) Metasprache verwenden, um phonetische Phänomene zu benennen. Andere Lehrwerke wiederum überlassen die Ausspracheschulung den Lehrkräften. Im Hinblick auf die Vermittlung des Schreibens, Lesens, Sprechens und Hörens wiederum gibt es zwischen Lehrwerken starke Unterschiede: Da werden die Fertigkeiten einmal intensiv, einmal weniger intensiv behandelt, manchmal gibt es eine große Vielfalt an Übungsmöglichkeiten und Kommunikationsanlässen, manchmal bietet das Lehrwerk wenig Möglichkeiten zum Üben.

Lehrwerke unterscheiden sich also zum Teil sehr stark, und es gehört zur Qualifikation von Lehrenden, dass sie zusammen mit Kolleginnen und Kollegen in der Lage sind einzuschätzen, welches Lehrwerk für ihre konkrete Lerngruppe und die konkreten Lernziele geeignet ist.

Zusammenfassung

In diesem Teilkapitel haben Sie gesehen, dass Lehrwerke sehr unterschiedlich sein können. So kann ein Arbeitsbuch Material enthalten, das im Präsenzunterricht genutzt werden sollte; es gibt aber auch Arbeitsbücher, die in erster Linie Übungsmaterial für die Hausaufgabe enthalten. Ebenso unterschiedlich sind Lehrerhandbücher: Die einen beschreiben detailliert das methodische Vorgehen in den einzelnen Lektionen, andere liefern Lösungen und knappe Zusatzinformationen. Eben weil Lehrwerke und ihre Komponenten so unterschiedlich konzipiert sind, sollten Sie sie und ihre Zielsetzungen gut kennenlernen.

2.2 Der innere Aufbau eines Lehrwerks

Wir werden in diesem Teilkapitel den Aufbau eines Lehrwerks und den inneren Aufbau von Lektionen genauer betrachten. Eine Frage ist dabei besonders wichtig: In welcher Reihenfolge werden welche sprachlichen Phänomene behandelt? Das ist die Frage nach der so genannten Progression.

Am Ende dieses Teilkapitels
- können Sie einschätzen, wie viel Bearbeitungszeit man für ein Lehrwerk benötigt,
- können Sie erkennen, wie ein Lehrwerk aufgebaut ist,
- können Sie erkennen, wie einzelne Lektionen aufgebaut sind,
- wissen Sie, dass Lehrwerke eine unterschiedliche Progression haben können.

Anzahl der Lektionen

Sie haben im letzten Teilkapitel gesehen, dass manche Lehrwerke mit mehr und andere mit weniger Bänden ein bestimmtes Ziel ansteuern.
Unterschiede gibt es aber nicht nur bei der Zahl der Bände. Vielleicht haben Sie sich schon einmal gewundert, dass Lehrwerke auch eine unterschiedliche Anzahl von **Lektionen** brauchen, um ein bestimmtes Ziel zu erreichen. Um die Niveaustufen A1, A2 und B1 abzudecken, arbeiten manche Lehrwerke mit 30 Lektionen, andere kommen auf bis zu 100 Lerneinheiten. Die unterschiedliche Anzahl der Lektionen geht häufig mit einer unterschiedlichen Seitenzahl pro Lektion einher. Der Seitenumfang einer Lektion hängt auch von der optischen Gestaltung, vom Layout ab. Wenn die Seiten dicht bedruckt sind und dem Bildmaterial wenig Platz zur Verfügung steht, dann benötigt man pro Lektion weniger Seiten als für Lektionen mit einem großzügigen Layout.

Es gibt also unterschiedliche Vorstellungen davon, wie umfangreich eine Lektion sein soll. Viele kurze kleine Lektionen haben einen großen Motivationseffekt für die Lernenden: Wenn sie anfangen, Deutsch zu lernen, sind sie schnell bei Lektion 3 oder 4 und müssen sich nicht so lange bei der ersten Lektion aufhalten. Sie haben das Gefühl, sie seien schon schön weit vorangekommen.
Eine eher dünne Lektion wird sich allerdings nur mit einem oder wenigen Phänomenen beschäftigen können. Im Gegensatz dazu kann man der Auffassung sein, dass die Lektion als Organisationseinheit
- ein bestimmtes Thema mit verschiedenen landeskundlichen Informationen (möglichst noch aus unterschiedlichen Perspektiven) präsentieren soll,
- ein oder mehrere Grammatikphänomene und
- ein Ausspracheelement behandeln soll und dass sie
- unterschiedliche Arbeits- und Sozialformen bereitstellen und
- unterschiedliche Textsorten präsentieren soll.

Wenn man einer Lektion all diese Aufgaben zuordnet, dann ist klar, dass sie recht umfangreich sein muss. Die unterschiedliche Länge der Lektionen hängt also unter anderem davon ab, wie die Lehrwerkautorinnen und -autoren diese unterschiedlichen Anforderungen miteinander in Verbindung bringen. Prüfen Sie dies in der nächsten Aufgabe einmal anhand von zwei verschiedenen Lehrwerken.

Aufgabe 10

Sehen Sie Ihr Lehrwerk und ein weiteres mit Blick auf die Anzahl der Lektionen genau an.

a) Zählen Sie für ein Lehrwerk, mit dem Sie selbst häufig arbeiten, und für ein Lehrwerk, das Ihnen bisher nicht bekannt ist, die Anzahl der Lektionen von A1 bis zum Ende von B1.

	Titel des Lehrwerks	Anzahl der Lektionen von A1 bis Ende B1
bekanntes Lehrwerk		
unbekanntes Lehrwerk		

b) Falls die Anzahl der Lektionen unterschiedlich ist: Beschreiben Sie kurz, woran das liegen könnte.

Zeitaufwand: grobe Orientierung

Wie viele Stunden man braucht, um ein bestimmtes sprachliches Ziel zu erreichen, ist schwer allgemein bestimmbar, auch wenn man manchmal grobe Zeitangaben liest, z.B. 600 Unterrichtsstunden bis Niveaustufe B1 oder 1000 oder 1200 Stunden bis C1. Derartige Zahlen sind nur als grobe Orientierung hilfreich.

In wie vielen Stunden man ein Niveau erreichen kann, hängt von verschiedenen Faktoren ab: von den Lernenden selbst, ihren Lerngewohnheiten und ihrer Motivation, vom Anteil des Selbstlernens zur Unterstützung des Präsenzunterrichts usw. Eigentlich kann man sagen, dass es faszinierend ist, wie unterschiedlich schnell oder langsam Menschen in unterschiedlichen Kontexten eine Fremdsprache lernen. Aber diese Einsicht nützt Ihnen nichts, wenn Sie in einer Institution Unterricht planen. Sie müssen dabei z.B. prüfen, ob ein Lehrwerk zu den Vorgaben Ihrer Institution passt. Dafür müssen Sie zunächst mit Ihren Kolleginnen und Kollegen auf der Basis der bisherigen Erfahrungen für Ihre Institution festhalten, wie lange Ihre Lernenden normalerweise für das Erreichen eines bestimmten Ziels benötigen. Danach können Sie rechnen: Teilen Sie die für Ihre Institution übliche Stundenzahl durch die Anzahl der Lektionen eines Lehrwerks. So erhalten Sie die Zeit, die bei Ihnen pro Lektion ungefähr zur Verfügung stehen würde. Danach müssen Sie überlegen, ob Sie die Lektionen im vorgesehenen Zeitrahmen mit Ihren Lernenden bearbeiten können. Diese Berechnung der Zeit, die pro Lektion zur Verfügung steht, ist einigermaßen zuverlässig, auch wenn es immer noch Unterschiede zwischen dem Zeitaufwand für einzelne Lektionen geben wird.

Sie können auch noch einen Schritt weiter gehen: Teilen Sie als letztes die Zeit, die pro Lektion zur Verfügung steht, durch die Zahl der Seiten pro Lektion. Das Ergebnis: die Zeit, die pro Seite zur Verfügung steht. Dies ist allerdings ein eher unzuverlässiges Ergebnis: Für manche Seiten braucht man mehr Zeit, für andere weniger. Das hängt davon ab, was behandelt wird. Aber für Ihre grobe Orientierung kann auch dieser letzte Schritt noch sinnvoll sein – besonders, wenn Sie mit einem für Sie neuen Lehrwerk arbeiten. In der folgenden Aufgabe machen Sie diese Rechnung Schritt für Schritt.

Aufgabe 11

P

Bestimmen Sie die Anzahl und Länge der Lektionen einer Niveaustufe eines Lehrwerks, das Ihnen bisher nicht bekannt ist. Berechnen Sie den wahrscheinlichen Zeitaufwand pro Lektion und schätzen Sie ein, ob das Lehrwerk zu den Vorgaben Ihrer Schule/Institution passt.

a) Gehen Sie Schritt für Schritt vor.

	Ergebnis
A. Zählen Sie die Lektionen einer Niveaustufe eines Lehrwerks.	
B. Errechnen Sie die durchschnittliche Seitenzahl pro Lektion.	
C. Überlegen Sie, wie viele Stunden in Ihrer Schule/Institution für das Erreichen einer Niveaustufe zur Verfügung stehen.	
D. Teilen Sie die zur Verfügung stehenden Stunden (C) durch die Anzahl der Lektionen (A). Das sind die Stunden, die Ihnen pro Lektion zur Verfügung stehen.	
E. Teilen Sie diese (D) durch die durchschnittliche Seitenzahl pro Lektion (B). Das ist die Zeit, die Ihnen und den Lernenden pro Lehrbuchseite zur Verfügung steht.	

b) Wählen Sie nun eine Lektion aus und schätzen Sie, wie viel Zeit Ihre Lernenden für die Übungen und Aufgaben dieser Lektion bräuchten.

Übung / Aufgabe Nr.	Bearbeitungszeit in Minuten

c) Wie gut/schlecht passt die notwendige Zeit, die Sie hier schätzen, zu der Zeit, die Sie oben pro Lektion berechnet haben?

___

Wir möchten Sie nun bitten, den inneren Aufbau einer Lektion etwas genauer zu betrachten.

Aufgabe 12

P

Beschreiben Sie den inneren Aufbau einer Lektion aus einem Lehrbuch Ihrer Wahl. Notieren Sie Ihre Beobachtungen.

Fragen	Beobachtung
1. Wie beginnt jede Lektion?	*mit einer Fotocollage*
2. Gibt es pro Lektion ein Thema oder mehrere?	
3. Was kommt in jeder Lektion vor (Grammatik, Texte, Wortschatz, Projekt, Tests, Selbstevaluation usw.)?	
4. Wird pro Lektion eine neue grammatische Struktur eingeführt? Gibt es ein erkennbares Muster?	
5. Gibt es eine bestimmte Abfolge von Übungen/Aufgaben?	
6. Gibt es am Ende einer Lektion eine Übung/Aufgabe zur Anwendung der erworbenen Strukturen? Ist diese in allen Lektionen ähnlich?	
7. Werden Lesen, Hören, Sprechen und Schreiben in jeder Lektion gleichmäßig trainiert?	
8. Gibt es Aussprachetraining? Wenn ja, gibt es innerhalb der Lektionen einen festen Platz dafür?	
9. Gibt es innerhalb der Lektionen kleinere Lerneinheiten, die in einer Unterrichtseinheit/Doppelstunde zu bearbeiten sind? Woran sind diese zu erkennen?	

Sie haben nun untersucht, wie die einzelnen Lektionen eines Lehrwerks aufgebaut sind und wie Wortschatz, Grammatik, Aussprache, Fertigkeiten usw. innerhalb einer Lektion miteinander verbunden sind.

Neben dieser Frage ist ein weiterer Aspekt für die Diskussion des inneren Aufbaus eines Lehrwerks besonders wichtig: In welcher Reihenfolge werden die sprachlichen Handlungen und die sprachlichen Strukturen behandelt? In der Fremdsprachendidaktik bezieht man sich auf diese Diskussion um die Reihenfolge mit dem Fachbegriff **Progression**.

grammatische Progression

Die Frage, wie eine Progression bei den sprachlichen Strukturen auszusehen hat, ob sie sich z.B. am natürlichen Spracherwerb von Kindern oder auch von Erwachsenen orientieren soll oder ob für die künstliche Kommunikation im Klassenzimmer/Kursraum andere Reihenfolgen sinnvoll sind, wird in der Fremdsprachendidaktik intensiv diskutiert. Darauf können wir an dieser Stelle nicht eingehen, aber wir wollen zumindest mit einem Beispiel das Thema Progression anhand des Gegenstandsbereichs Grammatik aufgreifen:
Soll in einem Lehrwerk zuerst das Perfekt oder das Präteritum eingeführt werden? Das ist keine triviale Frage. In Lehrwerken findet man unterschiedliche Lösungen. In *Deutsche Sprachlehre für Ausländer* (siehe den Auszug aus dem Inhaltsverzeichnis unten), einem Lehrwerk, das zu einer Zeit erschien, als der Fremdsprachenunterricht vor allem auf das Vermitteln grammatischer Strukturen ausgerichtet war, wird zuerst das Präteritum eingeführt, danach das Perfekt.

Deutsche Sprachlehre für Ausländer, S. VI.

In *Deutsch aktiv* (siehe den Auszug aus dem Inhaltsverzeichnis unten), einem Lehrwerk, das Ende der 1970er-Jahre erschien und für Deutsch als Fremdsprache den Beginn der kommunikativ orientierten Lehrwerke darstellt, werden Perfekt und Präteritum in einer einzigen Lektion eingeführt.

Deutsch aktiv. Lehrbuch 1, S. 5.

In den meisten neueren Lehrwerken findet sich die Reihenfolge Perfekt vor Präteritum (siehe die Auszüge aus dem Inhaltsverzeichnis des Lehrwerks *Lagune*, Kursbuch 1 und 2).

26	Fokus Strukturen	Was haben sie gemacht? *abgeschlossene Handlungen beschreiben*	Perfekt: starke und schwache Verben / Perfekt mit *sein*, Satzklammer beim Perfekt	128
27	Fokus Lesen	Wer soll denn die Arbeit machen? *Zeitangaben für Tagesabläufe machen, einen längeren Lesetext aufbereiten*	Perfekt und Präteritum von *sein* und *haben*, Uhrzeit: 24-Stunden-Zählung	132
28	Fokus Hören	Guten Morgen! *Träume nacherzählen, den eigenen Tagesablauf beschreiben*	Uhrzeit, Datum, Perfekt: Partizip ohne *ge*	136

Lagune. Kursbuch Deutsch als Fremdsprache 1, S. 6.

26	Fokus Strukturen	Zeitungsmeldungen *Schlagzeilen und kurze Artikel lesen und verstehen, über Glücksbringer sprechen*	Präteritum der schwachen und einiger starker Verben, Perfekt und Präteritum	128
27	Fokus Lesen	Glück im Unglück *Zeitungsartikel lesen, über Glück und Pech sprechen*	starke Verben im Präteritum	132
28	Fokus Hören	Nachrichten im Radio *Kurzmeldungen hören und verstehen, selbst eine Nachricht verfassen*	gemischte Verben im Präteritum, Präpositionen mit Genitiv	136
29	Fokus Sprechen	Wie war der Film? *Inhalte von Filmen wiedergeben*	Reime mit Präteritum-Formen	140

Lagune. Kursbuch Deutsch als Fremdsprache 2, S. 5.

Gibt es eine richtige Reihenfolge?
Wenn man erst das Präteritum einführt, aber möchte, dass die Lernenden viel miteinander sprechen, dann kommt es vielleicht dazu, dass ein Lernender einen anderen auf dem Weg in die Cafeteria fragt *Aßest du schon*? Unter dem Gesichtspunkt der mündlichen Kommunikation wäre es also sinnvoller, zunächst mit dem Perfekt sowie dem Präteritum der Verben *sein* und *haben* anzufangen, auch wenn man sich dann gleich mit der Bildung von Partizipien und der Tatsache, dass man das Perfekt im Deutschen mit den Verben *haben* und *sein* bilden kann, beschäftigen muss. Bei einer Lerngruppe hingegen, bei der das Lesen von Texten an erster Stelle der Lernziele steht, mag das Präteritum ein besserer Kandidat für die erste Vergangenheitsform sein, die man im Lehrwerk einführt. Beide gleichzeitig einzuführen, stellt für die Lernenden eine große Herausforderung und wahrscheinlich oft eine Überforderung dar. Im Lehrwerk *Deutsch aktiv*, in dem das versucht wird, finden sich in der betreffenden Lektion vier aufeinanderfolgende Seiten mit reiner Grammatikpräsentation.

kommunikative Relevanz

Kommunikative Relevanz ist also ein Kriterium für die Festlegung der Reihenfolge von grammatischen Strukturen. Die Frage lautet: Was brauchen die Lernenden für welche Kommunikationssituation? Nicht alle Aspekte eines grammatischen Phänomens müssen sofort behandelt werden, sondern zunächst die, die die Lernenden wahrscheinlich verwenden werden. Je stärker der Unterricht Kommunikation in der deutschen Sprache außerhalb des Klassenzimmers/Kursraums begleitet oder unmittelbar darauf vorbereitet, desto wichtiger ist dieses Kriterium. Es steht aber in Konkurrenz zu anderen Kriterien. So wird kaum jemand bestreiten, dass man bei einem Verb zuerst Formen im Indikativ Präsens einführt, bevor man sich mit komplexen Konjunktivformen beschäftigt.

einfach vor komplex

Es gibt also auch ein Kriterium, das sich als einfach vor komplex innerhalb des zielsprachlichen Systems beschreiben lässt. Dieses Kriterium hilft manchmal. Bei der Frage, ob man sich nun als Nächstes mit dem Dativ oder mit dem Präteritum beschäftigt, hilft es allerdings nicht.

einfach vor schwer

Ein weiteres Kriterium, das ins Spiel kommt, ist das Kriterium einfach vor schwer zu lernen. Manchmal überschneidet sich dieses Kriterium mit dem Kriterium einfach vor komplex. So ist der „einfache" Indikativ Präsens wahrscheinlich für Lernende weltweit leichter zu lernen als der „komplexe" Konjunktiv. Aber prinzipiell ist „schwer zu lernen" ein schwieriges Konzept, das nicht nur etwas mit der inneren Systematik einer Sprache zu tun hat, sondern auch mit dem Kontrast zu bereits vorhandenen Sprachen. Wenn eine Lernerin / ein Lerner bisher nur Sprachen gelernt hat, in denen es keine Artikel gibt, dann mag ihr oder ihm der Artikelerwerb größere Schwierigkeiten bereiten als jemandem, die/der das Konzept Artikel schon kennt: Letztere(r) muss nur lernen, dass es im Deutschen so viele davon gibt und sich z.B. fragen, warum die Deutschen denn auf die Idee kommen, *die Sonne* und *der Mond* zu sagen und nicht umgekehrt, wie sie/er es aus ihrer/seiner Sprache gewohnt ist.

Die grammatische Progression eines Lehrwerks kann nicht allein nach einem dieser Kriterien festgelegt werden. Bei der Erstellung von Lehrwerken kommt es bei der Anwendung dieser Kriterien in der Regel zu einer Mischung.

steile versus flache Progression

Die Einführung von grammatischen Strukturen kann sich im Hinblick auf den Zeitraum unterscheiden, in dem neue Strukturen eingeführt werden. Wenn ein Lehrwerk eine steile Progression hat, dann wird in kurzer Zeit sehr viel Neues schnell hintereinander eingeführt. Bei einem Lehrwerk mit einer flachen Progression werden neue Elemente hingegen über einen längeren Zeitraum behandelt und die Lektionen bieten mehr Platz zum Üben.

zyklische/konzentrische Progression

Schließlich werden viele grammatische Phänomene nicht nur an einer Stelle im Lehrwerk eingeführt, sondern mehrfach behandelt. Bei einer zyklischen oder auch konzentrischen Progression nutzt man die Tatsache, dass viele grammatische Strukturen einfachere und schwierigere Aspekte haben, die man nach und nach einführen kann.

Literatur zum Weiterlesen

Die Einheit 2 von *Deutsch Lehren Lernen* mit dem Titel *Wie lernt man die Fremdsprache Deutsch?* (Ballweg u.a. 2013) beschäftigt sich ebenfalls mit dem Thema der Progression.

Zusammenfassung

Ein Lehrwerk besteht aus Lektionen, die einen unterschiedlichen Umfang und Aufbau haben können. Meist wird versucht, in den einzelnen Lektionen jeweils ein oder mehrere Themen, grammatische Strukturen und verschiedene andere Aspekte aufeinander zu beziehen. Innerhalb eines Lehrwerks arbeiten die Lehrwerkmacherinnen und -macher mit Annahmen darüber, in welcher Reihenfolge Phänomene eingeführt werden sollen. Diese sogenannte Progression kann steil oder flach sein und folgt manchmal denselben, manchmal aber auch verschiedenen Kriterien, so dass man sowohl Parallelen als auch Unterschiede feststellen kann, wenn man verschiedene Lehrwerke miteinander vergleicht.

2.3 Das Sprachniveau eines Lehrwerks

Wenn man einen ersten Blick auf ein neues Lehrbuch wirft, springt einem häufig schon auf der Titelseite die Angabe der Niveaustufe, die erreicht werden soll, ins Auge. Sie dient als erste Orientierung, ob das Lehrwerk zum Sprachniveau der Zielgruppe passt.

Am Ende des Teilkapitels
- wissen Sie, dass sich Lehrwerke an den Kann-Beschreibungen des *Gemeinsamen europäischen Referenzrahmens* orientieren,
- können Sie erkennen, wie Kann-Beschreibungen in Aktivitäten, Redemitteln und Texten in Lehrwerken umgesetzt werden,
- können Sie einschätzen, wie schwierig es ist, Sprachniveaus von Lehrwerken verlässlich anzugeben.

Wie Sie vielleicht schon wissen, wurden seit der Einführung des **Gemeinsamen europäischen Referenzrahmens für Sprachen**, kurz GER genannt, früher gängige Konzepte wie Anfänger, Mittelstufe, Fortgeschrittene durch die Niveaustufen A1, A2, B1, B2, C1 und C2 ersetzt.
Dabei ging es nicht nur um eine Änderung der Begriffe: Es wurde versucht, eine gewisse Einheitlichkeit der Niveaustufen herzustellen, indem beschrieben wurde, was Lernende auf einer bestimmten Niveaustufe sprachlich können sollen. Die Niveaustufen des GER haben sehr schnell eine weltweite Verbreitung gefunden. Sie leiten heutzutage die Erstellung der meisten Lehrwerke.

Literatur zum Weiterlesen

In der Einheit 6 *Curriculare Vorgaben und Unterrichtsplanung* von *Deutsch Lehren Lernen* (Ende u.a. 2013) wird im ersten Kapitel ausführlich auf die Ziele und zentralen Begriffe des GER eingegangen.

Sprachniveaus

Die dem *Gemeinsamen europäischen Referenzrahmen* zu Grunde liegende Idee ist faszinierend: Sprachenübergreifend und am kommunikativen Handeln orientiert wird beschrieben, was eine Person sprachlich tun kann, wenn sie eine bestimmte Niveaustufe erreicht hat. Diese Kompetenzen werden in Form von Kann-Beschreibungen formuliert. Für alle Niveaustufen gibt es eine übergeordnete allgemeine Beschreibung (Globalskala), die Sie wahrscheinlich kennen:

Kompetente Sprachverwendung	C2	Kann praktisch alles, was er/sie liest oder hört, mühelos verstehen. Kann Informationen aus verschiedenen schriftlichen und mündlichen Quellen zusammenfassen und dabei Begründungen und Erklärungen in einer zusammenhängenden Darstellung wiedergeben. Kann sich spontan, sehr flüssig und genau ausdrücken und auch bei komplexeren Sachverhalten feinere Bedeutungsnuancen deutlich machen.
	C1	Kann ein breites Spektrum anspruchsvoller, längerer Texte verstehen und auch implizite Bedeutungen erfassen. Kann sich spontan und fließend ausdrücken, ohne öfter deutlich erkennbar nach Worten suchen zu müssen. Kann die Sprache im gesellschaftlichen und beruflichen Leben oder in Ausbildung und Studium wirksam und flexibel gebrauchen. Kann sich klar, strukturiert und ausführlich zu komplexen Sachverhalten äußern und dabei verschiedene Mittel zur Textverknüpfung angemessen verwenden.
Selbstständige Sprachverwendung	B2	Kann die Hauptinhalte komplexer Texte zu konkreten und abstrakten Themen verstehen; versteht im eigenen Spezialgebiet auch Fachdiskussionen. Kann sich so spontan und fließend verständigen, dass ein normales Gespräch mit Muttersprachlern/-sprachlerinnen ohne größere Anstrengung auf beiden Seiten gut möglich ist. Kann sich zu einem breiten Themenspektrum klar und detailliert ausdrücken, einen Standpunkt zu einer aktuellen Frage erläutern und die Vor- und Nachteile verschiedener Möglichkeiten angeben.
	B1	Kann die Hauptpunkte verstehen, wenn klare Standardsprache verwendet wird und wenn es um vertraute Dinge aus Arbeit, Schule, Freizeit usw. geht. Kann die meisten Situationen bewältigen, denen man auf Reisen im Sprachgebiet begegnet. Kann sich einfach und zusammenhängend über vertraute Themen und persönliche Interessengebiete äußern. Kann über Erfahrungen und Ereignisse berichten, Träume, Hoffnungen und Ziele beschreiben und zu Plänen und Ansichten kurze Begründungen oder Erklärungen geben.
Elementare Sprachverwendung	A2	Kann Sätze und häufig gebrauchte Ausdrücke verstehen, die mit Bereichen von ganz unmittelbarer Bedeutung zusammenhängen (z.B. Informationen zur Person und zur Familie, Einkaufen, Arbeit, nähere Umgebung). Kann sich in einfachen, routinemäßigen Situationen verständigen, in denen es um einen einfachen und direkten Austausch von Informationen über vertraute und geläufige Dinge geht. Kann mit einfachen Mitteln die eigene Herkunft und Ausbildung, die direkte Umgebung und Dinge im Zusammenhang mit unmittelbaren Bedürfnissen beschreiben.
	A1	Kann vertraute, alltägliche Ausdrücke und ganz einfache Sätze verstehen und verwenden, die auf die Befriedigung konkreter Bedürfnisse zielen. Kann sich und andere vorstellen und anderen Leuten Fragen zu ihrer Person stellen – z.B. wo sie wohnen, was für Leute sie kennen oder was für Dinge sie haben – und kann auf Fragen dieser Art Antwort geben. Kann sich auf einfache Art verständigen, wenn die Gesprächspartnerinnen oder Gesprächspartner langsam und deutlich sprechen und bereit sind zu helfen.

(Europarat 2020, S. 6 in Anhang 1)

Es gibt eine kritische Auseinandersetzung mit dem Referenzrahmen, auf die wir in dieser Einheit nicht eingehen können (siehe dazu die Beiträge in Bausch/Christ/Königs 2003). Auch die Neufassung des Referenzrahmens wird bereits diskutiert (siehe z.B. die Beiträge in Quetz/Rossa 2019).

Für die Beschäftigung mit Lehrwerken für Deutsch als Fremdsprache ist festzuhalten:

- Alle aktuellen Lehrwerke sind auf die Niveaustufen bezogen.
- Manchmal lässt sich gar nicht so einfach feststellen, was diese allgemeinen Kann-Bestimmungen eigentlich konkret bedeuten und ob das Lehrwerk diese umsetzt.

Lösen Sie erst die nächste Aufgabe, bevor Sie sich ausführlicher mit den Niveaustufen selbst beschäftigen:

Aufgabe 13

Welchen Anteil hat die Arbeit mit Lehrwerken auf welcher Niveaustufe Ihrer Einschätzung nach?

a) Ist der Anteil des Einsatzes des Lehrwerks auf allen Niveaustufen gleich, nimmt er ab oder zu? Notieren Sie im Diagramm.

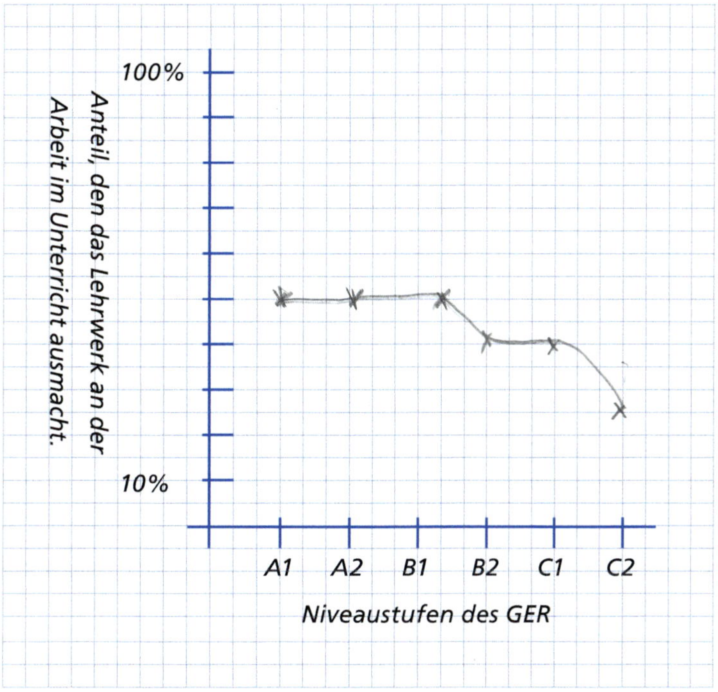

b) Vergleichen Sie Ihre Ergebnisse mit denen Ihrer Kolleginnen und Kollegen.

Auf den Stufen, auf denen viel mit Lehrwerken gearbeitet wird, ist die Frage, wie sich die eingesetzten Lehrwerke zum GER verhalten, besonders wichtig. Wir möchten Ihnen deshalb in diesem Teilkapitel in einem ersten Schritt an den Bereichen mündliche Interaktion und Schreiben zeigen, wie die Kann-Beschreibungen in Lehrwerke einfließen. Dafür analysieren Sie zunächst in den Aufgaben 14 und 15, wie Lehrwerke Kann-Beschreibungen umsetzen. In einem zweiten Schritt bitten wir Sie in Aufgabe 16, Ausschnitte aus Lehrwerken, die Sie nicht kennen, einer Niveaustufe zuzuordnen.

Beides ist nicht ganz einfach, aber wichtig. Wenn Sie in Ihren Unterricht Texte zusätzlich zum Lehrwerk einführen möchten, dann müssen Sie zumindest grob deren Schwierigkeitsgrad einschätzen können. Da ist die Einschätzung der Zuordnung zu einer Niveaustufe ein möglicher erster Schritt. Da wir das an Ausschnitten aus Lehrwerken üben, werden Sie außerdem beobachten können, dass auch bei Lernmaterial, das extra für den Unterricht geschrieben wurde und das selbst behauptet, zu einer bestimmten Niveaustufe zu gehören, die Zuordnung manchmal ganz einfach, manchmal aber sehr unklar ist.

Kann-Beschreibung: mündliche Interaktion und Produktion

Betrachten Sie zunächst zwei Auszüge aus den Skalen von Kann-Beschreibungen des GER zum Bereich 'Mündliche Produktion allgemein' und 'Mündliche Interaktion allgemein'. Sehen Sie sich dann die nachfolgende Doppelseite des Lehrwerks *DaF leicht* an. Prüfen Sie in Aufgabe 14, inwiefern die Angaben im GER in den Lernaktivitäten des Lehrwerks umgesetzt werden. Ordnen Sie die Doppelseite des Lehrwerks auf dieser Grundlage einer Niveaustufe des GER zu.

Material 1

Mündliche Produktion allgemein

PROSIGN	Mündliche Produktion allgemein
B2	Kann Sachverhalte klar und systematisch beschreiben und darstellen und dabei wichtige Punkte und relevante stützende Details angemessen hervorheben.
	Kann zu einer großen Bandbreite von Themen aus dem eigenen Interessengebiet klare und detaillierte Beschreibungen und Darstellungen geben, Ideen ausführen und durch untergeordnete Punkte und relevante Beispiele abstützen.
B1	Kann relativ flüssig eine unkomplizierte, aber zusammenhängende Beschreibung zu Themen aus dem eigenen Interessengebiet geben, wobei die einzelnen Punkte linear aneinandergereiht werden.
A2	Kann eine einfache Beschreibung von Menschen, Lebens- oder Arbeitsbedingungen, Alltagsroutinen, Vorlieben oder Abneigungen usw. geben, und zwar in kurzen, listenhaften Abfolgen aus einfachen Wendungen und Sätzen.
A1	Kann sich mit einfachen, überwiegend isolierten Wendungen über Menschen und Orte äußern.
vor A1	Kann mit kurzen Wendungen über sich selbst sprechen und einfache persönliche Informationen über sich geben (z.B. Name, Familie, Staatsangehörigkeit).

Mündliche Interaktion allgemein

PROSIGN	Mündliche Interaktion allgemein
B2	Kann die Sprache gebrauchen, um flüssig, korrekt und wirkungsvoll über ein breites Spektrum allgemeiner, wissenschaftlicher, beruflicher Themen oder über Freizeitthemen zu sprechen, und dabei Zusammenhänge zwischen Ideen deutlich machen. Kann sich spontan und mit guter Beherrschung der Grammatik verständigen, praktisch ohne den Eindruck zu erwecken, sich in dem, was er/sie sagen möchte, einschränken zu müssen; der Grad an Formalität ist den Umständen angemessen.
	Kann sich so spontan und fließend verständigen, dass ein normales Gespräch und anhaltende Beziehungen zu Muttersprachlern ohne größere Anstrengung auf beiden Seiten gut möglich ist. Kann die Bedeutung von Ereignissen und Erfahrungen für sich selbst hervorheben und Standpunkte durch relevante Erklärungen und Argumente klar begründen und verteidigen.
B1	Kann sich mit einiger Sicherheit über vertraute Routineangelegenheiten, aber auch über andere Dinge aus dem eigenen Interessen- oder Berufsgebiet verständigen. Kann Informationen austauschen, prüfen und bestätigen, mit weniger routinemäßigen Situationen umgehen und erklären, warum etwas problematisch ist. Kann Gedanken zu eher abstrakten kulturellen Themen ausdrücken, wie z. B. zu Filmen, Büchern, Musik usw.
	Kann ein breites Spektrum einfacher sprachlicher Mittel einsetzen, um die meisten Situationen zu bewältigen, die typischerweise beim Reisen auftreten. Kann ohne Vorbereitung an Gesprächen über vertraute Themen teilnehmen, persönliche Meinungen ausdrücken und Informationen austauschen über Themen, die vertraut sind, persönlich interessieren oder sich auf das alltägliche Leben beziehen (z. B. Familie, Hobbys, Arbeit, Reisen und aktuelles Geschehen).
A2	Kann sich relativ leicht in strukturierten Situationen und kurzen Gesprächen verständigen, sofern die Gesprächspartner, falls nötig, helfen. Kann ohne übermäßige Mühe in einfachen Routinegesprächen zurechtkommen; kann Fragen stellen und beantworten und in vorhersehbaren Alltagssituationen Gedanken und Informationen zu vertrauten Themen austauschen.
	Kann sich in einfachen, routinemäßigen Situationen verständigen, in denen es um einen unkomplizierten und direkten Austausch von Informationen über vertraute Routineangelegenheiten in Zusammenhang mit Arbeit und Freizeit geht. Kann sehr kurze Kontaktgespräche führen, versteht aber kaum genug, um das Gespräch selbst in Gang halten zu können.
A1	Kann sich auf einfache Art verständigen, doch ist die Kommunikation völlig davon abhängig, dass etwas langsamer wiederholt, umformuliert oder korrigiert wird
	Kann einfache Fragen stellen und beantworten, einfache Feststellungen treffen oder auf solche reagieren, sofern es sich um unmittelbare Bedürfnisse oder um sehr vertraute Themen handelt.
vor A1	Kann Fragen über sich selbst und über Alltagsroutinen stellen und beantworten und dabei kurze, formelhafte Ausdrücke verwenden und sich auf Gesten stützen, die die Information unterstützen.

(Europarat 2020, S. 75 und 88/89)

Material 2

36 | → *über Heimat sprechen; Nebensätze mit wo; Fragen: worauf / auf wen, woran / an wen, worüber / über wen*

A | Ort oder Gefühl

Heimat ist dort, wo mein Passwort schon gespeichert ist.

Heimat ist dort, wo ich mich zu Hause fühle: Das kann überall auf der Welt sein.

Heimat ist ein Wort mit sechs Buchstaben.

Heimat ist dort, wo Familie und Freunde sind.

Heimat ist dort, wo ich zu meiner Lieblingsmusik getanzt habe.

Heimat ist dort, wo man mir freudig die Tür aufmacht.

1a

Was ist Heimat? **Lesen Sie. Wie finden Sie die Aussagen? Begründen Sie.**

A: Mir gefällt der Satz „Heimat ist dort, wo man mir freudig die Tür aufmacht."
Denn mir geht es genauso / ähnlich / … Ich mag / kenne auch …
B: Ich mag … nicht / kenne … nicht …
Deshalb finde ich den Satz „Heimat ist … ." komisch / blöd / …

1b

Was ist Heimat für Sie? Sammeln Sie Ideen.

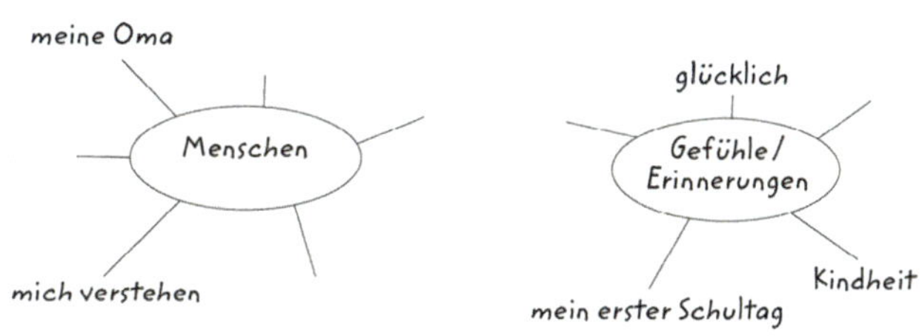

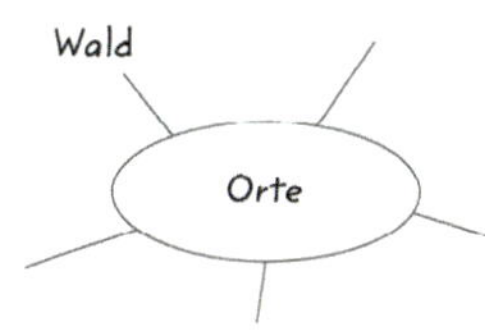

1c Seite 44 KB

Stellen Sie Ihre Ideen vor.

Heimat ist, wo meine Oma wohnt.
Heimat ist, wo ich glücklich bin.
Heimat ist, wo ich Kind war.

DaF leicht. S. 36.

18 | **Heimat** | A | 37

2a Track 24

Im Rhythmus: **Hören Sie und lesen Sie.**

Mein Haus, meine Straße, mein Viertel, meine Stadt.
Das ist dort, wo die Traurigkeit Pause hat.
Das ist dort, wo die Schönheit nicht wichtig ist.
Das ist, wenn Fröhlichkeit richtig ist.

Mein Haus, meine Straße, mein Viertel, meine Stadt.
Das ist dort, wo man Räume und Plätze hat.
Das ist dort, wo die Dunkelheit vertraut ist.
Wo es uns nicht stört, wenn es laut ist.
Das ist, wenn man glücklich und frei ist.
Das ist, wenn man immer dabei ist.

Mein Haus, meine Straße, mein Viertel, meine Stadt.
Das ist Heimat, wie sie jeder irgendwo hat.

2b

Hören Sie und sprechen Sie im Rhythmus mit.

„AN WEN DENKST DU?“

3a Seite 44 KB

Kindheitsorte. **Lesen Sie und beantworten Sie die Fragen.**

Kerstin, 26 Jahre: Ich bin auf dem Dorf aufgewachsen. Im Allgäu. Immer wenn ich in meinen Geburtsort fahre, freue ich mich auf die schöne Natur, die bunten Wiesen und die Kuhglocken und ich denke an meine Familie. Und ich freue mich auf meine Großeltern. Ich sehe Opa und Oma viel zu selten! Aber nicht alles dort ist schön. Ich ärgere mich zum Beispiel immer über den Nachbarn. Der ist immer so schlecht gelaunt und sagt noch nicht mal ‚Hallo‘.

Sven, 38 Jahre: Ich habe schon in vielen Städten gelebt. Aber eigentlich komme ich aus Hamburg. Bei Hamburg denke ich immer sofort an Hafen, Fisch, Schiffe, ... und an meine Schulfreunde. Ich freue mich auf ein Fischbrötchen und einen kurzen ‚Snak‘ mit dem Fischverkäufer. Aber ich ärgere mich auch über den dichten Verkehr und die vielen Staus in der Innenstadt. Dann will ich gleich wieder weg.

Worauf freut sich Kerstin? ... auf die schöne Natur,
An wen denkt sie? ... an ihre Familie, ...
Auf wen freut sie sich?
Über wen ärgert sie sich?

Woran denkt Sven?
An wen denkt er?
Worauf freut er sich?
Worüber ärgert er sich?

3b

Woran / An wen denken Sie, wenn Sie an Ihren Kindheitsort denken? Fragen Sie sich gegenseitig.

An wen denkst du?
Woran denkst du?
Über wen ärgerst du dich?
Worüber ärgerst du dich?
Auf wen freust du dich?
Worauf freust du dich?

4

Machen Sie eine Collage mit Sätzen, Begriffen, Bildern zu Heimat. Präsentieren Sie sie.

Seite 112 ÜB

DaF leicht. S. 37.

Aufgabe 14

Sehen Sie sich die Lernaktivitäten 1–4 auf der Doppelseite des Lehrwerks *DaF leicht* (Material 2) an.

a) Notieren Sie in der Tabelle, welche sprachlichen und kommunikativen Aktivitäten die Lernenden durchführen sollen und welche Kann-Beschreibungen des GER damit umgesetzt werden.

Lernaktivität	sprachliche/kommunikative Aktivitäten	Kann-Beschreibungen des GER
1a	*Die Lernenden lesen kurze Aussagen und sprechen – geleitet durch Redemittel – über sie.*	*Kann ohne große Vorbereitung Informationen austauschen über Themen, die vertraut sind.*
1c		
3a		

Lernaktivität	sprachliche/kommunikative Aktivitäten	Kann-Beschreibungen des GER
3b		
4		

b) Welcher Niveaustufe ordnen Sie den Auszug aus *DaF leicht* zu?

Kann-Beschreibungen: Schreiben

Sehen Sie sich den folgenden Auszug aus den Kann-Beschreibungen des GER zum Bereich Schreiben auf A2 an. Im Folgenden sehen Sie, wie diese in Lehrwerken umgesetzt werden.

A2	Kann in Form verbundener Sätze etwas über alltägliche Aspekte des eigenen Umfelds schreiben, wie z. B. über Menschen, Orte, einen Job oder Studienerfahrungen. Kann eine sehr kurze, elementare Beschreibung von Ereignissen, vergangenen Handlungen und persönlichen Erfahrungen verfassen. Kann eine einfache Geschichte erzählen (z. B. über Ferienerlebnisse oder über das Leben in einer fernen Zukunft).
	Kann in einer Reihe einfacher Sätze über die eigene Familie, die Lebensumstände, den Bildungshintergrund oder die momentane oder vorige berufliche Tätigkeit schreiben. Kann kurze, einfache fiktive Biographien und einfache Gedichte über Menschen verfassen. Kann Tagebucheinträge verfassen, welche Aktivitäten (z. B. Alltagsroutinen, Ausflüge, Sport, Hobbys), Menschen und Orte beschreiben, und dabei elementaren, konkreten Wortschatz sowie einfache Wendungen und Sätze mit einfachen Konnektoren wie „und", „aber" und „weil" verwenden. Kann eine Einleitung oder Fortsetzung zu einer Geschichte zusammenstellen, sofern ein Wörterbuch und andere Hilfsmittel (z. B. Verbtabellen in einem Lehrbuch) zurate gezogen werden können.

(Europarat 2020, S. 82)

Aufgabe 15

P

Mit welchen Lernaktivitäten, Texten und Redemitteln können die Kann-Beschreibungen zum Schreiben in einem Lehrwerk umgesetzt werden? Wählen Sie aus dem A2-Band eines Lehrwerks Ihrer Wahl zwei Lektionen aus und notieren Sie.

Lernaktivität:

Texte:

Redemittel:

Welche Niveaustufe haben Ihnen unbekannte Texte?

Meist werden Sie die Zuordnung einzelner Bände eines Lehrwerks zu den Niveaustufen ganz selbstverständlich akzeptieren. Es lohnt sich aber, genauer hinzuschauen, wie und wie unterschiedlich diese Niveaustufen realisiert werden. Wenn man sich die ersten Seiten eines Lehrwerks zum Thema Vorstellung und Begrüßung ansieht, wird man ohne weiteres sagen: klarer Fall von A1. Wenn man sich längere komplizierte Texte in einem Lehrwerk für Fortgeschrittene anschaut, wird man wahrscheinlich auch klar urteilen, dass man sich in B2 oder C1 befindet. Manchmal ist es aber nicht so eindeutig. Das liegt auch daran, dass die auf den ersten Blick so einleuchtenden Beschreibungen nicht immer eindeutig umsetzbar sind. Probieren Sie es anhand der folgenden Ausschnitte aus verschiedenen Lehrwerken auf verschiedenen Niveaustufen aus: Wie gut können Sie einschätzen, auf welcher Niveaustufe sich ein Auszug aus einem Lehrwerk, das Sie nicht kennen, befindet?

Aufgabe 16

Jeweils zwei der sechs Lehrwerkauszüge (Material 3–8) sind aus einem Lehrwerk der Niveaustufe A1, zwei der Niveaustufe A2 und zwei der Niveaustufe B1 entnommen. Sehen Sie sich die Lösung zu Teilaufgabe a) an, bevor Sie Teilaufgabe b) bearbeiten.

a) Welches Material passt zu welcher Niveaustufe? Kreuzen Sie an und begründen Sie in Stichpunkten.

Material	A1	A2	B1	Begründung (mindestens 2 Stichpunkte)
3	☐	☐	☐	
4	☐	☐	☐	
5	☐	☐	☐	
6	☐	☐	☐	
7	☐	☐	☐	
8	☐	☐	☐	

Material 3

Früher und heute

1 Hören | Sprechen | Lesen | Schreiben 56

Erna König, Rentnerin, erzählt

a) Hören Sie das Gespräch und lesen Sie dann zu zweit.

Martin Miller: Waren Sie schon einmal hier?
Erna König: Ja, schon oft. Nachmittags trinke ich hier gern Tee. Sind Sie nicht aus Hamburg?
Martin Miller: Nein, ich komme aus Australien. Ich bin Journalist.
Erna König: Oh, dann haben Sie wohl viel Arbeit?
Martin Miller: Ja, ja, ich habe nicht viel Zeit.
Erna König: Ach ja, ich bin Rentnerin, aber ich habe auch nicht viel Zeit. Ich bin sehr aktiv.
Martin Miller: Was waren Sie von Beruf?
Erna König: Ich war Verkäuferin. Meine Eltern hatten ein Lebensmittelgeschäft, hier in Hamburg. Das Geschäft war klein, aber ich hatte viel Arbeit. Heute sind die Supermärkte ja oft so groß!
Martin Miller: Ist das nicht gut?
Erna König: Doch, aber früher gab es dort immer Zeit für Gespräche, Kunden und Verkäuferinnen hatten Kontakt. Das war schön.
Martin Miller: War denn früher alles gut, Frau König?
Erna König: Nein, natürlich nicht. Aber man hatte mehr Zeit. Na ja, heute ist es auch gut. Ich gehe schwimmen, ich treffe Freundinnen … Gestern waren wir im Kino. Woher kommen Sie denn?
Martin Miller: Aus Sydney.
Erna König: Ach ja? Erzählen Sie doch mal, wie ist Sydney denn?

b) Früher oder heute? Bitte ergänzen Sie.

Frau König war Verkäuferin. → *früher*
Frau König ist Rentnerin. → ______
Frau König hat nicht viel Zeit. → ______
Die Geschäfte waren klein. → ______
Es gab Gespräche und Kontakt. → ______
Die Supermärkte sind groß. → ______

2 Hören | Sprechen | Lesen | Schreiben

Schreiben und verstehen: das Präteritum

	sein	haben	es gibt
ich			
du	*warst*	*hattest*	
er • sie • es			*es*
wir	*waren*	*hatten*	
ihr	*wart*	*hattet*	
sie • Sie			

Material 4

24 Berufe

A Ohne mich …

1

Ohne mich gibt es keine Häuser: Lars, 28.

Lego hat mich zum Architekten gemacht. Ich habe schon als Kind gern konstruiert und gebaut, deshalb bin ich jetzt sehr zufrieden mit meinem Beruf! In meinem Job plane und zeichne ich Häuser. Wie soll das Gebäude aussehen, welche Zimmer hat es und wo sollen Bad, Toilette, Küche usw. sein? Das muss ich alles selbst entscheiden. Dann mache ich eine Zeichnung – zuerst mit der Hand, dann mit dem Computer. Ich glaube, Architekt ist genau der richtige Beruf für mich, weil ich bei meiner Arbeit sehr kreativ sein kann.

2

Ohne mich gibt es keine Sportnachrichten: Katharina, 23.

Sport und Schreiben – das waren schon in der Schule meine Hobbys. Ich habe Basketball gespielt und für die Schülerzeitung geschrieben. Nach dem Abi habe ich dann Sportjournalistik studiert. Jetzt bin ich mit meinem Studium fertig und mache gerade ein Volontariat bei einer Sportzeitschrift. Meine Aufgaben sind z.B. Interviews machen, Sporttermine im Kalender aktualisieren – und Reportagen schreiben! Das mache ich besonders gern, weil ich schon immer gern geschrieben habe.

3

Ohne mich bekommen die Patienten keine Medikamente: Manuel, 22.

Ich hatte eigentlich gar keinen Plan. Ich habe nur gewusst: Ich möchte gern anderen Menschen helfen und auf keinen Fall allein im Büro arbeiten. Deshalb habe ich meinen Zivildienst in einem Krankenhaus gemacht. Das war toll. Jetzt arbeite ich als Krankenpfleger. Was muss ich machen? Ziemlich viel, z.B. Patienten beim Essen und Waschen helfen, ihnen Medikamente geben, sie für die Operation vorbereiten und danach abholen. Meine Arbeit macht total viel Spaß, weil ich auch sonst gern anderen Menschen helfe.

A1 BESPRECHEN

Was war euer Berufstraum früher?
Was ist heute euer Lieblingsberuf?
Was muss man in diesen Berufen machen?

A2 LESEN

Schau die Fotos an und lies die Bildunterschriften. Was sind diese Leute von Beruf?

	Text
Krankenpfleger	☐
Architekt	☐
Journalistin	☐

A3 LESEN

Ergänze.

	Lars	Katharina	Manuel
1 Wie hat alles angefangen?	Lego, …		
2 Was macht man genau in diesem Beruf?			
3 Warum macht er/sie das gern?			

A4 GRAMMATIK

a) Warum mögen die jungen Leute ihren Beruf? Ergänze.

	Position 1	Position 2		am Ende
1 Lars: *Architekt ist der richtige Beruf für mich,*	*weil*	*ich*	…	*kann!*
2 Katharina: *Reportagen schreiben: Das mache ich besonders gern,*	*weil*	*ich*	…	
3 Manuel: *Meine Arbeit macht total viel Spaß,*	*weil*			

Material 5

8 Wörter mit *z*

4

a) Markieren Sie den Wortakzent. Hören und kontrollieren Sie. Lesen Sie die Wörter laut.

das Zeitgefühl – der Zeitpunkt – die Freizeit – die Lebenszeit – der Zeitdruck – die Arbeitszeit – die Wartezeit – der Zeitplan – zeitlos

b) Welches Wort hören Sie? Kreuzen Sie an.

1. ▢ Zeit ▢ seit
2. ▢ Zoo ▢ so
3. ▢ Zehen ▢ sehen
4. ▢ zieh ▢ sieh
5. ▢ zelten ▢ selten
6. ▢ Zeh ▢ See

c) *z* oder *s*? Hören und ergänzen Sie.

1. .....u.....ammen .....ein
2. .....u viel
3. .....üß
4. .....icher
5. .....u Hau.....e
6. redu.....ieren
7. .....urück
8. .....ahlen
9. organi.....ieren

9 Sätze mit *während*

a) Markieren Sie die Verben im Hauptsatz.

1. Während Nina die Zeitung liest, streichelt sie die Katze.
2. Während sie duscht, singt sie ihr Lieblingslied.
3. Sie telefoniert mit einer Freundin, während sie die Wohnung putzt.
4. Während sie kocht, kommt ihre Mutter.

b) Was geht gleichzeitig? Was nicht? Schreiben Sie Sätze.

Während ich	Rad fahren telefonieren schlafen fernsehen wandern lernen duschen Zeitung lesen	,	lesen träumen kochen sprechen singen frühstücken Musik hören	(nicht).

Während ich Rad fahre, lese ich nicht.

Material 6

Wortschatz 5

Gefühle ausdrücken

A missmutig

B traurig

C wütend

D ängstlich

E enttäuscht

F überrascht

G glücklich

H verliebt

A 13
a) Lesen Sie. Sehen Sie die Gesichter an. Wie heißen die Wörter in Ihrer Sprache?

1. ___ Ich hätte das nie gedacht. Das ist erstaunlich! Ich kann es nicht glauben!
2. ___ Ich habe Petra gern. Weißt du, ich mag sie wirklich. Ich denke nur noch an sie.
3. ___ Sie ist unglücklich, weil er sie verlassen hat. Sie sitzt im Zimmer und weint.
4. ___ Ich weiß nicht, ob ich das kann. Ich bin nicht sicher. Ich habe kein gutes Gefühl.
5. ___ Der Chef hat schlechte Laune. Ich finde ihn unsympathisch. Er geht mir auf die Nerven.
6. ___ Er ist jetzt zufrieden. Er freut sich, dass sie da ist. Er ist richtig froh.
7. ___ Das ärgert mich! Das stört mich wirklich. Ich finde das richtig blöd. So ein Mist!
8. ___ Schade, dass der Film nicht gut war. Er war so langweilig!

b) Welche Sätze passen zu welcher Zeichnung?

→ Ü 12

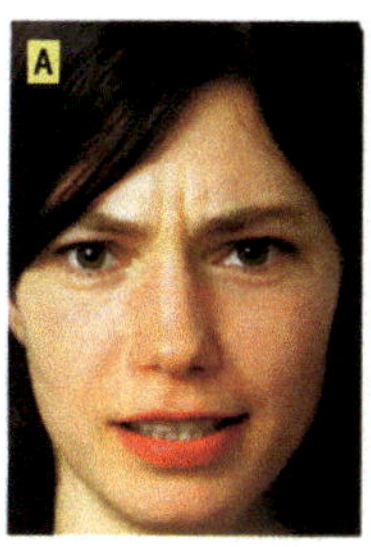
A

B

C

D

A 14 1.56
a) Hören Sie. Ordnen Sie die Aussagen den Fotos zu.

b) Sprechen Sie nach und spielen Sie mit Gesten.

→ Ü 13 – 14

B2?

Material 7

2 Ein deutscher Liebesfilm

1 **Erbsen auf halb sechs.** **Was bedeutet der Titel des Films? Die Antwort finden Sie im Text.**

Eine Tragikomödie, die sich auf sympathische und humorvolle Weise dem Thema Blindheit widmet

Die Geschichte

Jakob (Hilmir Snær Gudnason) ist ein erfolgreicher Theaterregisseur. Am Anfang des Films hat er einen Autounfall, an dem er schuld ist. Er wird blind. Jakob ist wütend und verzweifelt, weil er seinen Beruf als Regisseur an den Nagel hängen muss, und trennt sich von seiner Freundin. Er hat Angst vor der Zukunft und will nicht mehr weiterleben. Aber er möchte noch seine todkranke Mutter, die in Russland lebt, besuchen. Dann lernt er Lilly (Fritzi Haberlandt) kennen. Lilly ist von Geburt an blind. Sie findet sich in ihrer Welt gut zurecht. Gemeinsam machen sie sich auf den langen Weg nach Osten. Die Reise ist Thema des Films, Ort der Handlung ist Osteuropa. Die beiden Blinden kommen manchmal in gefährliche Situationen. Trotzdem gibt es auch viel Komik und Humor. Am Ende des Films sind beide verändert: Jakob lernt, dass man sein Schicksal akzeptieren muss, und Lilly verliebt sich in ihn. Langsam finden die beiden Menschen zueinander.

Jakob erklärt Lilly, wie die Farbe Gelb aussieht, nämlich wie die Farbe der Sonne auf einem warmen Stein. Lilly hilft Jakob bei der

Orientierung im Dunkeln. Beim Essen z. B. ist es wichtig zu wissen, wo etwas auf dem Teller liegt. Lilly erklärt den Trick mit der Uhr. „Stellen Sie sich den Teller als Uhr vor“, sagt die blinde Frau zur Kellnerin, „und dann sagen Sie mir, auf welcher Zeit das Essen liegt.“

2.22 **2** **Einen Hörfilm hören.** **Hören Sie die Szene. „Sehen“ Sie die Bilder? Beschreiben Sie.**

1. Wo sind Lilly und Jacob?
2. Was möchte Lilly?
3. Wie reagiert die andere Frau?

Material 8

6 Eine Einladung

a. Lesen Sie zuerst die Einladungskarte und suchen Sie das Clubhaus auf dem Plan.

Einladung
zu meiner Geburtstagsfeier

Wann? *Sonntag, 22. August ab 18.30 Uhr*
Wo? *Im Clubhaus „Waldfreunde", Sennestadt*

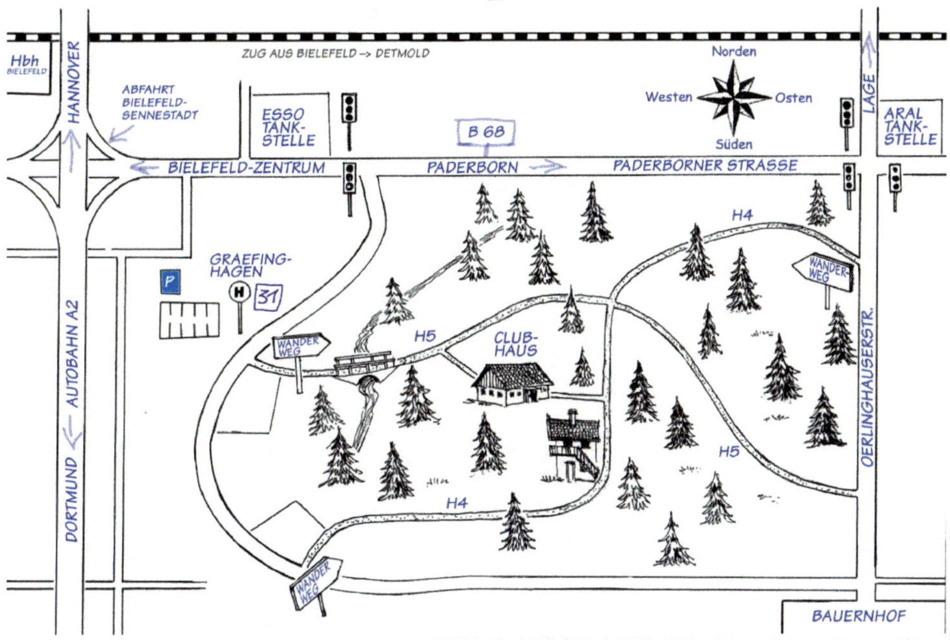

b. Lesen Sie jetzt den Einladungstext und markieren Sie den Weg für Rita und Jörg auf dem Plan. Arbeiten Sie mit einem Partner.

c. Aus welcher Richtung kommen Rita und Jörg?

- Dortmund
- Hannover
- Paderborn
- Detmold

Liebe Rita, lieber Jörg,

ich möchte meinen Geburtstag diesmal im Wald feiern. Hoffentlich könnt ihr kommen! Hier ist eine Wegbeschreibung zum Clubhaus:
Ihr nehmt die Autobahn-Abfahrt Bielefeld-Sennestadt und biegt links ab auf die Bundesstraße 68 in Richtung Paderborn. Dann fahrt ihr ungefähr einen Kilometer geradeaus. An der Ampel biegt ihr rechts ab und fahrt weiter bis zur Bushaltestelle. Rechts hinter der Bushaltestelle ist ein Parkplatz. Da könnt ihr euer Auto abstellen; zum Clubhaus muss man zu Fuß gehen. Ihr geht den Wanderweg H5 durch den Wald bis zu einer Brücke. Hinter der Brücke biegt ihr rechts ab und kommt in ein paar Minuten am Clubhaus an.

Viele Grüße
Euer Eberhard

b) Vergleichen Sie Ihre Zuordnungen und Begründungen mit dem Lösungsschlüssel und mit den Ergebnissen Ihrer Kolleginnen und Kollegen. Wahrscheinlich gibt es Abweichungen. In vielen Fortbildungen haben die Teilnehmenden jedenfalls andere Zuordnungen vorgenommen (siehe die Informationen im Lösungsschlüssel). Nun wissen Sie, aus welchen Niveaustufen die Materialien stammen. Lassen Sie sich überzeugen oder ist Ihre Lösung eher plausibel? Warum?

Material	Meine Zuordnung ist eher plausibel, weil …	Die Zuordnung im Lösungsschlüssel	Die Zuordnung der Kollegin / des Kollegen
3			
4			
5			
6			
7			
8			

Zusammenfassung

Mit dem *Gemeinsamen europäischen Referenzrahmen* wurden traditionelle Unterscheidungen der Beschreibung des Sprachstandes von Lernenden wie Anfänger, Mittelstufe und Fortgeschrittene ersetzt durch die Niveaustufen A1, A2, B1, B2, C1 und C2. Für diese Niveaustufen liegen jeweils allgemeine Kann-Beschreibungen vor. Die Niveaustufen beschreiben, was eine Lernerin / ein Lerner können soll, nicht, welche sprachlichen Phänomene in einem Lehrwerk behandelt werden. Innerhalb kurzer Zeit haben sich fast alle Lehrwerke auf diese Niveaustufen eingestellt. Allerdings kann man feststellen, dass es nicht immer ganz einfach ist, die allgemein formulierten Kann-Beschreibungen in Lernmaterial umzusetzen, so dass diese in verschiedenen Lehrwerken unterschiedlich realisiert werden. Es lohnt sich also, vor Einführung eines Lehrwerks genauer hinzusehen, wie die jeweilige Niveaustufe in einem Lehrwerk umgesetzt wurde. Auch kann man besser zusätzliches Material in den Unterricht bringen, das zum Sprachstand der Lernenden passt, wenn man sich klarmacht, wie sich die verschiedenen Niveaustufen konkret in sprachliches Material übersetzen lassen.

2.4 Zielgruppen von Lehrwerken

Am Ende dieses Teilkapitels
- ist Ihnen bewusst, dass Lehrwerke nur begrenzt auf konkrete Zielgruppen zugeschnitten sein können,
- wissen Sie, dass Sie das Profil Ihrer Lernenden genau betrachten sollten, wenn Sie sich für ein Lehrwerk entscheiden,
- können Sie Ihr Lehrwerk mit Blick auf das Alter Ihrer Lernenden einschätzen,
- kennen Sie Merkmale kontrastiver Lehrwerke im Vergleich zu einsprachigen Lehrwerken,
- können Sie ein Lehrwerk hinsichtlich verschiedener anderer Kriterien beurteilen.

Meistens wählen Lehrkräfte das Lehrwerk für ihren Unterricht nicht selbst aus. Schulbehörden, Universitäten oder die jeweiligen Sprachkursanbieter machen dazu meist Vorgaben. Diese haben oft etwas mit dem Preis, mit Lehrplänen und Prüfungsordnungen oder auch mit den Inhalten oder der Ausrichtung von Lehrwerken zu tun. Wenn Sie als Lehrkraft jedoch Einfluss haben auf die Wahl des Lehrwerks, mit dem Sie und Ihre Kolleginnen und Kollegen arbeiten, brauchen Sie Kriterien, nach denen Sie ein geeignetes Lehrwerk für Ihre Zielgruppe auswählen können. Darum soll es in diesem Teilkapitel gehen.

Lehrwerke werden zwar für bestimmte **Zielgruppen** (z.B. für Lernende in der Primar- oder Sekundarstufe 1, für Jugendliche oder Erwachsene) geschrieben, eignen sich aber nicht immer hundertprozentig für die eigene Zielgruppe. Sie werden in der Regel von Verlagen produziert, die natürlich versuchen, das Lehrwerk erfolgreich auf den Markt zu bringen. Daraus ergibt sich ein gewisser Widerspruch, mit dem Sie als Lehrkraft umgehen müssen: Für ein kommerziell produziertes Lehrwerk ist es ein Ziel, möglichst viele Lernende zu erreichen. Für Sie als Lehrkraft wäre es am besten, wenn es Lehrwerke gäbe, die genau zu Ihrer konkreten Gruppe von Lernenden passen.

Eignung für die Zielgruppe

Wie geeignet ein Lehrwerk für eine bestimmte Zielgruppe ist, ist eines der wichtigsten Kriterien für die Auswahl eines Lehrwerks.
Sehen Sie in der folgenden Darstellung einige Aspekte, die wichtige Hinweise darauf geben, wie ein Lehrwerk aussehen muss, das zum Profil Ihrer Zielgruppe passt:

Sie wissen aus Ihrer täglichen Unterrichtstätigkeit, in welcher Hinsicht das Lehrwerk, das Sie einsetzen, gut bzw. weniger gut zu Ihrer Zielgruppe passt. Tragen Sie Ihre Erfahrungen und auch die Ihrer Lernenden in der nächsten Aufgabe zusammen.

Aufgabe 17

P

Bewerten Sie Ihr Lehrwerk mit Blick auf Ihre Zielgruppe.

a) In Bezug auf welche Merkmale passt das Lehrwerk, mit dem Sie im Moment arbeiten, gut bzw. weniger gut zu Ihren Lernenden?

Titel des Lehrwerks, mit dem Sie arbeiten:

____

Merkmale des Lehrwerks	Passt/Passen meiner Meinung nach gut, weil	Passt/Passen meiner Meinung nach weniger gut, weil
Themen / Inhalte		*sind für meine Lernenden oft zu „kindisch".*

b) Wie beurteilen dies Ihre Lernenden?

Merkmale des Lehrwerks	Meine Lernenden sind der Meinung, dass

Alter

Die meisten Lehrwerke berücksichtigen das Alter der Lernenden. Oft allerdings nur in der groben Unterscheidung Kinder, Jugendliche, Erwachsene. Nur selten wird noch feiner differenziert. Es macht aber einen großen Unterschied, ob Lernende 14 oder 16 Jahre alt sind; auch Lehrwerke für ältere Erwachsene gibt es leider kaum. Die Einschätzungen, welche Themen oder auch Lernaktivitäten für Kinder, Jugendliche oder Erwachsene angemessen sind, sind zum Teil sehr unterschiedlich. Was unter Kindheit oder Jugend verstanden wird, ändert sich im Lauf der Zeit und ist auch in verschiedenen kulturellen Kontexten anders.

In Aufgabe 18 sollen Sie Seiten aus Lehrwerken, die Sie wahrscheinlich nicht kennen, in Bezug auf den Faktor Alter einschätzen. Wenn Sie mit Ihren Kolleginnen und Kollegen über Ihre Einschätzungen sprechen können, tauschen Sie sich auch über Ihre Vorstellungen darüber aus, was Ihrer Meinung nach mit Blick auf Ihre konkreten Lernenden nicht passend wäre. Hier sehen Sie zunächst drei Auszüge aus je einem Lehrwerk für Kinder, Jugendliche und Erwachsene:

Material 9

Lektion 39
Wo ist Mimi?

1 Lesen: Comic

3/20 a) Hör zu, schau die Bilder an und lies mit.

b) Welche Überschrift passt?
Mimi ruft die Feuerwehr – Mimi ist weg! – Die Katze Lilly

3/21 c) Hör die Sätze und sprich nach.

Material 10

A | Wir gehören zusammen

A

B

C

D

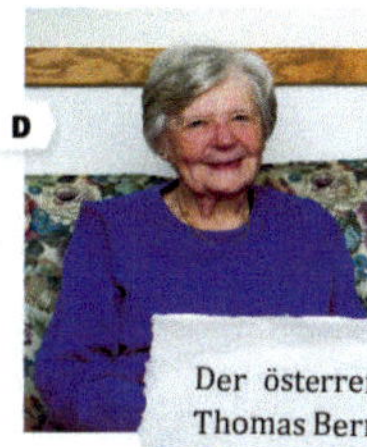

E

Der österreichische Schriftsteller Thomas Bernhard verwendete das Wort „Lebensmensch" für seinen Großvater. Er wollte damit sagen, dass sein Großvater der wichtigste Mensch in seinem Leben war. 2008 wählte man in Österreich den Begriff zum „Wort des Jahres", seit 2009 steht er im Duden.

1a

Mein „Lebensmensch". **Sehen Sie die Personen an. Was glauben Sie: Wer gehört zu wem?**

A: Ich denke, die junge Frau auf Foto B gehört zu …
Sie sehen sich sehr ähnlich.
B: Ich denke, …

„OBWOHL WIR SEHR VERSCHIEDEN SIND, LIEBEN WIR UNS."

1b

Lesen Sie. Welcher Text passt zu welchem Paar?

1 Meine Schwester Klara ist schon sehr wichtig für mich. Wir können uns voll und ganz aufeinander verlassen und sind immer füreinander da. Wir sind Zwillinge, trotzdem sind wir ziemlich verschieden. Klara ist sehr musikalisch, ich verstehe von Musik nichts. Dafür bin ich gut in technischen Dingen. Wir sehen aber auch nicht ganz gleich aus. Ich habe grüne Augen und Klara hat braune.

2 Wir sind jetzt seit 45 Jahren verheiratet und ich kann mir ein Leben ohne meine Frau gar nicht vorstellen. Wir verstehen uns noch immer gut, obwohl wir schon so lange verheiratet sind. Natürlich streiten wir manchmal, aber wir sind nie lange aufeinander böse. Meine Frau gibt mir Halt, wenn es mir schlecht geht, und auch sie kann sich 100-prozentig auf mich verlassen.

3 Tanzen ist unser Leben. Wir sind Turniertänzer und haben auch gemeinsam eine Tanzschule. Wir tanzen seit zehn Jahren miteinander. Obwohl wir uns auch privat gut verstehen, sind wir kein Liebespaar. Wir verbringen aber so viel Zeit miteinander, dass wir für einen anderen Partner oder eine andere Partnerin keine Zeit haben.

4 Ich habe meinen liebsten Menschen gefunden. Und heute heiraten wir. Anne ist die Frau, mit der ich mein Leben verbringen möchte. Es war keine Liebe auf den ersten Blick. Am Anfang mochten wir uns gar nicht, aber heute lachen wir darüber. Auch meine Eltern waren zuerst nicht begeistert, weil Anne 15 Jahre älter ist als ich. Wir sind trotzdem sicher, dass wir zusammengehören.

5 Der wichtigste Mensch in meinem Leben ist mein Freund Lennart. Ich kenne ihn schon seit dem Kindergarten und wir haben echt viel Zeit miteinander verbracht. Mit ihm war es meistens lustig, aber er hat mir auch Mut gemacht, wenn es mal nicht so gut lief. Heute leben wir viele Kilometer voneinander entfernt und sehen uns nur selten. Trotzdem sind wir uns nah und sind beste Freunde.

Material 11

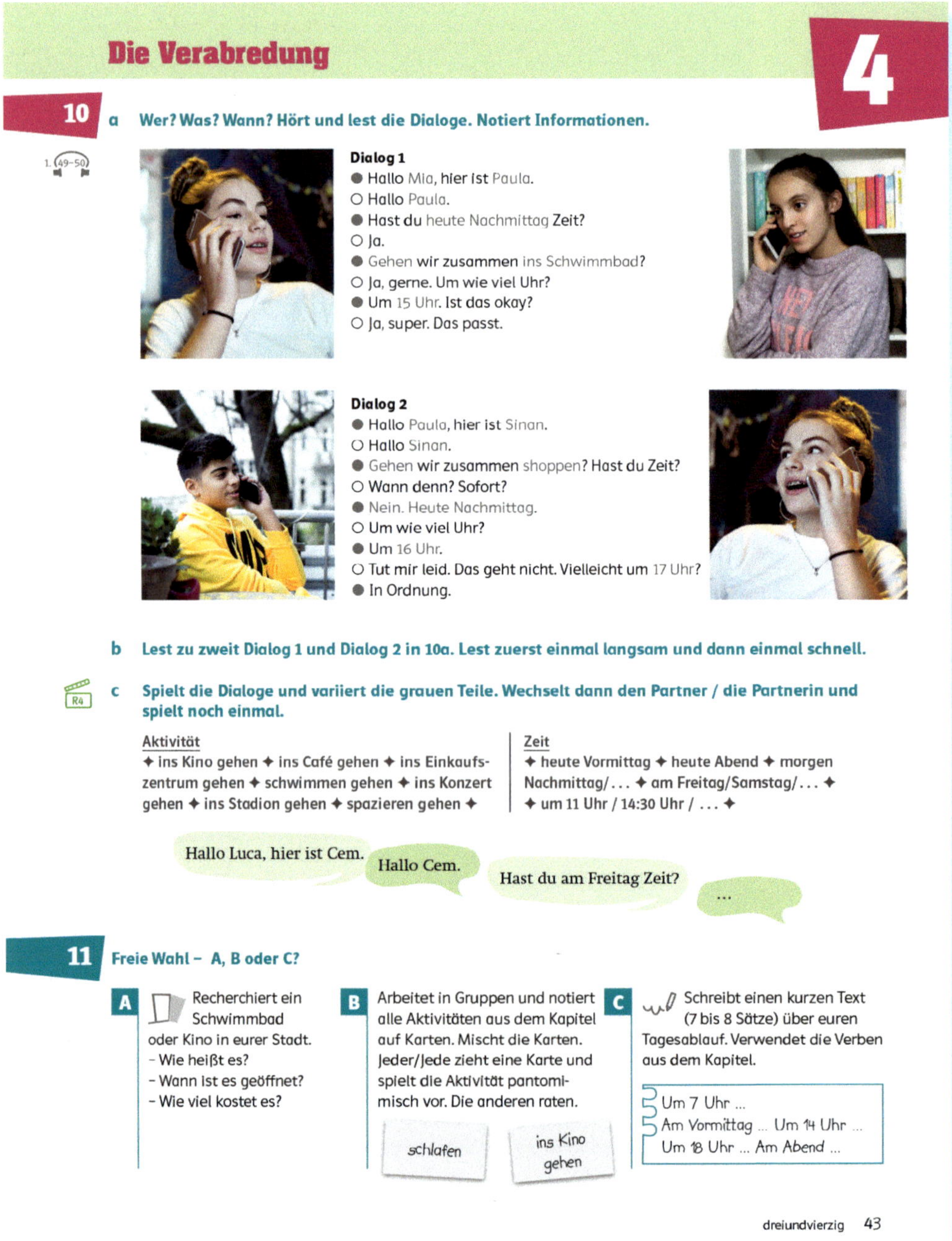

Die Verabredung

4

10 a Wer? Was? Wann? Hört und lest die Dialoge. Notiert Informationen.

1.49–50

Dialog 1
- ● Hallo Mia, hier ist Paula.
- ○ Hallo Paula.
- ● Hast du heute Nachmittag Zeit?
- ○ Ja.
- ● Gehen wir zusammen ins Schwimmbad?
- ○ Ja, gerne. Um wie viel Uhr?
- ● Um 15 Uhr. Ist das okay?
- ○ Ja, super. Das passt.

Dialog 2
- ● Hallo Paula, hier ist Sinan.
- ○ Hallo Sinan.
- ● Gehen wir zusammen shoppen? Hast du Zeit?
- ○ Wann denn? Sofort?
- ● Nein. Heute Nachmittag.
- ○ Um wie viel Uhr?
- ● Um 16 Uhr.
- ○ Tut mir leid. Das geht nicht. Vielleicht um 17 Uhr?
- ● In Ordnung.

b Lest zu zweit Dialog 1 und Dialog 2 in 10a. Lest zuerst einmal langsam und dann einmal schnell.

R4 c Spielt die Dialoge und variiert die grauen Teile. Wechselt dann den Partner / die Partnerin und spielt noch einmal.

Aktivität
✦ ins Kino gehen ✦ ins Café gehen ✦ ins Einkaufszentrum gehen ✦ schwimmen gehen ✦ ins Konzert gehen ✦ ins Stadion gehen ✦ spazieren gehen ✦

Zeit
✦ heute Vormittag ✦ heute Abend ✦ morgen Nachmittag/… ✦ am Freitag/Samstag/… ✦ ✦ um 11 Uhr / 14:30 Uhr / … ✦

Hallo Luca, hier ist Cem.
Hallo Cem.
Hast du am Freitag Zeit?
…

11 Freie Wahl – A, B oder C?

A Recherchiert ein Schwimmbad oder Kino in eurer Stadt.
- Wie heißt es?
- Wann ist es geöffnet?
- Wie viel kostet es?

B Arbeitet in Gruppen und notiert alle Aktivitäten aus dem Kapitel auf Karten. Mischt die Karten. Jeder/Jede zieht eine Karte und spielt die Aktivität pantomimisch vor. Die anderen raten.

schlafen
ins Kino gehen

C Schreibt einen kurzen Text (7 bis 8 Sätze) über euren Tagesablauf. Verwendet die Verben aus dem Kapitel.

Um 7 Uhr …
Am Vormittag … Um 14 Uhr …
Um 18 Uhr … Am Abend …

dreiundvierzig 43

Aufgabe 18

Welches Material (9–11) passt zu welcher Altersstufe (zu Kindern, Jugendlichen, Erwachsenen)?

a) Notieren Sie in der Tabelle und begründen Sie, indem Sie konkrete Merkmale aus den Lehrwerkseiten nennen.

Material	passt zu Alterstufe	weil
9		
10		
11		

b) Tauschen Sie sich mit Ihren Kolleginnen und Kollegen aus. Wo sind Ihre Antworten ähnlich, wo sind Sie anderer Meinung?

Wahrscheinlich haben Sie eine interessante Diskussion über die Merkmale geführt, die Lehrwerke jeweils für Kinder, für Jugendliche und für erwachsene Lernende attraktiv machen. Wahrscheinlich haben Sie zuerst überlegt oder festgelegt, wie lange Kinder in Ihrer Kultur Kinder sind (bis 12?), ab wann man bei Ihnen von jugendlichen Lernenden (von 12 – 16? Von 14 – 18?) und ab wann man von Erwachsenen spricht (ab 16? Ab 18? Ab 21?). Die Wahrnehmung von Altersgruppen ist weltweit durchaus unterschiedlich. Vielleicht haben Sie auch zusätzlich die Bestimmung junge Erwachsene eingeführt, weil Ihnen die Altersfestlegung im Bereich 16 bis 21 zu unklar war. Woran haben Sie den Übergang festgemacht? An Schulformen? An der Festlegung, wann man wählen darf? An der Erlaubnis, in der Öffentlichkeit Alkohol zu trinken? Am Erwerb des Führerscheins? An der Strafmündigkeit? An den Gesetzen in Ihrem Land?
Danach haben Sie vermutlich auch überlegt, was für die einzelnen Zielgruppen beim Sprachenlernen besonders wichtig ist und welche altersgerechten Merkmale bei der Gestaltung von Lehrwerken berücksichtigt werden sollten.

Es wird auf diese Fragen an unterschiedlichen Orten der Welt unterschiedliche Antworten geben. Eine Fortbildung, die weltweit eingesetzt wird, kann diese Unterschiede nicht berücksichtigen. Wir haben trotzdem versucht, einige Merkmale zusammenzutragen, die für die jeweiligen Altersgruppen relevant sein könnten. Bitte beachten Sie, dass diese universalen Sätze nicht immer zu dem passen werden, was Sie in Bezug auf Altersstufen in Ihrer Umgebung annehmen.

Kinder lernen Sprache noch wenig bewusst, sie spielen und kommunizieren beim Lernen gern, sie interessieren sich sehr für andere Kinder/Personen und hören gern Geschichten. Sie sind aufmerksam immer dann, wenn es um Dinge oder Situationen geht, die es auch in ihrer eigenen Welt gibt oder die Überraschungen bereithalten.

Merkmale von Lehrwerken für Kinder

Lehrwerke für Kinder sollten deshalb

- möglichst übersichtlich gestaltet und ansprechend bebildert sein,
- Themen, die zu der kindlichen Vorstellung/Welt passen, präsentieren (z.B. Tiere und Märchen, aber auch aktuelle Themen, die sie interessieren, wie z.B. Klimawandel usw.),
- Dialoge und Sprechaktivitäten enthalten, in denen die Kinder auch als sie selbst sprechen können, damit sie sich als Personen im Lehrwerk angesprochen fühlen,
- dazu anregen, ganzheitlich zu lernen (z.B. mit Händen und Füßen, mit Geräuschen usw.),
- spannende/lustige Geschichten oder Witze und Rätsel anbieten, die Kinder auch weitererzählen möchten,
- neue Wörter oder Strukturen so einführen, dass die Kinder sie nachahmen und verinnerlichen können,
- möglichst ohne Metasprache auskommen, die Kinder noch nicht kennen.

Diese Merkmalliste ist natürlich nicht vollständig. Sie finden aber einige dieser Merkmale im ersten Lehrwerkbeispiel (Material 9) in Aufgabe 18 umgesetzt.

Literatur zum Weiterlesen

Einheit 8 *DaF für Kinder* von *Deutsch Lehren Lernen* (Lundquist-Mog/Widlok 2015) befasst sich ausführlicher mit Kriterien für gute kindgerechte Lehrwerke.

Noch schwieriger ist es zu beschreiben, wie Lehrwerke für Jugendliche sein sollten. Jugendliche Lernende von 13 Jahren unterscheiden sich zum Teil erheblich von 15-Jährigen, und Jugendliche in ländlichen Gebieten können ganz andere Interessen und Themen haben als solche in städtischen Ballungsgebieten. Entsprechend groß sind die Herausforderungen für Lehrwerkautorinnen und -autoren, sich auf diese Zielgruppe einzustellen. Allgemein lässt sich aber sagen, dass sich die kognitiven Fähigkeiten jugendlicher Lernender in der Pubertät sehr stark entwickeln: Sie können bewusster und geleitet durch Regeln lernen. Sie lernen Deutsch meist neben anderen Fremdsprachen in der Schule. Oft weil sie es müssen, nicht weil sie es wollen. Körperlich, psychisch und auch sozial verändern sie sich: Sie orientieren sich stark aneinander und sind gern in Gruppen zusammen.

Manche haben Schwierigkeiten sich zu konzentrieren und entwickeln Interessen, die mit denen der Schule nicht übereinstimmen.

Merkmale von Lehrwerken für Jugendliche

Lehrwerke für Jugendliche sollten deshalb

- übersichtlich sein,
- nicht mehr so viele Bilder wie die Lehrwerke für Kinder enthalten,
- auf keinen Fall „kindlich" wirken,
- jugendliche Protagonisten vorstellen, die für Jugendliche relevante/interessante Situationen erleben oder bewältigen müssen,
- Textsorten präsentieren, die jugendliche Lernende normalerweise hören, lesen, sprechen und schreiben,
- berücksichtigen, dass die meisten Jugendlichen in sozialen Netzwerken organisiert sind und sich dort austauschen,
- Themen beinhalten, die für Jugendliche relevant sind,
- keine Themen enthalten, die aus dem Blickwinkel der Jugendlichen als persönliche Themen nicht in den Sprachunterricht gehören,
- neuen Wortschatz oder Strukturen abwechslungsreich, in verschiedenen Arbeits- und Sozialformen und auch im Rahmen von Projektunterricht üben.

Auch diese Liste ist nicht vollständig und wie sie an konkreten Orten umgesetzt werden kann, wird stark schwanken. Im Unterricht im Zusammenhang mit der Lektüre des Buches *Crazy* (Lebert, 1999) zum Beispiel das Thema Sex und Behinderung zu thematisieren, wie das Hanne Geist (2002) für die Arbeit an einem dänischen Gymnasium vorschlägt, wird an manchen Orten möglich, motivierend und herausfordernd, an anderen völlig unmöglich sein. Schauen Sie deshalb bei Lehrwerken für jugendliche Lernende bei Ihnen, die das Thema Liebe behandeln, ob es zu diesen passt. Wenn nein, dann wäre es gut, nach Alternativen zu suchen und das Lernmaterial anzupassen (siehe Kapitel 3).

Literatur zum Weiterlesen

In Einheit 10 *DaF für Jugendliche* von *Deutsch Lehren Lernen* (Salomo/Mohr 2016) können Sie genauer nachlesen, welche besonderen Herausforderungen der Sprachunterricht mit jugendlichen Lernenden mit sich bringt.

Merkmale von Lehrwerken für Erwachsene

Der zweite Lehrwerkauszug (Material 10) in Aufgabe 18 präsentiert eine Seite aus einem Lehrwerk für Erwachsene. Erwachsene Lernende haben oft klare Ziele und Interessen beim Deutschlernen. Viele Erwachsene können sich in Lehrwerken gut orientieren, benötigen dazu allerdings Angaben zu Lernzielen, Inhaltsverzeichnisse und Seiten, auf denen sie ihr erworbenes Wissen testen können. Wenn sie das Sprachenlernen gewohnt sind, schätzen sie meistens ein großes Lernangebot in kurzer Zeit, also eine steile Progression. Viele Erwachsene können gut Regeln lernen und profitieren davon, dass sie bereits viel Lern- und Lebenserfahrung haben. Umgekehrt gibt es erwachsene Lernende, die noch keine Fremdsprachen gelernt haben und davor große Angst haben bzw. glauben, dass sie dafür kein Talent haben. Aufgrund der angesammelten unterschiedlichen Lebens- und Sprachlernerfahrungen von Erwachsenen ist bei diesen also noch weniger allgemein festzuhalten, was für sie wichtig ist. Umso entscheidender ist es deshalb, genau zu prüfen, was die konkrete Lerngruppe an Vorwissen und Lernerfahrungen mitbringt.

Kontrastivität

Ein weiterer wichtiger Faktor, den man bei der Wahl eines Lehrwerks berücksichtigen kann, ist die Kontrastivität (siehe den Überblick in Rösler 2012, S. 241–254). Kontrastiv ausgerichtete Lehrwerke beziehen die Erstsprachen und die bereits erlernten Fremdsprachen der Lernenden direkt in den Lernprozess ein. Das bedeutet, dass sie – wo es sinnvoll ist –, Deutsch im Vergleich zu den bereits gelernten Sprachen der Lernenden thematisieren.

Man weiß heute sicher, dass beim Erwerb neuer Sprachen die bereits vorhandenen Sprachen eine Rolle spielen, so dass man mit deren positiven und negativen Einflüssen auf den Lernprozess und die Lernergebnisse rechnen muss. Ähnlichkeiten zwischen Deutsch und den Erst- bzw. Fremdsprachen der Lernenden führen dazu, dass Sprachwissen in positiver

Weise auf die neue Sprache übertragen werden kann. Möglich sind aber auch Übertragungen, die zu Fehlern führen, die sogenannten Interferenzen.

Deutsch nach Englisch

Lehrwerkautorinnen und -autoren haben auf die Tatsache reagiert, dass die meisten Deutschlernenden bereits mehrsprachig sind. So denken inzwischen mehrere einsprachige Lehrwerke Englisch als bereits vorhandene Fremdsprache mit. Das nächste Lehrwerkbeispiel stammt aus einer speziell für dieses Thema produzierten Sammlung von Lernmaterial aus dem Bereich Deutsch nach Englisch. Es zeigt, wie hilfreich die Arbeit mit den englischen Vorkenntnissen der Lernenden sein kann.

27 Airbus
The Airbus — Texte verstehen / A1

Ü 1 Lesen Sie den Titel und Untertitel und sehen Sie sich das Bild an. Worum geht es in dieser Nachricht?

Ü 2 Lesen Sie den ganzen Text und markieren Sie alles, was Sie verstehen.

Mittwoch 27. April 2005, 14:30 Uhr

Airbus sorgt für Euphorie

Der Airbus A380 hat seinen ersten Testflug bestanden. Fast vier Stunden nach dem Start landete das größte Passagierflugzeug der Welt am Mittwoch in Toulouse ohne Probleme.

TOULOUSE (dpa-AFX) – Der Prototyp des Airbus A380 startete am 27. 04. 2005 auf dem Flughafen Toulouse unter dem Beifall von 500 Journalisten, 12 000 Airbus-Mitarbeitern und mehr als 50 000 Besuchern zu seinem Erstflug. An Bord der A380 waren zwei Testpiloten und vier Flugingenieure. Etwa 30 Ingenieure am Boden werteten über Satellit übertragene Mess- und Flugdaten während des Erstfluges aus. Zwei Stunden nach dem Start der Maschine sagte der Testpilot Jacques Rosay per Funk: „Es funktioniert alles absolut perfekt. Der Start war perfekt, die Beschleunigung des Flugzeugs und die Steuerung sind exakt so wie auf dem Simulator."

Der 80 Meter lange Airbus A380 soll in der Standardversion 555 Passagiere auf einer 15 000 Kilometer langen Strecken transportieren können.

Ü 3 Was haben Sie im Text erfahren? Besprechen Sie zu zweit.

Ü 4 Was hat Ihnen geholfen, die markierten Stellen im Text zu verstehen? Ergänzen Sie die Tabelle mit je 4–5 Beispielen aus dem Text.

Ähnlich im Englischen	Ähnlich in meiner Muttersprache	Zahlen	Das kenne ich schon / das war mir schon bekannt
Start		27. April 2005	A380 (im TV)
landete		500 Journalisten	Toulouse (Frankreich)
…	…	…	…

Ü 5 Kontext – welche Wörter kennen Sie noch nicht, die Sie aber im Text verstehen können?

Wort	Kontext	Bedeutung (Muttersprache)
Flughafen	Airbus startete auf dem Flughafen Toulouse	
…	…	…

Deutsch ist easy!, S. 68.

einsprachige und zweisprachige Lehrwerke

Für Deutsch als Fremdsprache ist schon immer eine Zweiteilung zu beobachten gewesen: Es gab und gibt die im deutschsprachigen Raum hergestellten, weltweit vertretenen einsprachigen Lehrwerke. Alle Beispiele, die Sie in diesem Kapitel bisher gesehen haben, stammen aus einsprachigen Lehrwerken. Daneben gibt es die in bestimmten Ländern produzierten zweisprachigen Lehrwerke. Diese nehmen für sich in Anspruch, durch die Zweisprachigkeit und durch die Arbeit mit dem Kontrast zwischen Erstsprache und

Deutsch den Lernenden in einer Weise beim Deutscherwerb zu helfen, wie das einsprachige Lehrwerke nicht können. Der Kontrast kann sich auf unterschiedliche Gegenstände beziehen, in den beiden folgenden Abbildungen zum Beispiel auf Wortschatz und Landeskunde. Aber auch die Arbeit mit Kontrasten bei der Ausspracheschulung, der Grammatikvermittlung oder der interkulturellen Kommunikation sind möglich, z.B. wenn unterschiedliche Vorstellungen von höflichem Verhalten thematisiert werden.

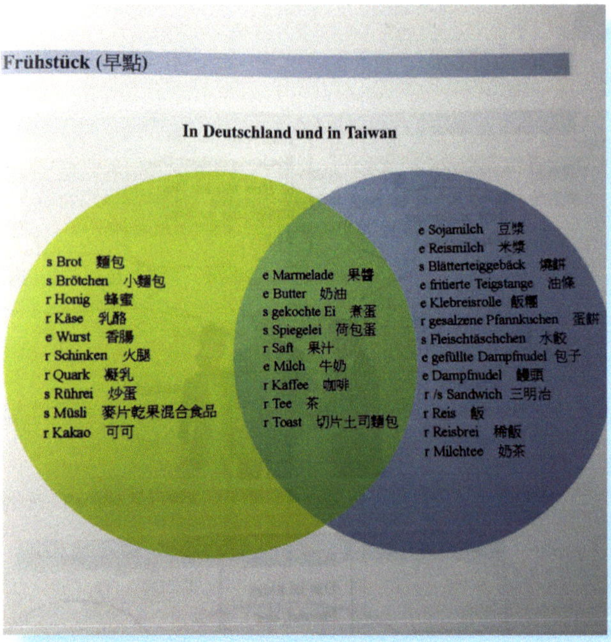

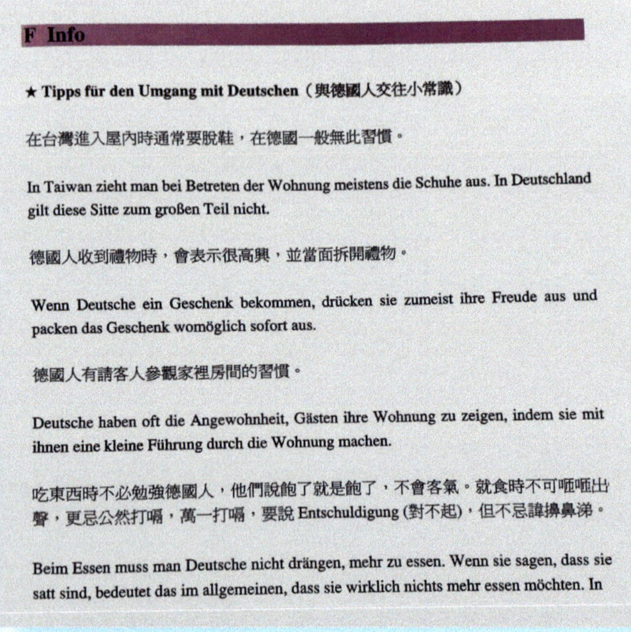

F Info

★ **Tipps für den Umgang mit Deutschen（與德國人交往小常識）**

在台灣進入屋內時通常要脫鞋，在德國一般無此習慣。

In Taiwan zieht man bei Betreten der Wohnung meistens die Schuhe aus. In Deutschland gilt diese Sitte zum großen Teil nicht.

德國人收到禮物時，會表示很高興，並當面拆開禮物。

Wenn Deutsche ein Geschenk bekommen, drücken sie zumeist ihre Freude aus und packen das Geschenk womöglich sofort aus.

德國人有請客人參觀家裡房間的習慣。

Deutsche haben oft die Angewohnheit, Gästen ihre Wohnung zu zeigen, indem sie mit ihnen eine kleine Führung durch die Wohnung machen.

吃東西時不必勉強德國人，他們說飽了就是飽了，不會客氣。就食時不可咂咂出聲，更忌公然打嗝，萬一打嗝，要說 Entschuldigung (對不起)，但不忌諱擤鼻涕。

Beim Essen muss man Deutsche nicht drängen, mehr zu essen. Wenn sie sagen, dass sie satt sind, bedeutet das im allgemeinen, dass sie wirklich nichts mehr essen möchten. In

Deutsch für Schulen in Taiwan, S. 24, S. 104-105.

Das ist ein hoher Anspruch; immer eingelöst wird er nicht. Wenn die Zweisprachigkeit bei einem Lehrwerk eine Rolle spielt, dann muss sie sich auf die Gestaltung des Lernmaterials insgesamt beziehen. Wenn z.B. nur die Arbeitsanweisungen eines ansonsten einsprachigen Lehrwerks in die Erstsprache der Lernenden übersetzt wurden, handelt es sich nicht um ein zweisprachiges Lehrwerk, das aus den Kontrasten Hilfen für die Lernenden produziert.

Lernhilfe durch Arbeit mit Kontrasten

Ob ein zweisprachiges Lehrwerk diese Ansprüche erfüllt, können Sie an folgenden Merkmalen erkennen:

- Man findet Erklärungen zu grammatischen Strukturen oder zu landeskundlichen Themen in der Erstsprache der Lernenden.
- Das Lehrwerk führt Wortschatz/Strukturen/Aussprache des Deutschen im Vergleich zur Erstsprache der Lernenden ein.
- Es gibt Beispiele zu Wortschatz, Aussprache oder auch grammatischen Strukturen aus verschiedenen zuvor gelernten Fremdsprachen (z.B. Englisch), die Ähnlichkeiten oder auch Unterschiede zu Deutsch zeigen.
- Im Lehrerhandbuch gibt es Hinweise darauf, welche besonderen Lernschwierigkeiten vorkommen können und wann es auf Niveau A1 oder A2 hilfreich ist, in der Erstsprache der Lernenden darauf einzugehen.
- Übungen und Aufgaben fokussieren in besonderer Weise die Lernschwierigkeiten, die eine konkrete Gruppe von Lernenden wahrscheinlich haben wird.
- In Übungen und Aufgaben werden die Lernenden dazu aufgefordert, sich die Lernerfahrungen bewusst zu machen, die sie bereits im Erstsprachen- oder im früheren Fremdsprachenunterricht gemacht haben. Dazu gehören z.B. Hinweise dazu, wie man Texte mit unbekanntem Wortschatz verstehen kann, wie man am besten neue Wörter lernt oder an welchen Stellen es sich lohnt, Deutsch mit der Erstsprache oder mit einer früher gelernten Sprache zu vergleichen.

Zweisprachigkeit von Lehrwerken bedeutet auch, dass kulturelle Besonderheiten der deutschen Sprache oder Landeskunde in Lehrwerken vermittelt werden. Die Lehrwerke unterstützen also den Erwerb von **interkultureller Kompetenz**. Interkulturelle Kompetenz bezeichnet eine kommunikative Kompetenz in interkulturellen Situationen. Die Merkmalliste erweitert sich damit noch um zwei Punkte:

- Die Lernenden werden auf kulturelle Unterschiede in bestimmten Sprachhandlungen hingewiesen (z.B. wie spricht man im Herkunftsland bzw. im deutschsprachigen Raum in höflicher Form zu Erwachsenen? Welchen Abstand hält man zu bekannten Personen bei einem Gespräch im Herkunftsland bzw. im deutschsprachigen Raum?)
- Wenn neue landeskundliche Themen eingeführt werden, werden die Lernenden darin unterstützt, kulturspezifische Unterschiede zwischen der Herkunfts- und der Zielkultur zu erkennen.

Kontrastivität ist bei der Auswahl eines Lehrwerks für eine bestimmte Gruppe ein Faktor neben anderen, den man berücksichtigen muss. Ein Lehrwerk ist nicht alleine deshalb besonders gut oder schlecht, weil es kontrastiv ist oder nicht. Ein Lehrwerk kann nur sehr oberflächlich kontrastiv sein oder es kann zwar kontrastiv, aber ansonsten sehr unpassend sein. Auf jeden Fall ist die Kontrastivität einer der Faktoren, über die man bei der Auswahl eines Lehrwerks nachdenken sollte.

Aufgabe 19

Sehen Sie sich noch einmal Material 11 aus Aufgabe 18 aus einem einsprachigen Lehrwerk an.

a) Verändern Sie ein Detail dieser Lehrbuchseiten, sodass es einen Bezug zur Erstsprache oder anderen bereits gelernten Fremdsprachen der Lernenden, zu Ihrer Herkunftskultur oder zu anderen bereits gemachten Lernerfahrungen enthält.

b) Lesen Sie die Ergebnisse Ihrer Kolleginnen und Kollegen und diskutieren Sie über deren Ideen. Was fällt Ihnen auf?

Literatur zum Weiterlesen

Die Frage, inwieweit die Erstsprache(n) und die bisher erworbenen weiteren Sprachen der Lernenden bei der Vermittlung einer neuen Sprache produktiv verwendet werden sollen, ist in der Geschichte der Fremdsprachendidaktik zu verschiedenen Zeiten sehr unterschiedlich beantwortet worden. Groß war zu bestimmten Zeiten die Angst vor der Interferenz, also davor, dass die Erstsprache oder andere, schon erworbene Sprachen die Quelle von Fehlern in der Zielsprache sind. Mehr darüber, wie man Deutsch als zweite oder weitere Sprache unterrichtet und dabei an die zuvor gelernten Fremdsprachen aktiv anknüpfen kann, erfahren Sie in Einheit 2 *Wie lernt man die Fremdsprache Deutsch?* von *Deutsch Lehren Lernen* (Ballweg u.a. 2013).

Kriterien zur Einschätzung von Lehrwerken

Sie haben jetzt zwei Faktoren näher kennengelernt, die Lehrwerkautorinnen und -autoren bei der Entwicklung eines Lehrwerks berücksichtigen: das Alter der Lernenden und die von den Lernenden schon gelernten Sprachen. Daneben gibt es natürlich noch mehr Merkmale, die ein Lehrwerk aufweisen sollte, wenn es zu Ihren Lernenden passen soll. In der Fremdsprachendidaktik wurden zahlreiche Kriterien zur Einschätzung von Lernmaterialien entwickelt und diskutiert. Außerdem entstanden ganze Kriterienkataloge zur Einschätzung von Lehrwerken: Zunächst – und immer noch am umfangreichsten – die *Mannheimer Gutachten* (Engel u.a. 1977), später dann handlichere Kataloge wie z.B. der *Stockholmer Kriterienkatalog* (Krumm 1998). Solche umfangreichen Kriteriensammlungen zu diskutieren, ist im Kontext dieser Fortbildung nicht sinnvoll. Aber Sie haben sich auf den bisherigen Seiten dieses Kapitels schon mit einer ganzen Reihe von Gegenständen befasst, die als Kriterien für die Einschätzung von Lehrwerken dienen können. Im Folgenden finden Sie eine Liste mit möglichen Kriterien; viele davon haben wir in diesem Kapitel angesprochen. Ergänzen Sie sie um Kriterien, die Sie für Ihre Arbeit noch zusätzlich wichtig finden.

Raster zur Einschätzung von Lehrwerken

Kriterien	Beobachtungen / Bemerkungen
Komponenten des Lehrwerks (Lehrbuch, Arbeitsbuch, Hör-/Sehmaterial usw.) 1. Die Funktionen des Lehrbuchs und des Arbeitsbuchs sind gut nachvollziehbar. 2. Das Angebot an Komponenten ist breit und vielfältig. 3. Die Komponenten sind miteinander verzahnt und leicht auffindbar. 4. Das Lehrerhandbuch ist hilfreich. 5. Das Lehrwerk ist in einem geeigneten Zuschnitt (als Ganz- bzw. /Halbband) erhältlich. 6. Die Kosten für die einzelnen Komponenten des Lehrwerks sind tragbar.	
Lernziele 7. Für jede Einheit des Lehrwerks sind Lernziele angegeben. 8. Die Lernziele sind gut auffindbar und klar beschrieben. 9. Die Lernziele entsprechen den Vorgaben des Lehrplans / den Anforderungen, die eine Prüfung stellt. Die Lernziele orientieren sich am *Gemeinsamen europäischen Referenzrahmen*.	
Aufbau des Lehrwerks 10. Der Aufbau des Lehrwerks ist gut nachvollziehbar. 11. Die Anzahl und die Länge der Lektionen sind angemessen. 12. Die Lektionen können in der zur Verfügung stehenden Unterrichtszeit bearbeitet werden.	
Progression 13. Die Progression ist für die Zielgruppe angemessen.	
Themen/Inhalte 14. Die Themen/Inhalte sind relevant für die Lernenden mit Blick auf ihre Lernziele. 15. Die Themen/Inhalte sind für die Lernenden interessant. 16. Die Themen/Inhalte sind dem Alter der Lernenden entsprechend ausgewählt und präsentiert. 17. Die Themen/Inhalte wecken das Interesse an Deutschland insgesamt. 18. Die Themen/Inhalte verletzen keine Tabus, die in der Lebenswelt/Kultur der Lernenden gelten. 19. Die Themen/Inhalte entsprechen den Bildungszielen der Institution / der Schule. 20. Die Abfolge der Lektionsthemen passt gut zur Zielgruppe / zum Kursprofil.	
Kontrastivität 21. Die Erstsprache bzw. andere Fremdsprachen der Lernenden werden zur Erklärung von Strukturen oder Wortschatz herangezogen. 22. Die Ausgangskultur bzw. andere bereits bekannte Kulturen werden zur Erklärung von kulturellen Unterschieden oder landeskundlichen Besonderheiten herangezogen.	
Werkzeuge 23. Die benötigten Werkzeuge sind in der Institution/Schule vorhanden und einsatzbereit. 24. Die geforderten Werkzeuge können von den Lernenden und der Lehrkraft kompetent benutzt werden.	
Gestaltung 25. Die Gestaltung ist altersgerecht (Farben, Schrift, Layout der Seiten, Illustrationen usw.). 26. Das Layout hilft dabei, den Aufbau des Lehrwerks zu erkennen und sich zu orientieren (Lernaktivitäten durch Icons gekennzeichnet, aussagekräftige Überschriften usw.).	

Aufgabe 20

P

Vergleichen Sie das Lehrwerk, mit dem Sie gerade unterrichten (A), mit einem anderen Lehrwerk, das ebenfalls für die Zielgruppe Ihrer Lernenden geschrieben wurde (B). Wählen Sie aus dem Raster zur Einschätzung von Lehrwerken ein Kriterium aus und bewerten Sie die beiden Lehrwerke.

Titel der Lehrwerke, die ich miteinander vergleiche:

A ______________________________

B ______________________________

a) Notieren Sie Ihre Beobachtungen in der Tabelle.

Kriterium	Beobachtungen / Bemerkungen zum Lehrwerk, das ich gerade benutze (A)	Beobachtungen / Bemerkungen zu einem alternativen Lehrwerk (B)

b) Fassen Sie die Ergebnisse Ihres Vergleichs kurz zusammen.

____

Zusammenfassung

Lehrwerke sind zwar meist differenziert nach Sprachniveau und Alter, manchmal auch nach Kontrastivität, aber sie können als kommerzielle Produkte nie genau zu der Gruppe von Personen passen, die bei Ihnen im Klassenzimmer/Kursraum sitzt. Deswegen ist es wichtig, dass man bei der Einführung eines neuen Lehrwerks genau prüft, welches Lehrwerk am besten zur eigenen Zielgruppe passt. Dafür sind Kriterienraster hilfreich.

Wenn das Lehrwerk in bestimmten Aspekten nicht zu Ihrer Gruppe von Lernenden passt, können Sie entweder das vorhandene Material anpassen oder zusätzliches Lernmaterial suchen.

2.5 Lehr- und Lernmedien adaptieren

Am Ende dieses Teilkapitels
- wissen Sie, warum und wie man Lehr- und Lernmedien adaptieren soll,
- kennen Sie verschiedene Möglichkeiten, Material an die eigene Zielgruppe anzupassen.

Sehen Sie sich das folgende Beispiel aus einem Klassenzimmer aus New Delhi an. Hier sind zuerst die Informationen zu dieser Unterrichtssequenz:

i

Ort, Jahr	Schule New Delhi, 2010
Zielgruppe	Sekundarstufe 1, 6. Schulstufe, A1
Lehrkraft	Megha Rival
Lernziel	Die Schülerinnen und Schüler können einander nach dem Befinden fragen.
Lehr-/Lernaktivität	Inhalt und Strukturen wiederholen
Lehr- und Lernmedien	Lehrwerk *Wir.* Modul 2, Lektion 2; runde Papierkarten

Die Lehrerin arbeitet mit diesem Auszug aus dem Lehrwerk *Wir:*

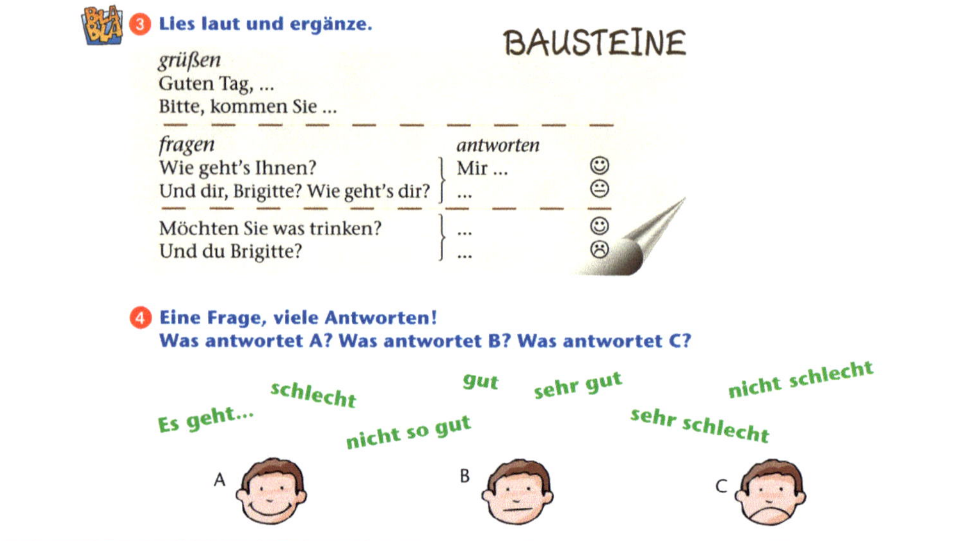

3 **Lies laut und ergänze.**

BAUSTEINE

grüßen
Guten Tag, ...
Bitte, kommen Sie ...

fragen	*antworten*	
Wie geht's Ihnen?	Mir ...	☺
Und dir, Brigitte? Wie geht's dir?	...	😐
Möchten Sie was trinken?	...	☺
Und du Brigitte?	...	☹

4 **Eine Frage, viele Antworten!**
Was antwortet A? Was antwortet B? Was antwortet C?

Wir A1, S. 53.

In Übung 3 auf dieser Lehrwerkseite sollen die Schülerinnen und Schüler die vorgegebenen Redemittel in der Tabelle laut vorlesen und dann sprechend ergänzen. In Übung 4 wird der Wortschatz noch einmal aufgegriffen. In den vorangehenden Übungen haben die Lernenden die Fragen und Antworten schon einmal auf der CD gehört.

Aufgabe 21

Sehen Sie Sequenz 1 von *Schule New Delhi* und vergleichen Sie diese Unterrichtsphase mit dem Vorschlag aus dem Lehrwerk *Wir.*

a) Was ändert die Lehrerin im Vergleich zu Übung 3 des Lehrwerks?

____

b) Stellen Sie Vermutungen auf: Warum tut die Lehrerin das?

____

In dieser Sequenz wiederholt die Lehrerin zu Beginn der Unterrichtsstunde im Plenum den Mini-Dialog *Hallo, wie geht es dir? – Mir geht es gut.* Nachdem sie selbst einen Schüler begrüßt und nach dessen Befinden gefragt hat, fragen sich die Schülerinnen und Schüler auf dieselbe Art und Weise gegenseitig nach dem Befinden. Einen Hinweis darauf, wie sie antworten sollen, findet jede Schülerin / jeder Schüler jeweils auf einem runden, gelben Kärtchen unter dem Stuhl: je einmal in geschriebener Form und auf der Rückseite auch als Smiley, damit die Bedeutung der Redemittel deutlich wird. Auffällig ist dabei, dass die Lehrerin die gemeinsame Sprache Englisch mit den Schülern verwendet, wenn sie sie außerhalb des Begrüßungsdialogs anspricht.

Diese Übung in Partnerarbeit durchzuführen, ist für das Begrüßen und die Frage nach dem Befinden viel realistischer als das Lesen und Ergänzen der Antworten in der Tabelle im Buch. Man sieht hier also zunächst einmal, dass eine Lehrerin ein Stück Lehrwerk in lebendigen Unterricht verwandelt. Die Lehrkraft traut einigen ihrer Lernenden zu, dass sie den Mini-Dialog bereits frei sprechen können; die anderen können ihn an der Tafel sehen und sich am Dialoggerüst orientieren. Außerdem hält die Lehrerin die jeweilige Antwort (*Mir geht es nicht so gut. / Es geht so.*) für die Schülerinnen und Schüler als Überraschung unter dem Stuhl bereit und integriert so ein spielerisches Element in den Unterricht. So erreicht sie, dass alle möglichen Antworten benutzt werden.

Jede Lehrkraft lässt in ihrem Unterricht den Lehrwerktext lebendig werden. Hier hat die Lehrerin die Redemittel aus Übung 4 beibehalten, aber sie hat die Arbeitsformen verändert, weil sie glaubt, dass ihre Arbeitsformen besser zu ihren Lernenden und den Lernzielen passen.

Arten der Adaption von Lehrwerken

Wenn man Lehrwerke nicht Schritt für Schritt in der vorgegebenen Form abarbeitet, sondern Änderungen an ihnen vornimmt, nennt man dies Adaptieren. Es gibt unterschiedliche Formen der Adaption: Die beiden radikalsten sind, Teile eines Lehrwerks einfach wegzulassen oder Teile durch ein komplett anderes Material zu ersetzen, das man irgendwo gefunden oder selbst geschrieben hat. Das klingt einfacher als es ist. Bei modernen Lehrwerken, die eine sehr große Fülle an Materialien bereitstellen, wird die Lehrkraft oft zielgruppengerecht auswählen müssen, ohne dabei wesentliche Schritte wegzulassen. Sie muss also zum einen wissen, dass nicht alle Texte, Aufgaben und Übungen in einer Lektion bearbeitet werden müssen. Zum anderen muss sie beim Weglassen aufpassen, dass dadurch nicht wesentliche Voraussetzungen für die darauffolgenden Lektionen wegfallen.

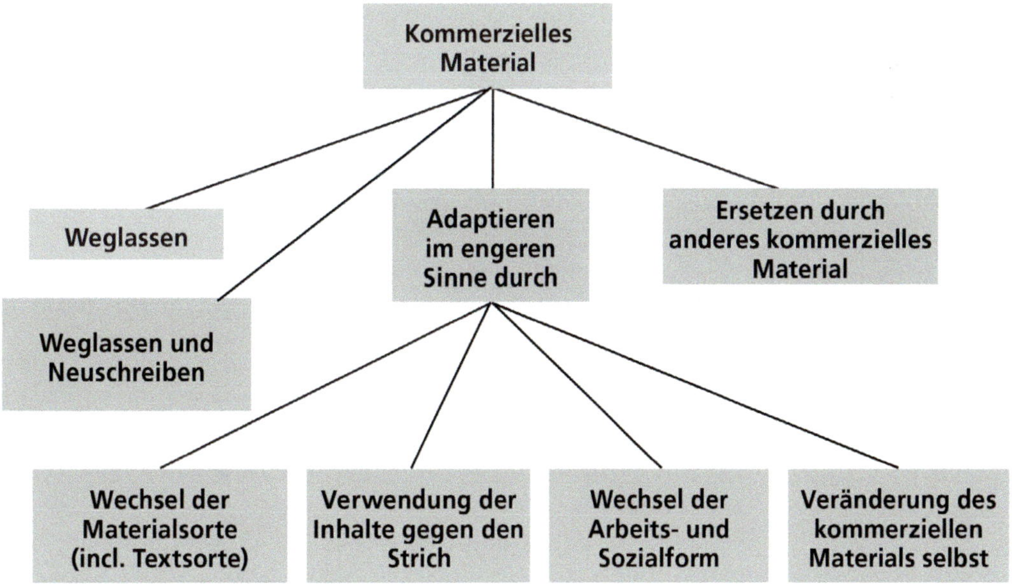

(nach Rösler 1984, S. 234)

Eine andere Art der Adaption ist es, das ursprüngliche Material aus dem Lehrwerk weiter zu verwenden, jedoch in veränderter Form. So kann zum Beispiel der Inhalt eines Textes gleichbleiben, aber die Textsorte kann sich ändern, weil sie sich z.B. für die Lernenden als nicht relevant herausgestellt hat. Aus einem Dialog wird dann vielleicht ein beschreibender Text oder umgekehrt. Manchmal reicht es aber auch aus, lediglich eine Arbeitsanweisung oder die Arbeitsform zu variieren, wie Sie es in Aufgabe 21 gesehen haben. Manchmal ist es ohne großen Aufwand möglich, Materialien anders zu verwenden als von den Autoren vorgesehen. Gibt es zum Beispiel eine Übung zu einem grammatischen Phänomen, in der die Sätze bestimmte Geschlechterstereotype transportieren, dann reicht manchmal eine einfache Umkehrung, um diese sichtbar zu machen: Wie wirkt diese Übung, wenn aus dem Mann in den Übungssätzen eine Frau gemacht wird oder umgekehrt? In den meisten Fällen am aufwendigsten wird es sein, in Detailarbeit das Material selbst zu verändern. Hierbei ist es in jedem Fall wichtig, das Urheberrecht zu beachten (mehr dazu in Teilkapitel 3.3).

Sicher weichen auch Sie ab und an von den Vorschlägen ab, die das Lehrwerk Ihnen macht. Wenn es sich um kleinere Veränderungen handelt, tun Sie dies vielleicht relativ spontan und es ist Ihnen gar nicht bewusst. Machen Sie sich mit der nächsten Aufgabe zunächst klar, ob und wie Sie oder die Kollegen und Kolleginnen Ihrer Schule / Ihres Instituts bisher schon Lernmaterialien adaptiert haben.

Aufgabe 22

P

Wenn Sie selbst bereits Teile Ihres Lehrwerks adaptiert haben, dann bearbeiten Sie jetzt Teilaufgabe a), wenn nicht, bearbeiten Sie Teilaufgabe b).

a) Notieren Sie Stichworte zu den folgenden Leitfragen.

Das Lehrwerk, zu dem das Material entwickelt wurde, heißt:

____

Leitfragen	Beschreibungen / Beobachtungen
1. Welche Art von Adaption haben Sie angewandt?	
2. Warum haben Sie das Lernmaterial adaptiert?	
3. Als Sie das Lernmaterial eingesetzt haben: Was hat gut funktioniert, was wollen Sie beim nächsten Mal verändern?	

b) Nehmen Sie das Lehrwerk, mit dem Sie am meisten arbeiten, und überlegen Sie,

1. an welcher Stelle es am wenigsten zu Ihrer konkreten Lerngruppe passt:

____

2. Wie könnte Material aussehen, das diese besondere Schwachstelle Ihres Lehrwerks im Hinblick auf die Bedürfnisse Ihrer Lerngruppe ausgleicht?

____

Gründe für Adaptionen

Für Adaptionen von Lernaktivitäten in Lehrwerken kann es viele Gründe geben. Vielleicht haben Sie ja einfach nur eine bessere Idee und möchten sie einmal ausprobieren. Vielleicht sehen Sie, dass Ihre Lernenden an einer bestimmten Stelle in einem Lehrwerk gelangweilt reagieren. Vielleicht glauben Sie, dass das Lehrwerk an dieser bestimmten Stelle nicht so richtig gut zu Ihren Lernenden passt. Vielleicht gelingt es Ihnen, Übungen oder Aufgaben altersgerechter zu gestalten oder Ihren Lernenden Verstehenshilfen zu geben, indem Sie sie anleiten, neue deutsche Vokabeln mit solchen aus ihrer Erstsprache zu vergleichen und damit ihren sprachlichen Hintergrund zu berücksichtigen.

Manchmal sind in Lehrwerken die kulturbezogenen Informationen nicht mehr aktuell genug und sie müssen adaptiert werden. Dann wollen Sie vielleicht Zahlen oder Fakten ändern oder auch die Perspektiven wechseln usw. Es gibt also viele verschiedene Gründe, warum man an einem Lehrwerk Teile weglassen, austauschen oder verändern möchte.

historische Einordnung

Die Diskussion um die Adaption von Lehrwerken begann in den siebziger und achtziger Jahren des 20. Jahrhunderts. Man kritisierte im Kontext der kommunikativen Neuausrichtung des Fremdsprachenunterrichts, dass Lehrwerke zu stark steuernd seien und deshalb nicht einfach abgearbeitet werden dürften. Die Metapher des Lehrwerks als Steinbruch kam auf und von dieser war es nur ein kleiner Schritt zur Adaption, denn wenn man etwas aus einem Steinbruch herausbricht, dann muss man es im Anschluss zumeist auch bearbeiten.

Vor- und Nachteile des Adaptierens

Beide Vorgehensweisen, das reine Abarbeiten eines Lehrwerks und die Adaption, haben ihre Vor- und Nachteile. Wenn man anfängt zu unterrichten, freut man sich zumeist erst einmal darüber, dass das Lehrwerk einen sicheren Weg durch den Unterrichtsalltag bietet. Man kann davon ausgehen, dass sich die Autorinnen und Autoren bei ihrer Auswahl der Texte, bei ihren Übungen und Aufgaben und deren Häufung und Reihenfolge etwas gedacht haben, so dass man eine sinnvolle Planung des Unterrichtsverlaufs vor sich hat. Je stärker Sie als Lehrkraft Lernmaterial adaptieren oder neu erstellen, desto mehr übernehmen Sie die Verantwortung für den Lernprozess Ihrer Lernenden.

Das Erstellen guter eigener Materialien ist keinesfalls einfach, es bedarf einiger Übung und Erfahrung und braucht viel Zeit. Man wird zwar meist Material finden oder selber produzieren, das thematisch viel besser zu den jeweiligen Lernenden passt. Aber damit hat man ja nur einen Aspekt des Lernmaterials realisiert. Es muss auch noch gewährleistet sein, dass der Wortschatz zu dem bisher Gelernten passt, dass die verwendete Grammatik auf den Sprachstand bezogen ist, dass es eine attraktive Mischung an Arbeits- und Sozialformen gibt usw. Um all diese Komponenten vernünftig aufeinander beziehen zu können, muss man viel Zeit investieren und sich mit der Gestaltung von Lehrmaterial beschäftigt haben. Je mehr man in seinem Job als Lehrende/r Zeit hat und über Erfahrung verfügt, desto häufiger kann man versuchen, Materialien an die eigene Lernergruppe anzupassen.

Selbstversuch

Wir möchten Sie bitten, sich tatsächlich an einer Adaption zu versuchen. Das Problem dabei: Wir können natürlich nicht wissen, was für Sie eine sinnvolle Adaption ist – nur Sie können sehen, was an Ihrer Institution für Ihre Lernenden und Ihre Lernziele bei den Lehrwerken, mit denen Sie arbeiten, sinnvoll ist. Deshalb ist die folgende Aufgabe etwas abstrakt formuliert. Adaptieren Sie für Sie relevantes Lernmaterial, sammeln Sie Ihre neuen Versionen in einer an Ihrer Schule/Institution brauchbaren Form (z.B. auf einer Lernplattform). Vielleicht wächst dann in einer Datenbank langsam eine Sammlung von Materialien, die gut zu Ihren Zielgruppen und Lernzielen passen.

Aufgabe 23

Nehmen Sie das Lehrwerk, mit dem Sie im Moment unterrichten, und blättern Sie eine Lektion durch. An welcher Stelle würden Sie diese Lektion gern adaptieren und warum?

Diese Fragen könnten Ihnen helfen, auf eine gute Idee zu kommen:
1. Sind die Themen und Inhalte der Lektion für Ihre Lernenden interessant?
2. Sprechen die Fotos und Abbildungen Ihre Lernenden an?
3. Sind die Lernaktivitäten so angelegt, dass Ihre Lernenden sie motiviert durchführen werden?

a) Machen Sie einen Vorschlag für **eine** Adaption und beschreiben Sie, was sich vermutlich dadurch für Ihre Lernenden verändert.

____

b) Probieren Sie Ihre Idee im Unterricht aus und notieren Sie Ihre Erfahrungen mit dem Adaptieren.

____

c) Tauschen Sie sich mit Ihren Kolleginnen und Kollegen über das Adaptieren aus.

Zusammenfassung

Das Adaptieren von Material braucht Erfahrung und Zeit. Lehrwerke und Zusatzmaterialien (siehe Teilkapitel 3.1.) bieten jedoch Material, das man aufgreifen und ausbauen kann. Dies ist ohne großen Aufwand möglich, wenn man z.B. die Sozial- und Arbeitsformen verändert. Etwas arbeitsintensiver wird es, wenn bei der Adaption in die Texte im Detail eingegriffen wird. Je mehr Erfahrungen man in seiner Tätigkeit als Lehrkraft gesammelt hat, desto häufiger kann man versuchen, Materialien für die eigene Lerngruppe zu adaptieren. Das Ziel dabei ist, dass der Deutschunterricht durch angepasste Materialien und Lernaktivitäten zielgruppenadäquater, lebendiger und motivierender wird.

Aufgabe 24

Denken Sie noch einmal darüber nach, was Sie in diesem Kapitel zum Thema Lehrwerke und Materialadaption gelernt haben. Schreiben Sie die Satzanfänge weiter.

1. Ich möchte mir merken, dass

___

2. Ich würde gern Folgendes ausprobieren:

___

3. Ich finde schwierig,

___

3 Lehrwerkunabhängige Lehr- und Lernmedien

Lehrwerke geben Lehrenden und Lernenden Halt. Lernende können sie zwischen zwei Buchdeckeln oder auf ihrem Smartphone nach Hause tragen und dort nachschlagen, nach- oder auch vorarbeiten. Sie als Lehrkraft, besonders wenn Sie neu in Ihrem Beruf sind, haben mit den Lehrwerken etwas in der Hand, das Ihren Unterricht strukturiert. Wenn Sie noch unsicher sind, können Sie Ihr Lehrwerk Schritt für Schritt abarbeiten, und wenn das Lehrerhandbuch gut geschrieben ist, finden Sie dort nicht nur Lösungen, sondern auch brauchbare Hilfestellungen für Ihren Unterricht. Lehrwerke haben also eine wichtige Funktion.
In Kapitel 2 haben Sie aber gesehen, dass es nicht unproblematisch ist, sich nur auf das Abarbeiten eines Lehrwerks zu verlassen. Das Teilkapitel 2.4 zu Zielgruppen von Lehrwerken hat Ihnen gezeigt, dass Lehrwerke sich zwar generell auf Faktoren wie Alter, Sprachstand und bisher erworbene Sprachen beziehen, dass sie aber nicht auf die konkrete Lernergruppe eingehen können.

In Bezug auf die eigene Lernergruppe werden Sie also bei jedem Lehrwerk irgendwann den Eindruck gewinnen, dass es nicht so richtig passt. Es gibt den Spruch „Lehrwerke sind keine Mangelware, sie sind Mängelware". Das stimmt zwar in gewisser Weise, klingt aber so, als sei es die Schuld der Lehrwerkproduzenten und -produzentinnen. Das ist jedoch nicht der Fall, denn Lehrwerke als kommerzielle Produkte können nie genau auf eine konkrete Lernergruppe fokussiert sein. Der Bezug zu den Lernenden vor Ort kann nur durch einzelne Lehrkräfte, Gruppen von Lehrkräften oder Institutionen hergestellt werden. In Teilkapitel 2.5 haben Sie gesehen, wie man Lehrmaterial so adaptieren kann, dass es besser zur eigenen Gruppe von Lernenden passt.

In diesem Kapitel werden weitere Möglichkeiten beschrieben, mit Lehr- und Lernmedien zu arbeiten, die genauer zu Ihrer Lernergruppe passen:

- Sie können Zusatzmaterial heranziehen: sowohl Material, das von Verlagen direkt zu einem Lehrwerk angeboten wird, als auch Material, das zwar von einem Verlag erstellt worden ist, aber nicht in direktem Zusammenhang mit einem Lehrwerk steht.
- Sie können aber auch mit Material arbeiten, das nicht aus der Verlagswelt stammt: Sie können z.B. an anderen Orten gefundenes Material didaktisieren.
- Und – am aufwendigsten und daher wahrscheinlich entweder nur in kleinem Umfang oder nur unter besonders günstigen Rahmenbedingungen möglich – Sie können Material auch selbst produzieren.

Die radikale Alternative – die Arbeit gänzlich ohne Lehrwerk – ist seit den 1970er Jahren in verschiedenen experimentellen Situationen ab und an versucht worden. Das wird aber nur in den wenigsten Situationen realisierbar sein. Diese Möglichkeit sollte trotzdem gedanklich immer im Spiel bleiben, um sich klarzumachen, dass es hundertprozentig genau auf die Situation vor Ort bezogene Lehr- und Lernmedien nur geben kann, wenn diese für die konkrete Lerngruppe (und möglichst auch mit dieser zusammen) erarbeitet werden.

Zentrale Themen dieses Kapitels sind folgende:

- Sie lernen am Beispiel Grammatik die Vielfalt von angebotenem Zusatzmaterial kennen.
- Sie lernen, wie man ursprünglich nicht für das Klassenzimmer produzierte Lehr- und Lernmedien didaktisieren kann.
- Sie erkennen, ob und wann es sinnvoll sein kann, Lehr- und Lernmedien selbst zu produzieren.

Teilkapitel 3.1 beschreibt die Vielfalt von Zusatzmaterial, Teilkapitel 3.2 führt am Beispiel der Grammatik Materialien ein, die Lehrkräfte vollständig produziert vorfinden, angeboten entweder von Verlagen oder von Bildungsinstitutionen wie z. B. dem Goethe-Institut. Diese Materialien unterscheiden sich also im Hinblick auf den Bezug zur konkreten Lernergruppe zunächst einmal nicht von Lehrwerken. Sie haben jedoch die Besonderheit, dass sie sich nur auf einen bestimmten Teilaspekt der deutschen Sprache und Kultur konzentrieren können, während Lehrwerke mehrere Aspekte abdecken und aufeinander beziehen müssen. Dadurch können Zusatzmaterialien vielfältigere Angebote zu einem Aspekt machen, z.B. mehr und unterschiedliche Übungen zu einem Grammatikphänomen. Das Thema Grammatik wurde als Beispiel ausgewählt, weil sich hier eine besonders interessante Vielfalt an Vorgehensweisen zeigt. Aber es gibt auch für andere Bereiche wie die Ausspracheschulung oder das Lesen ausreichend Zusatzmaterial, zum Beispiel in Form von zahlreich vorhandenen leichten Lektüren, wie Sie am Ende von Teilkapitel 3.1 sehen können. Im Teilkapitel 3.3 machen Sie sich auf die Suche nach verlags- und lehrwerkunabhängigen Lehr- und Lernmedien und in Teilkapitel 3.4 erfahren Sie, wie man diese didaktisieren kann. Teilkapitel 3.5 schließlich befasst sich mit der größten Herausforderung, mit der selbständigen Produktion von neuen Lehr- und Lernmedien.

3.1 Zusatzmaterial

Sie kennen vielleicht die folgenden Situationen aus Ihrem Unterricht:

- In Ihrer Klasse / Ihrem Kurs gibt es Lernende, die sehr schnell arbeiten, und solche, die viel Zeit brauchen für die Lernaktivitäten. Ihr Lehrwerk hat aber nur ein eher kleines Übungs- bzw. Aufgabenangebot.
- Sie möchten mit Ihren Lernenden einen längeren Text lesen, das Lehrwerk bietet aber keinen an.

In Situationen wie diesen können Sie auf zusätzliche Lehr- und Lernmedien zurückgreifen. Diese werden meist als Zusatzmaterialien bezeichnet. Dieser Begriff stammt aus einer Zeit, als es noch eine ziemlich klare Unterscheidung gab: Hier das Lehrwerk, das „abgearbeitet" werden musste, da das Zusatzmaterial, das man in verschiedenen Situationen heranziehen konnte. Ein Begriff wie Zusatzmaterial ist nur sinnvoll, wenn es einen Kern gibt, das Lehrwerk, zu dem man etwas zusätzlich bearbeitet.
Inzwischen sind die meisten Lehrwerke so umfangreich geworden, dass man nicht mehr alle Teile des Angebots verwendet und sich Kriterien für die Auswahl suchen muss. Gleichzeitig gibt es, digital einfach erreichbar, eine Vielzahl von Material, das man für den Unterricht verwenden kann. Man hat als Lehrkraft also eine große Auswahl an Lehr- und Lernmedien und in vielen Situationen wird die klare Unterscheidung von Kern und Zusatz so nicht mehr zutreffen. Umso wichtiger ist es, dass man sich klarmacht, welche Funktion diese Zusatzmaterial genannten Lehr- und Lernmedien haben und wie man sie einsetzen sollte.

Am Ende dieses Teilkapitels
- kennen Sie den Unterschied zwischen Lehrwerk und lehrwerkunabhängigem Zusatzmaterial,
- sind Sie sich darüber bewusst, warum und wann Sie Zusatzmaterialien einsetzen,
- wissen Sie, was Zusatzmaterialien leisten können.

Was sind Zusatzmaterialien?

In einem weiten Sinn umfasst Zusatzmaterial all die Lehr- und Lernmedien, die Lehrkräfte im Unterricht zusätzlich zur Arbeit mit dem Lehrwerk verwenden. Das kann die aktuelle Ausgabe der Tagesschau aus dem Internet ebenso sein wie eine Seite aus einem Gedichtband oder eine Übung aus einem Übungsbuch zur deutschen Grammatik. Man kann Zusatzmaterial danach unterscheiden,

- ob es unter didaktischen Gesichtspunkten entwickelt worden ist (wie z.B. eine Übung aus einem Übungsbuch) oder nicht (die Ausgabe der Tagesschau),
- ob es sich auf ein bestimmtes Lehrwerk bezieht oder nicht,
- ob es von Verlagen, von einzelnen Lehrkräften oder von (Gruppen von Lehrkräften in) einer Institution produziert wurde,
- ob es veröffentlicht ist oder nur für eine Lehrkraft oder eine Gruppe von Lehrkräften zur Verfügung steht,
- auf welche sprachlichen Phänomene es sich bezieht,
- welche Funktion es hat, z.B. Prüfungsvorbereitung, Schließung von Lücken im Lehrwerk usw.

In der Fremdsprachendidaktik werden mit Zusatzmaterial in einem engeren Sinne meist die Lehr- und Lernmedien bezeichnet, die unter didaktischen Gesichtspunkten zusammengestellt wurden und die ergänzend zur Arbeit mit einem Lehrwerk verwendet werden, wobei sie entweder direkt für dieses Lehrwerk oder unabhängig von einem bestimmten Lehrwerk entwickelt worden sein können.

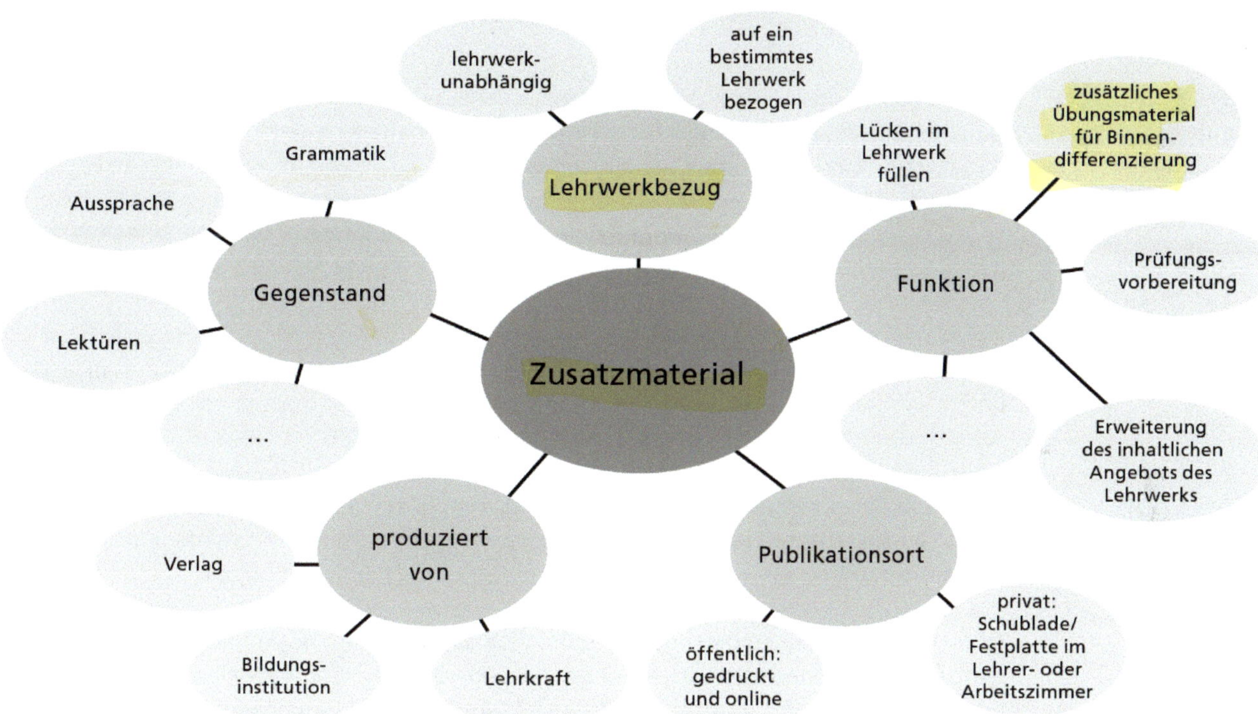

Lange Zeit wurde Zusatzmaterial hauptsächlich von Verlagen angeboten und lag in gedruckter Form oder als Hörtext vor: So gab es z.B. zusätzlich zum Lehrwerk einen Band mit aktuellen Texten, wobei das Problem bestand, dass auch die in diesen Büchern festgehaltenen Texte irgendwann nicht mehr aktuell waren. Inzwischen ist ein großer Teil von Zusatzmaterial über das Internet erhältlich, z.B. in Form von interaktiven Online-Übungen oder auch Arbeitsblättern zu einem bestimmten Lehrwerk, die heruntergeladen werden können, oder in Form von Übungen oder Texten, die Lehrende oder Bildungsinstitutionen unabhängig vom Angebot von Verlagen ins Netz gestellt haben. Im Folgenden zeigen wir Ihnen zwei Internetseiten zum Thema Zusatzmaterial: eine, in der nach Zusatzmaterialien gesucht werden kann, und eine, die das Goethe-Institut Deutschlehrkräften zur Verfügung stellt.

www.

(www.deutsch-als-fremdsprache.de/daf-uebungen/)

(www.goethe.de/de/spr/ueb/24h.html)

Eine besondere Form von lehrwerkunabhängigen Zusatzmaterialien stellen die sogenannten leichten Lektüren dar: Verlage bieten an den Sprachstand der Lernenden angepasste literarische Texte an.

Leichte Lektüren: Adaption von Originaltexten

Zu den spannenden Fragen der Fremdsprachendidaktik gehört die Frage, ob und wie literarische Originaltexte für den Fremdsprachenunterricht adaptiert werden können, sollen und dürfen. Eine harte Position lautet: Gar nicht – die Autonomie eines Kunstwerks darf nicht beschädigt werden. Dieses Argument hat die Konsequenz, dass viele Texte des deutschsprachigen Raums für Deutschlerner erst relativ spät in ihrem Lernprozess zugänglich sind.

Akzeptiert man, dass Adaptionen von literarischen Texten für didaktische Zwecke prinzipiell erlaubt sind, stellt sich sofort die Frage, wie weitgehend eine Adaption möglich ist und was eigentlich eine gute Adaption ausmacht. Relativ unproblematisch sind sicher Adaptionen, die den Originaltext vollständig beibehalten und ihn durch Erklärungen (Wortschatz, kultureller Hintergrund) verständlicher machen. Eine zweite Art der Adaption nimmt Streichungen von Passagen des Originaltexts vor, greift in diesen aber ansonsten nicht ein. Die dritte Variante sind Adaptionen, die im Text Vereinfachungen durchführen.

Wichtig ist es festzuhalten, dass diese dritte Variante nur dann in Erwägung gezogen werden sollte, wenn die entscheidenden Merkmale des Originals nicht beschädigt werden und wenn Erklärungen oder Aufgaben, die das Verstehen unterstützen, nicht ausreichen: „Bevor man sich für eine Adaption entscheidet, sollte man sich deshalb fragen, ob die Eingriffe in den Text tatsächlich unvermeidlich sind oder ob nicht die Arbeitsweisen so geändert werden können, dass ein produktiver Umgang mit dem Originaltext möglich ist" (O'Sullivan/Rösler 2013, S. 68). Dem Goethe-Institut war in den 1990er-Jahren der Coup gelungen, führende Autorinnen der deutschsprachigen Kinder- und Jugendliteratur wie Christine Nöstlinger oder Miriam Pressler dazu zu bewegen, ihre eigenen Texte für Jugendliche, die Deutsch lernen, zu bearbeiten. Dazu wurden dann didaktische Materialien produziert (siehe den Überblick in O'Sullivan/Rösler 2013, S. 59-70).

Den Lernenden durch leichte Lektüren Zugang zu ästhetischen Texten zu verschaffen, die sie sonst auf ihrem Sprachniveau noch nicht lesen könnten, ist eine der Leistungen von Zusatzmaterial.

Zusatzmaterialien als didaktische Materialien können eine Vielzahl von Funktionen übernehmen, z.B.:

- Sie stellen zusätzliche, für eine bestimmte Alters- oder Niveaustufe geeignete Texte in bearbeiteter Form zur Verfügung und füllen damit Lücken, die ein Lehrwerk haben kann, weil es nicht zielgruppenbezogen genug ist.

- Sie präsentieren sprachliche Phänomene (Strukturen, Aussprache) und landeskundliche Themen auf eine umfangreichere Weise, als es Lehrwerke in der Regel tun.
- Sie stellen viele verschiedene Lernaktivitäten zum Üben der neuen Strukturen bereit.
- Sie geben Lernenden die Möglichkeit, sich selbstständig sprachliche Phänomene zu erarbeiten.
- Sie stellen zusätzliche Materialien zu bestimmten Themen/Inhalten zur Verfügung, aus denen Lehrkräfte auswählen können oder die sie für Projektunterricht oder für Recherchen nutzen können.
- Sie ermöglichen binnendifferenzierendes Arbeiten.
- Sie unterstützen Prüfungsvorbereitungen.

Aufgabe 25

Setzen Sie in Ihrem Unterricht neben Ihrem Lehrwerk Zusatzmaterialien ein?

a) Notieren Sie in der Tabelle, in welchen Situationen Sie auf welche Zusatzmaterialien mit welchem Ziel zurückgreifen.

Situation, in der ich Zusatzmaterial einsetze	Titel des Zusatzmaterials	Ziel/e

b) Vergleichen Sie Ihre Ergebnisse mit denen von Kolleginnen und Kollegen. Gehen Sie ähnlich vor?

Durch den Austausch in Aufgabe 25 sind Sie sicher auf einige neue Ideen gekommen, welche Zusatzmaterialien Sie sich einmal näher ansehen könnten.

Zusammenfassung

Eine zentrale Voraussetzung für eine Auswahl von Zusatzmaterialien ist, dass man die Lerngruppe, die besonderen Lernschwierigkeiten der Lerngruppe und geeignete Lehr-/Lernverfahren bzw. Übungstypen gut kennen muss, um gezielt ergänzende Materialien aussuchen zu können. Die andere: Man muss die vorhandenen Zusatzmaterialien kennen und in der Lage sein, sie im Hinblick auf die Lernziele und die Eigenschaften der Lerngruppe einzuschätzen. Deshalb werden wir uns im nächsten Kapitel am Beispiel von Zusatzmaterial für die Grammatikvermittlung noch etwas intensiver mit Zusatzmaterialien befassen.

Eine weitere Schwierigkeit ist Ihnen vielleicht auch aufgefallen: Zusatzmaterialien kann man oft gar nicht einfach so übernehmen, wie man sie vorfindet, sondern man muss sie in Bezug auf Inhalte oder Wortschatz adaptieren.

3.2 Kommerzielle Lehr- und Lernmedien am Beispiel der Grammatikvermittlung

Für den Bereich Grammatik gibt es ein besonders großes Angebot an Zusatzmaterialien. In diesem Teilkapitel haben wir einige exemplarisch ausgewählt, damit Sie wissen, worauf Sie bei der Auswahl achten können.

Wenn Sie dieses Teilkapitel bearbeitet haben,
- sind Sie sich verschiedener Situationen bewusst, in denen Sie auf Zusatzmaterial zur Grammatik zurückgreifen können,
- können Sie die Ziele beschreiben, für die Sie Zusatzmaterialien zur Grammatik einsetzen,
- kennen Sie Beispiele für Zusatzmaterialien zum Üben von Grammatik und können diese beschreiben,
- können Sie Zusatzmaterialien zur Grammatik für Ihre Zielgruppe und deren Bedarf einschätzen.

Diejenigen unter Ihnen, die schon länger Deutsch unterrichten, kennen vermutlich verschiedene Situationen, in denen Sie gern auf Zusatzmaterial zur Grammatik zurückgreifen. In der folgenden Aufgabe möchten wir Sie dazu anregen, über Ihre Verwendung von lehrwerkunabhängigen Lehr- und Lernmedien nachzudenken. Eine ähnliche Aufgabe haben Sie schon im vorherigen Kapitel bearbeitet; konzentrieren Sie sich dieses Mal aber bitte nur auf konkrete Situationen der Grammatikvermittlung.

Aufgabe 26

In welchen der genannten Situationen benutzen Sie Zusatzmaterial zur Grammatik? Wenn Sie bisher noch keines benutzen: Kennen Sie diese Situationen und hätten Sie gern für diese Situationen Zusatzmaterial zur Verfügung?

a) Kreuzen Sie an und ergänzen Sie eigene Erfahrungen in der Tabelle.

Situationen bei der Vermittlung von Grammatik	In dieser Situation nutze ich Zusatzmaterial zur Grammatik.	Ich kenne das und hätte für diese Situation gern Zusatzmaterial zur Verfügung.
1. Das Lehrwerk, das ich benutze, führt ein grammatisches Phänomen nicht detailliert genug ein.	☐	☐
2. Mein Lehrwerk präsentiert ein grammatisches Phänomen nicht so, dass die Lernenden es gut nachvollziehen können.	☐	☐
3. Mein Lehrwerk bietet nicht genug Übungen zu einem grammatischen Phänomen an, sodass die Lernenden die neue Struktur nicht festigen können.	☐	☐
4. Mein Lehrwerk eignet sich nicht dafür, dass Lernende in meinen Klassen/Kursen selbstständig arbeiten können.	☐	☐
5. Mein Lehrwerk präsentiert eine neue Struktur nicht so, dass die Lernenden erkennen, wie sie sie in kommunikativen Situationen benutzen können.	☐	☐
6. Mein Lehrwerk bietet meinen Lernenden zu wenige Regeln.	☐	☐
7. Mein Lehrwerk ermöglicht es den Lernenden nicht in ausreichendem Maße, grammatische Regeln selbst zu entdecken und zu formulieren.	☐	☐
8. Mein Lehrwerk unterstützt meine Lernenden darin, grammatische Phänomene und Regeln zu erkennen. Aber es gibt zu wenige Übungen, in denen sie diese auch wie in realer mündlicher Kommunikation verwenden können.	☐	☐
Eigene Erfahrung:	☐	☐

b) Vergleichen Sie Ihre Ergebnisse mit denen von Kolleginnen und Kollegen.

Zu den häufigsten Zusatzmaterialien gehören **didaktische Grammatiken**, die zum Nachschlagen von grammatischen Phänomenen (Referenzgrammatik) oder zum Üben (Übungsgrammatik) dienen.

Referenzgrammatiken

Nachschlagewerke stellen grammatische Phänomene dar und erläutern sie. Lehrkräfte greifen z.B. auf didaktische Referenzgrammatiken zurück, wenn sie andere Darstellungsweisen für ein grammatisches Phänomen suchen als die, die das Lehrwerk bietet. Didaktische Referenzgrammatiken sind für den Unterricht und für das Selbstlernen geeignet. Didaktische Referenzgrammatiken machen meistens klare Angaben darüber, für welches Sprachniveau sie gedacht sind. Für das Niveau A1-B1 findet man z.B. Werke wie *Kompaktgrammatik: Deutsch als Fremdsprache zum schnellen Nachschlagen* (Funk/König/Rohrmann 2006).

Literatur zum Weiterlesen

Mehr Informationen zu Nachschlagewerken und wie man mit ihnen arbeiten kann, finden Sie in der Einheit 3 *Deutsch als fremde Sprache* von *Deutsch Lehren Lernen* (Barkowski u.a. 2014).

Übungsgrammatiken

Übungsgrammatiken führen sprachliche Strukturen (meist kurz) in einem Überblick ein und bieten dann Übungen an. Bei einigen gibt es eindeutige Angaben dazu, für welches Sprachniveau und für welche Altersgruppe sie sich eignen. In den folgenden drei Beispielen gibt es z.B. die Angaben für Fortgeschrittene, Grundstufe und Niveaustufe A1-B1. (Hall/Scheiner 2012; Reimann 1996; Rusch/Schmitz 2007):

Übungsgrammatiken unterscheiden sich nicht nur im Hinblick auf den Sprachstand der Lernenden. Es hat sich eine große Vielfalt von Vorgehensweisen entwickelt, wie wir Ihnen hier an weiteren Beispielen zeigen möchten. Ein Hinweis dazu im Voraus: Wenn Sie diese Zusatzmaterialien nicht in der Bibliothek Ihrer Schule/Institution vorfinden, geben Sie die Titel in Ihren Browser ein und suchen Sie sie im Internet. Oft bieten Verlage Probeseiten zu ihren Produkten an, sodass Sie sich die Zusatzmaterialien in Auszügen ansehen können.

Zusatzmaterial mit kurzem Überblick zur Struktur und mit geschlossenen Übungen

Als es noch die Bundesrepublik Deutschland und die DDR gab, entstand im Westen und im Osten jeweils eine erfolgreiche Übungsgrammatik. Im Alltag bezeichnet man sie oft als „die Gelbe" und als „Helbig/Buscha" (Dreyer/Schmitt 2013; Helbig/Buscha 2000). Beide arbeiten sehr stark mit geschlossenen Übungen und behandeln erklärend und übend die grammatischen Phänomene des Deutschen. Beide Übungsgrammatiken werden bis heute verwendet.

In diesen Übungsgrammatiken findet man meist Einzelsätze, die die Lernenden ergänzen oder umformen, und weniger Übungen in Situationen oder Kontexten, die sie sprachlich bewältigen müssen. Die Übungsgrammatiken üben umfassend die Form, über die Funktion der Strukturen wird wenig gesagt.

Die Übungsgrammatik *Klipp und Klar* (Fandrych/Tallowitz 2008) weist schon mit dem Titel darauf hin, dass sie sich der Phänomene in besonders prägnanter Weise annimmt: Jedes Phänomen erhält eine Doppelseite. Eine Illustration verdeutlicht die neue Struktur, Erklärungen zu den Regeln und Tabellen zu Formen folgen, und auf einer zweiten Seite finden sich kurze Übungen, zumeist Einsetzübungen, die man in Einzel- oder auch Partnerarbeit lösen kann. Wer mit *Klipp und Klar* allein lernt, kann auf Lösungen, Lerntipps und ein Grammatikregister zurückgreifen.

Grammatik mit Sinn und Verstand (Rug/Tomaszewski 2001) führt die Lernenden über die Vermittlung der Formen hinaus zu einem differenzierenden Umgang mit der Funktion der Phänomene. Deshalb findet man z.B. Relativsätze oder erweiterte Partizipialattribute nicht in Kapiteln, die so heißen, sondern in einem Kapitel „Genauer gesagt", in dem acht verschiedene Arten vorgestellt werden, wie man mit der deutschen Sprache einen Sachverhalt genauer beschreiben kann. Außerdem erhalten die Lernenden Informationen darüber, dass die unterschiedlichen Möglichkeiten, etwas genauer zu sagen, stilistisch unterschiedlich wirken. Erweiterte Attribute werden z.B. nicht einfach in Relativsätze umgeformt, wie das bei vielen Übungsgrammatiken der Fall ist, die nur die Form vermitteln. Es wird auch gezeigt, in welchen Textsorten erweiterte Attribute ihre Berechtigung haben und in welchen Textsorten sie nicht angebracht sind. Der Preis für diese kommunikative Erweiterung: Die einzelnen Kapitel sind sehr umfangreich. Und Phänomene, die auf unterschiedlichen Niveaustufen behandelt werden – wie z.B. Relativsätze und erweiterte Partizipialattribute – befinden sich in einem Kapitel.

Zusatzmaterial, das eine Geschichte erzählt

In der Übungsgrammatik *Die Schöne ist angekommen* (Brand/Kresin-Murakami/Pechatscheck 1996) für das Niveau B1 sind die Grammatikübungen in eine fortlaufende Geschichte, eine Art Krimi, integriert. Ziel ist, die (erwachsenen) Lernenden durch diese ästhetische Verpackung besser motivieren zu können. Im Gegensatz zu einigen anderen Übungsgrammatiken ist dies ein Buch, das man komplett durcharbeiten sollte. Sein Einsatz lohnt sich also vor allem, wenn man mit einer Lernergruppe über einen längeren Zeitraum arbeitet.

Zusatzmaterial für ungeübte Lernende

Die Übungsgrammatik *Grammatik sehen* (Brinitzer/Damm 1999) ist ungewöhnlich dadurch, dass der Band grammatische Phänomene mit Hilfe von Bildern vermittelt. Außerdem führt diese Grammatik in die Termini ein, die man braucht, um über die deutsche Sprache sprechen zu können. Das Material ist damit besonders für Teilnehmerinnen und Teilnehmer ohne Sprachlernerfahrung geeignet.

Zusatzmaterial interaktiv, animiert, online

Auch online gibt es eine große Zahl von Grammatikdarstellungen und Übungsmöglichkeiten. Das Online-Zusatzmaterial *Interaktive Grammatikanimationen Deutsch* präsentiert Lernenden auf A-Niveau Grammatikthemen, die man gemeinsam im Unterricht oder auch selbstständig online bearbeiten kann. Neu ist dabei der Versuch, interaktiv und animiert die Lernenden in vier Schritten zur Entdeckung von Regeln und anschließend zum Üben zu führen: Zunächst wird das Thema über eine aussagekräftige Visualisierung präsentiert; dann müssen die Lernenden aus der Interaktion mit dem Material die Regel formulieren. Schließlich wird in zwei Schritten geübt: erst die Form der neuen Struktur, dann deren Anwendung. Das Material kann dabei in unterschiedlichen Formen zugänglich gemacht werden, z.B. als Tafelbild, das man über ein interaktives Whiteboard öffnen kann, sodass es alle Lernenden im Kurs-/Klassenraum sehen können.

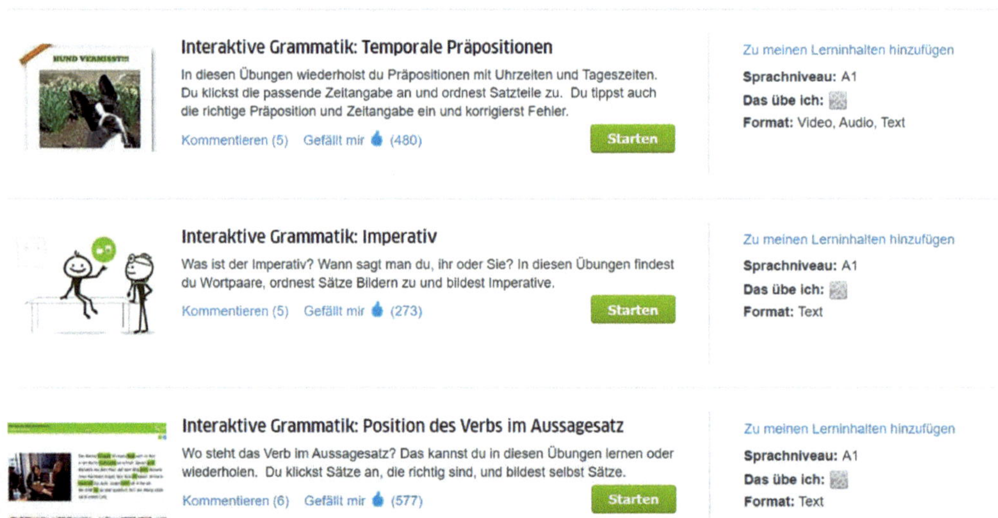

(www.goethe.de/prj/dfd/de/index.cfm?fuseaction=learning.Overview&selectmode=all&orderby=newest&searchstring=Interaktive+Grammatik&submit=Suchen&category_ID=0&skill_ID=0&topic_ID=0&format_ID=0)

Informationen

Wenn Sie sich das Zusatzmaterial ansehen möchten, melden Sie sich in der Community für Deutschlernende *Deutsch für dich* kostenlos an (www.goethe.de/dfd). Suchen Sie dann in der Rubrik *Lernen* über den Reiter *Alle Lerninhalte* mit den Filtern *Deutschkenntnisse: Grundkenntnisse (A1)* und *Das übe ich: Grammatik*. In der Ergebnisliste werden Ihnen einzelne Kapitel der *Interaktiven Grammatikanimationen Deutsch* angezeigt.

Zusatzmaterial zum Spielen und Interagieren

Sprachspiele eignen sich nicht nur für junge Lernende, für diese aber besonders gut: In der Spielsituation werden Strukturen, Wortschatz und Aussprache verwendet und dadurch gefestigt. *66 Wechselspiele* oder *Wechselspiel junior* ist ein Material, das mündliches Kommunizieren üben hilft: *66 Wechselspiele* (Dreke/Lind 2018) enthält Arbeitsblätter mit Arbeitsanweisungen für Partnerarbeiten zum Sprechen. Ausgewählt wurden dafür Kommunikationssituationen, die Kinder, Jugendliche und Erwachsene im Alltag auf Deutsch bewältigen müssen. In diesen Wechselspielen schleifen sich Strukturen und Wortschatz ein.

Im Folgenden möchten wir Sie bitten, sich vier verschiedene Lehr- und Lernmedien zu einem grammatischen Phänomen näher anzusehen und zu prüfen, wodurch sie sich auszeichnen, welche Sie vielleicht auch mit Ihrer Lerngruppe benutzen könnten und unter welchen Voraussetzungen dies gelingen kann.
Deswegen stellen wir Ihnen nun vier Auszüge aus Zusatzmaterialien für Kinder, Jugendliche und erwachsene Lernende zur Grammatik vor. Sie beziehen sich alle auf die Darstellung und das Üben von Präpositionen. Welches Lehr- und Lernmedium könnte für Ihre Zielgruppe interessant sein? Sehen Sie sich die vier Beispiele an, wählen Sie eines aus, mit dem Sie sich intensiver beschäftigen möchten, und bearbeiten Sie danach die Aufgabe 27.

Material 12
Animierte interaktive Grammatik, A1, für Erwachsene

Interaktive Grammatikanimationen Deutsch.

www.

Sie finden das Kapitel Wechselpräpositionen der *Interaktiven Grammatikanimationen Deutsch* unter www.goethe.de/dfd.

Material 13
Sprachspiel, A1, für Kinder

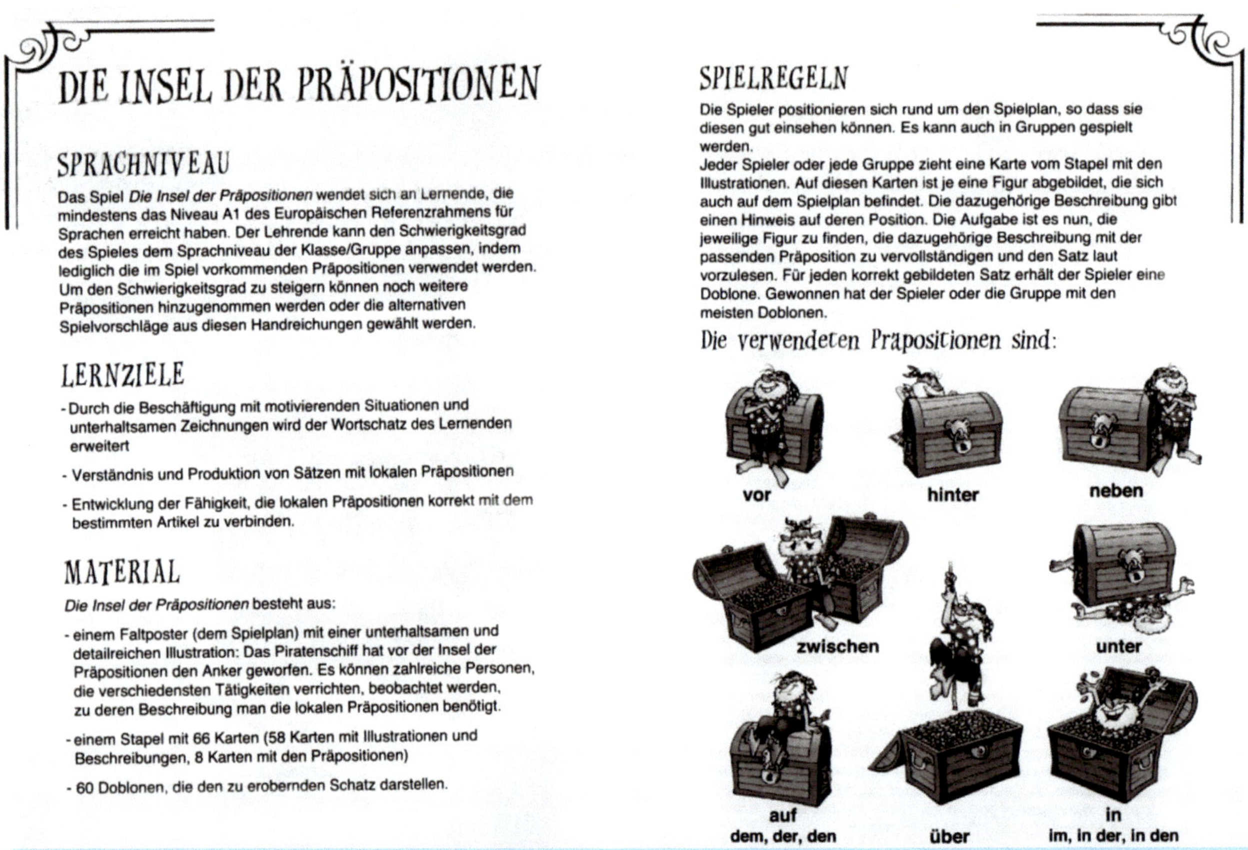

DIE INSEL DER PRÄPOSITIONEN

SPRACHNIVEAU

Das Spiel *Die Insel der Präpositionen* wendet sich an Lernende, die mindestens das Niveau A1 des Europäischen Referenzrahmens für Sprachen erreicht haben. Der Lehrende kann den Schwierigkeitsgrad des Spieles dem Sprachniveau der Klasse/Gruppe anpassen, indem lediglich die im Spiel vorkommenden Präpositionen verwendet werden. Um den Schwierigkeitsgrad zu steigern können noch weitere Präpositionen hinzugenommen werden oder die alternativen Spielvorschläge aus diesen Handreichungen gewählt werden.

LERNZIELE

- Durch die Beschäftigung mit motivierenden Situationen und unterhaltsamen Zeichnungen wird der Wortschatz des Lernenden erweitert
- Verständnis und Produktion von Sätzen mit lokalen Präpositionen
- Entwicklung der Fähigkeit, die lokalen Präpositionen korrekt mit dem bestimmten Artikel zu verbinden.

MATERIAL

Die Insel der Präpositionen besteht aus:

- einem Faltposter (dem Spielplan) mit einer unterhaltsamen und detailreichen Illustration: Das Piratenschiff hat vor der Insel der Präpositionen den Anker geworfen. Es können zahlreiche Personen, die verschiedensten Tätigkeiten verrichten, beobachtet werden, zu deren Beschreibung man die lokalen Präpositionen benötigt.
- einem Stapel mit 66 Karten (58 Karten mit Illustrationen und Beschreibungen, 8 Karten mit den Präpositionen)
- 60 Doblonen, die den zu erobernden Schatz darstellen.

SPIELREGELN

Die Spieler positionieren sich rund um den Spielplan, so dass sie diesen gut einsehen können. Es kann auch in Gruppen gespielt werden.
Jeder Spieler oder jede Gruppe zieht eine Karte vom Stapel mit den Illustrationen. Auf diesen Karten ist je eine Figur abgebildet, die sich auch auf dem Spielplan befindet. Die dazugehörige Beschreibung gibt einen Hinweis auf deren Position. Die Aufgabe ist es nun, die jeweilige Figur zu finden, die dazugehörige Beschreibung mit der passenden Präposition zu vervollständigen und den Satz laut vorzulesen. Für jeden korrekt gebildeten Satz erhält der Spieler eine Doblone. Gewonnen hat der Spieler oder die Gruppe mit den meisten Doblonen.

Die verwendeten Präpositionen sind:

vor
hinter
neben
zwischen
unter
auf
dem, der, den
über
in
im, in der, in den

Die Insel der Präpositionen, Anleitung.

Die Insel der Präpositionen, Spielbrett.

Material 14
Arbeitsblätter für die Interaktion, A2, für Jugendliche und Erwachsene

26 A Gegenstände lokalisieren

1 Möblieren Sie hier Ihre neue Wohnung. Zeichnen Sie die Gegenstände in das Zimmer.

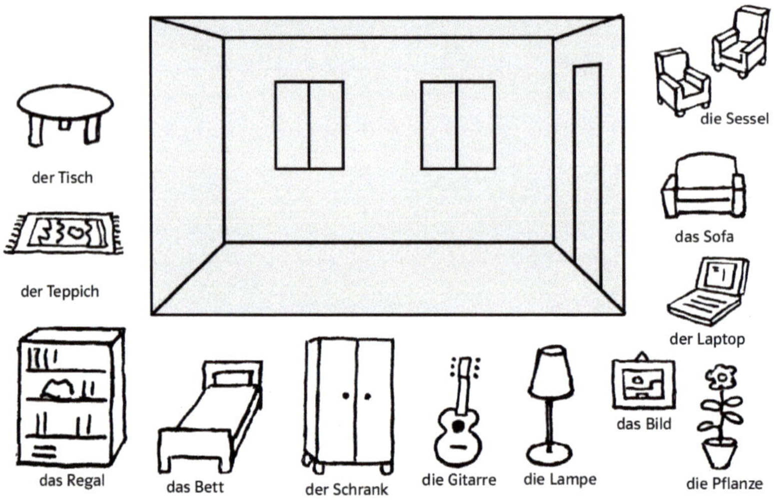

2 Fragen Sie Ihren Partner / Ihre Partnerin nach seiner / ihrer neuen Wohnung. Zeichnen Sie unten das Zimmer Ihres Partners / Ihrer Partnerin.

Redemittel
A: Wohin hast du / haben Sie das Bett gestellt? / Wo steht das Bett?
B: Ich habe es an/neben/vor/hinter/auf/unter/zwischen (+ Akk.) ... gestellt.
Es steht an/neben/vor/hinter/auf/unter/zwischen (+ Dat.) ...

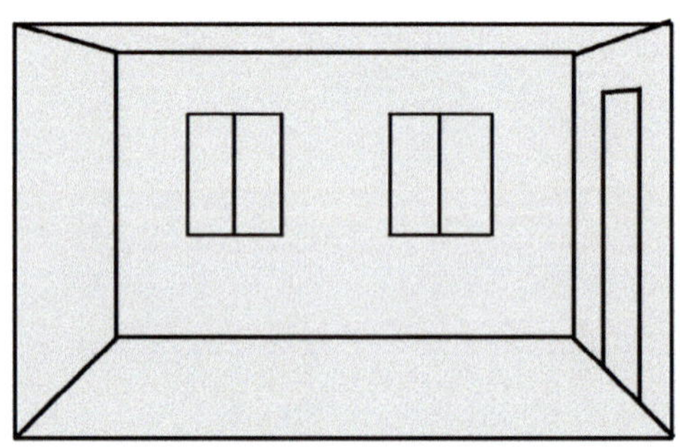

3 Vergleichen Sie die Zeichnungen. Steht alles am richtigen Platz?

62

ISBN 978-3-12-674150-7

66 *Wechselspiele*. S. 62.

Material 15
Übungsgrammatik für Jugendliche, A2

21

bei

Wir fragen: **Wo?**

Sissi ist **bei** Sara. ▪ *Person*

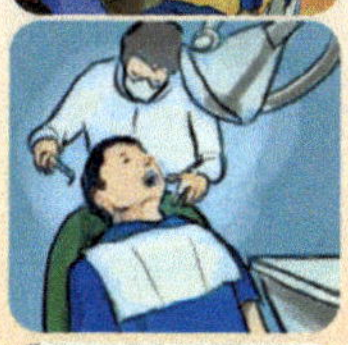

Paul ist **beim** Zahnarzt.
(bei + dem = beim)

Daniels Vater arbeitet **bei** BMW. ▪ *Arbeitsplatz*

Potsdam liegt **bei** Berlin. ▪ *Nähe*

mit

Wir fragen: **Mit wem?**

Tina spielt **mit** ihr**en** Freundinnen Tennis. ▪ *Person*

Wir fragen: **Womit?**

Paul fährt **mit dem** Fahrrad zur Schule. ▪ *Sache*

Frau Weber fährt **mit der** Bahn.

120

Perfekt in Deutsch. Übungsgrammatik für Jugendliche, S. 120.

21

1 Was weißt du über die Personen?

Karin Klein ~~Ismaning/München~~ ~~Zahnarzt~~ (der)	Horst Müller Esslingen/Stuttgart MERCEDES	Anton Rot Mödling/Wien Fernsehen (das)	Klara Beer Winterthur/Zürich Bank (die)

1. Karin Klein *wohnt in Ismaning **bei** München und arbeitet **bei einem** Zahnarzt.*
2. Horst Müller ______________________________
3. Anton Rot ______________________________
4. Klara Beer ______________________________

2 Wo bekommst du das? Ordne zu und ergänze *bei*, *beim* oder *bei der*.

c)	Wurst	a) ________	Bäcker (der)
	Brötchen	b) ________	OPEL
	eine Brille	c) *beim*	Fleischer (der)
	Briefmarken	d) ________	Modenschau (die)
	ein neues Auto	e) ________	Firma SWATCH (die)
	eine neue Frisur	f) ________	Friseur (der)
	die neueste Mode	g) ________	Post (die)
	eine Uhr	h) ________	Optiker (der)

3 Wie fragst du? *Mit wem?* oder *Womit?*

1. Die Mädchen sind *mit dem Bus* ins Zentrum gefahren. *Womit?*
2. Frau Weber ist mit ihrem Sohn zum Arzt gegangen. ________
3. Geht ihr mit euren Freunden ins Kino? ________
4. Du fährst am besten mit der Straßenbahn. ________
5. Ich gehe mit Sara auf die Party. ________
6. Familie Weber möchte mit dem Auto aufs Land fahren. ________

4 Ergänze die Artikel *dem*, *der* und die Endungen der Possessivartikel.

Mutter: Was hast du denn den ganzen Tag so gemacht?

Tina: Also zuerst bin ich mit *dem* Bus zur Schule gefahren. Nach dem Unterricht bin ich mit ________ U-Bahn zum Krankenhaus gefahren und habe Tante Olga besucht. Onkel Leo war auch da und hat mich dann mit sein___ Auto zu Sara gebracht. Mit mein_____ Freundin Sara zusammen habe ich für den Mathetest gelernt. Mit Sara und ihr____ Cousine habe ich auch ein bisschen im Internet gesurft. Dann bin ich mit ________ Fahrrad von Sara zum Basketballtraining gefahren. Nach dem Training bin ich mit mein____ Freundinnen noch in die Cafeteria gegangen. Dann bin ich für dich zum Bäcker gelaufen und jetzt soll ich auch noch mit ________ Hund spazieren gehen. Das geht nicht. Ich bin zu müde.

121

Perfekt in Deutsch. Übungsgrammatik für Jugendliche. S. 121.

In der nächsten Aufgabe sollen Sie einschätzen, inwieweit diese Zusatzmaterialien Ihren Unterricht bereichern könnten. Überprüfen Sie dabei z.B. Fragen wie diese:

- Ist das Zusatzmaterial für diejenigen Situationen, in denen Sie es brauchen, hilfreich? Sehen Sie sich dazu noch einmal Ihre Antworten zu Aufgabe 26 an.
- Haben Ihre Lernenden ausreichende Vorkenntnisse zur Bearbeitung dieses Zusatzmaterials (Wortschatz, grammatische Terminologie usw.)?
- Kennen Ihre Lernenden solche oder ähnliche Lernaktivitäten? Ist ihnen der Zugang / das Prinzip der Aktivitäten bekannt bzw. ist es nachvollziehbar? Würden sie Ihrer Einschätzung nach gern mit diesem Material arbeiten?
- „Passen" sie zu der Art und Weise, wie in Ihrem Lehrwerk Grammatik dargestellt wird?

Aufgabe 27

P

Welches Zusatzmaterial könnten Sie in Ihrem Unterricht einsetzen? Wählen Sie eines der vier Materialien aus. Was wäre daran bereichernd? Können Sie Schwierigkeiten bei dessen Einsatz im Unterricht voraussehen?

Material Nr.	Das wäre bereichernd:	Hier sehe ich Schwierigkeiten:
	–	–
	–	–
	–	–

Zusammenfassung

Grammatische Phänomene werden im Lehrwerk dargestellt und in der Kombination von Kursbuch und Arbeitsbuch auch geübt. Lehrkräfte wünschen sich aber oft darüber hinaus weitere Übungsangebote. Der Gebrauch zusätzlicher Lehr- und Lernmedien zur Grammatik hat deshalb dort seinen Sinn, wo er für die Lernziele einer bestimmten Gruppe oder für individuelle Lernende als Teil der Binnendifferenzierung vertiefendes Lernen möglich macht.

3.3 Verlags- und lehrwerkunabhängige Lehr- und Lernmedien suchen und finden

Die in den Kapiteln 2, 3.1 und 3.2 behandelten Lehrwerke und Zusatzmaterialien wurden alle mit didaktischer Absicht geschrieben: Sie sind dazu da, Lernenden das Deutschlernen zu erleichtern. Sie wurden entweder von Verlagen publiziert oder, wie bei Material 12, von Bildungsinstitutionen wie dem Goethe-Institut erstellt, also von Institutionen, die sich professionell mit dem Deutschlernen befassen. Den Autorinnen und Autoren dieser Materialien traut man zu, zu wissen, was sie tun. Man schreibt ihnen eine didaktische Kompetenz zu. Das bedeutet nicht, dass man mit allen Entscheidungen, die für ein Lehrwerk getroffen werden, einverstanden sein muss.

Da die bisher behandelten, von Verlagen produzierten Lehr- und Lernmedien nicht immer konkret auf die Lernergruppe bezogen sein können, werden Sie als Lehrkraft in manchen Situationen der Auffassung sein, dass Ihnen etwas fehlt, was vorhandene Lehrwerke und Zusatzmaterialien nicht anbieten. In so einer Situation werden Sie entweder eigenes Material erstellen wollen (siehe Teilkapitel 3.5) oder sich auf die Suche nach geeignetem Material machen. Mit dieser Suche wollen wir uns in diesem Teilkapitel beschäftigen.

Wenn Sie dieses Teilkapitel bearbeitet haben,
- sind Sie sich der Situationen bewusst, in denen Sie über die Arbeit mit Lehrwerken und kommerziellem Zusatzmaterial hinausgehen möchten,
- kennen Sie den Unterschied zwischen didaktisiertem und nicht-didaktisiertem Material,
- können Sie einschätzen, wie vertrauenswürdig die Quellen von gefundenen didaktisierten und nicht-didaktisierten Materialien sind,
- können Sie beschreiben, nach welchen Gesichtspunkten Sie Lehr- und Lernmedien für Ihre Lernergruppe auswählen möchten.

Quellen für zusätzliches Material

„Lücken" in Lehrwerken und im kommerziellen Zusatzmaterial bestehen besonders häufig in Bezug auf die Aktualität von Texten. Manchmal fehlen einem aber auch bestimmte Arbeitsformen. In so einer Situation muss man nach anderem Material suchen, das nicht von Verlagen oder Bildungsinstitutionen produziert worden ist. Dabei kann es sich um Lehr- und Lernmedien handeln, die vertrauenswürdige Kolleginnen oder Kollegen produziert haben, das sozusagen in der Schublade im Lehrerzimmer liegt – egal ob dies tatsächlich eine Schublade im Raum oder ein Ordner auf einem Computer ist.
Oder man sucht im Internet nach didaktischen Lehr- und Lernmedien, die andere Personen, die man nicht kennt, produziert haben. Diesen wird man in der Regel weniger vertrauen als den Kolleginnen oder Verlagen. Dann gibt es noch eine Fülle von Material, das inhaltlich sehr gut passt, das aber nicht mit didaktischer Intention produziert wurde. Vor der Digitalisierung fand man solche Texte z.B. in der Bibliothek, am Zeitungskiosk oder im Radio, seither erreicht man sie durch den Zugriff im Internet, unabhängig davon, wo man selbst sich gerade befindet. Diesen Vorteil der Digitalisierung sollte man nicht unterschätzen: Wer vor der Digitalisierung zwölf Flugstunden vom deutschsprachigen Raum entfernt Deutsch unterrichtete, musste meistens mehr als einen Tag warten, um einen Text aus einer deutschsprachigen Zeitung zu einem aktuellen Ereignis wie z. B. der Bundestagswahl zu bekommen. Heute kann man sich die Berichterstattung vielleicht sogar live im Klassenzimmer anschauen oder einen Ausschnitt aus ihr mit in den Unterricht nehmen.

ohne didaktische Intention erstelltes Material

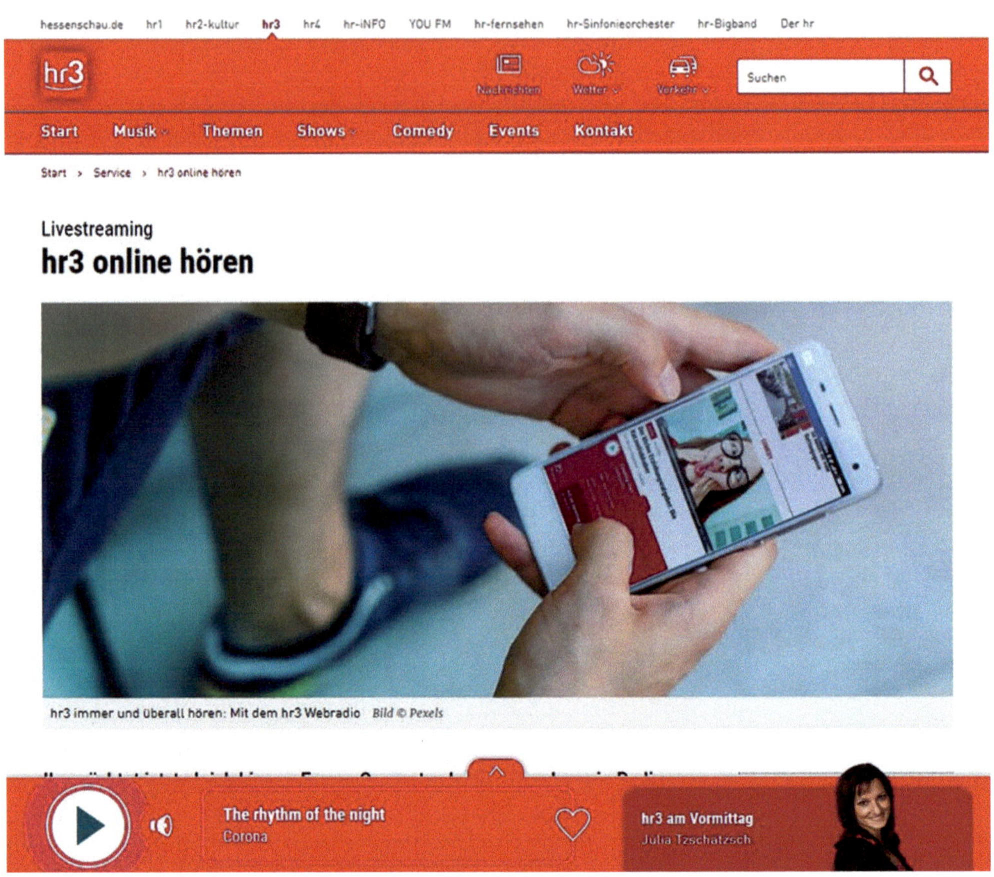

hr3 immer und überall hören: Mit dem hr3 Webradio *Bild © Pexels*

(www.hr3.de/service/hr3-online-hoeren,webradio-100.html)

Quellen wie das hier abgebildete Online-Radio gehören eindeutig zu den Materialien, die nicht mit didaktischer Absicht produziert worden sind. Wenn man davon ausgeht, dass es eine Vielzahl solcher Texte gibt, die im Unterricht eingesetzt werden könnten, dann stellt sich die Frage, wie man sie findet und wie man die geeigneten auswählt. Darum geht es in diesem Teilkapitel. Mit dem Suchen und Finden ist es natürlich nicht getan, man muss die Texte dann auch noch für den Einsatz im Unterricht aufbereiten. Damit werden wir uns in Teilkapitel 3.4 befassen.
Das Fehlen aktueller Informationen über den deutschsprachigen Raum ist häufig ein Grund dafür, dass sich Lehrkräfte auf die Suche nach zusätzlichen nicht-didaktisierten

Lehr- und Lernmedien begeben. Diese Situation möchten wir deshalb als Ausgangspunkt für die Beschäftigung mit dem Suchen nach und dem Finden von zusätzlichen Texten nehmen. Dabei ist klar: Texte werden natürlich nicht nur für die Behandlung eines Gegenstandes aus dem Bereich der Kultur-/Landeskunde im Unterricht eingesetzt. Bei der Arbeit mit Texten geht es immer auch implizit oder explizit um die Förderung der verschiedenen Fertigkeiten, um den Wortschatzerwerb oder auch um die Vermittlung von grammatischen Strukturen.

landes-/kulturkundliche Lehr- und Lernmedien suchen und finden

Ihr Lehrwerk wird meistens schon landeskundliche Inhalte liefern. Aber vielleicht möchten Sie Themen ändern, erweitern, aktualisieren oder auf Ihre Lerngruppe zuschneiden. Wo finden Sie dann ergänzende nicht-didaktisierte Texte zur Landeskunde, die für Ihre Lernenden geeignet sind? Wie sind Sie bisher dabei vorgegangen?

Aufgabe 28

Wie und wo können Sie landes-/kulturkundliche Lehr- und Lernmedien finden?

a) Ergänzen Sie das Assoziogramm.

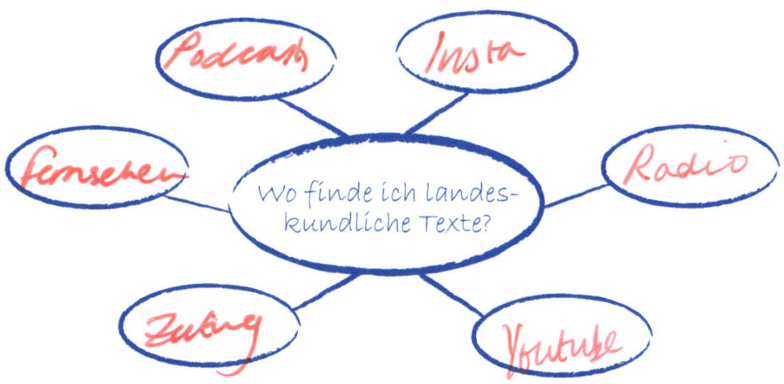

b) Stellen Sie Ihren Kolleginnen und Kollegen Ihre Ideen vor.

landeskundliche Texte selber sammeln

Selbstverständlich gibt es verschiedene Möglichkeiten, ergänzende landeskundliche Texte zu finden. Wichtige Quellen sind Videos auf *YouTube* oder *Instagram*, Radio und Fernsehen oder Zeitungen, die Sie entweder im Internet finden oder die an Ihrer Institution in einer Papierversion vorhanden sind. Diese lesen Sie vielleicht, um sich über aktuelle Entwicklungen im deutschsprachigen Raum zu informieren. Dabei finden Sie eventuell geeignete Texte für Ihre Lernenden und kopieren die entsprechenden Artikel, Bilder, Werbeanzeigen usw. Vielleicht sind Sie auch ab und zu in den deutschsprachigen Ländern und bringen von dort nicht-didaktisierte Texte mit. Oder Sie nehmen bei solchen Gelegenheiten selbst Audio- oder Videomaterialien auf und machen Fotos, die Sie dann in Ihrem Unterricht einsetzen. Wenn Sie gefundene Texte in den Unterricht mitnehmen, müssen Sie das Urheberrecht beachten.

Urheberrecht beachten

Beim Adaptieren und auch beim Didaktisieren muss man aufpassen, dass man das jeweils gültige Urheberrecht beachtet. Informieren Sie sich also darüber, was an Ihrem Unterrichtsort für Ihre Institution das jeweils geltende Recht ist. An Schulen in Deutschland ist es zurzeit so, dass Printmedien in Klassenstärke für den Unterricht fotokopiert werden dürfen, wobei von einem Text bis zu 15 Prozent kopiert werden dürfen. Genauere Informationen über die Situation in Deutschland finden Sie unter: www.urheberrecht.de/schule/

Lernziele für die Arbeit mit dem Text

Für das Finden und die Auswahl von nicht-didaktisierten Lehr- und Lernmedien ist es wichtig, sich vorab klarzumachen, welche Lernziele mit einem Text erreicht werden sollen. Auch bei landeskundlichen nicht-didaktisierten Lehr- und Lernmedien kann es um sprachliche Lernziele gehen, wenn Sie bei Ihren Lernenden z.B. einen bestimmten Wortschatz aus den Bereichen Politik, Geschichte oder Kultur aktivieren wollen. Meist aber werden andere Lernziele im Vordergrund stehen. Diese können ganz unterschiedlich sein: So möchten Sie vielleicht Informationen über Deutschland und über die deutsche Kultur vermitteln oder aber für interkulturelle Unterschiede sensibilisieren.

Auswahl von Texten

Kriterien

Bei den Texten, die Sie finden, werden Sie überlegen, ob sie sprachlich geeignet wären und ob sich Ihre Lernenden dafür interessieren würden. Es ist deshalb wichtig, Texte nach bestimmten Kriterien abzuklopfen, um zu prüfen, ob sie für Ihre Zielgruppe tatsächlich passend sind. Die zwei zentralen Kriterien, die Sie im zweiten Kapitel im Zusammenhang mit der Auswahl von Lehrwerken behandelt haben, gelten ebenso für authentische Texte, die Sie in den Unterricht einführen möchten:

Der Text muss
- zum Sprachniveau der Lernenden und ihren Vorkenntnissen passen (siehe Teilkapitel 2.3),
- zu den Interessen der Zielgruppe passen (siehe Teilkapitel 2.4).

Texte aus dem Internet

Die unendliche Fülle an Material im Internet mag manche von Ihnen eher abschrecken als motivieren, hier nach geeignetem Material für die Lernenden zu suchen. Unser Tipp: Nutzen Sie so genannte Internetportale oder Link-Sammlungen für Deutsch als Fremdsprache als Einstieg in den Internet-Dschungel. Neben diesen schon länger existierenden und stabilen Angeboten gibt es auch Angebote von Privatpersonen, die jüngeren Datums sind, von denen man leider nicht immer genau weiß, wie lange sie existieren werden und welche Qualität sie haben.

Folgende Portale und Link-Sammlungen bieten systematisierte Überblicke über im Netz verfügbare Lehr- und Lernmedien für den Unterricht oder zumindest eine ganze Reihe von qualitativ hochwertigen Materialien. Neben Hinweisen auf geschriebene Texte finden sich bei vielen Angeboten auch Tipps zu Audio- und Videotexten (Hinweise auf Portale, in denen es nur um Audio- und Videotexte geht, finden Sie in Kapitel 5.2.4):

www.

- Ein Portal mit einem systematischen Zugriff auf zahlreiche Materialien ist das Angebot, das das Institut für Internationale Kommunikation e.V. in Zusammenarbeit mit der Heinrich-Heine Universität Düsseldorf anbietet: www.deutsch-als-fremdsprache.de
- Das Goethe-Institut bietet auf seiner Webseite unter dem Menüpunkt *Kostenlos Deutsch lernen* eine Vielzahl von Materialien und Übungen an: www.goethe.de/de/spr/ueb.html
- Die Deutsche Welle bietet neben allgemeinen Informationen, die das Verständnis des deutschsprachigen Raums fördern sollen, ein vielfältiges Angebot zum Deutschlernen wie auch zu aktuellen Ereignissen: www.dw.com/de/themen/deutschland-verstehen/s-12019

Texte für Kinder

Wenn man auf der Suche nach nicht-didaktisierten Texten für Kinder ist (oder diese selber recherchieren lassen will), kann es hilfreich sein, gezielt mit einer Suchmaschine für Kinder zu arbeiten.

www.

Beispiele dafür sind:
www.blinde-kuh.de
www.fragfinn.de
www.helles-koepfchen.de

Literatur zum Weiterlesen

Mehr Informationen zu den Besonderheiten des Deutschlernens von Kindern finden Sie in der Einheit 8 von *Deutsch Lehren Lernen*: *DaF für Kinder* (Lundquist-Mog/Widlok 2015).

In der folgenden Aufgabe bitten wir Sie, drei konkrete Recherchen vorzunehmen und anschließend Ihre Erfahrungen und Recherchetechniken zu reflektieren. Die drei Recherchen unterscheiden sich durch ihren landeskundlichen Fokus. Jede Recherche passt zu einem der drei großen landeskundlichen Ansätze, die lange die didaktische Diskussion bestimmt haben und die hier noch einmal in Kurzform vorgestellt werden.

faktische Landeskunde

Im Fremdsprachenunterricht dominierte bis in die 1970er-Jahre der Ansatz der sogenannten faktischen Landeskunde. Bei diesem Ansatz steht die Vermittlung von Informationen (Fakten, Daten, Zahlen) im Mittelpunkt. Diese Informationen beziehen sich auf ganz unterschiedliche Bereiche: auf Geschichte, Wirtschaft, Geografie, Politik, aber auch auf bestimmte kulturelle Phänomene wie Sitten und Gebräuche. In den landeskundlichen Texten tauchen häufig Tabellen, Statistiken und Schaubilder auf. Fotos sollen die deutsche Wirklichkeit angemessen repräsentieren. Dieser Ansatz spielt natürlich auch heute noch eine Rolle im Fremdsprachenunterricht. Er repräsentiert aber schon lange nicht mehr die einzige Sicht auf landeskundliche Gegenstände.

kommunikative Landeskunde

Etwa ab Ende der 1970er-Jahre setzte sich die kommunikative Landeskunde durch. Dieser Landeskundeansatz orientiert sich am übergeordneten Ziel der kommunikativen Kompetenz, das heißt, „das Gelingen sprachlicher Handlungen soll ebenso gefördert werden wie das Verstehen alltagskultureller Phänomene" (Biechele/Padrós 2003, S. 43). Damit kommen andere Textsorten ins Spiel: Diese entsprechen nun den kommunikativen Bedürfnissen der Lernenden und unterstützen sie dabei, sich im Alltag sprachlich angemessen verhalten zu können. Typische Textsorten einer kommunikativen Landeskunde sind z.B. Fahrpläne, Speisekarten, Stadtpläne, Anzeigen und Formulare.

interkulturelle Landeskunde

Der dritte Ansatz zur Vermittlung von Landeskunde ist der interkulturelle Ansatz. Er hat sich Ende der 1980er-Jahre entwickelt und stellt eine Erweiterung des kommunikativen Ansatzes dar. Das Ziel einer interkulturellen Landeskunde ist unter anderem, dass die Lernenden sich klar machen, dass ihre Wahrnehmung, ihr Denken und ihre Einstellungen durch ihre eigene Kultur geprägt sind. Sie lernen, dass ihr Blick auf die fremde Kultur dadurch beeinflusst wird und dass ihre Wahrnehmung niemals unvoreingenommen sein kann. Um diesen Prozess zu fördern, spielt zum Beispiel die Thematisierung von Vorurteilen eine wichtige Rolle.

Die Lernenden lernen darüber hinaus, Phänomene aus verschiedenen Perspektiven wahrzunehmen, sich in andere einzufühlen (empathisch zu sein) oder auch eine kritische Toleranz zu entwickeln. Auf diese Weise versucht der Ansatz, die Lernenden auf sprachliches Handeln in interkulturellen Situationen vorzubereiten und eine interkulturelle Kompetenz zu entwickeln. Zur Unterstützung werden häufig Texte eingesetzt, die Spielraum für Interpretationen lassen und die Lernenden emotional ansprechen.

Zusammenspiel der Ansätze

Je nach Zielsetzung werden Sie im Unterricht mal stärker nach dem einen, mal nach dem anderen landeskundlichen Ansatz arbeiten oder aber die drei oder andere Ansätze miteinander kombinieren. So kann es für eine interkulturell ausgerichtete Unterrichtseinheit manchmal notwendig sein, dass sich die Lernenden zunächst Fakten zu einem Thema erarbeiten. Ein Beispiel dafür werden Sie in Teilkapitel 3.4 sehen, wo es um eine Unterrichtseinheit zum Oktoberfest geht.

Aufgabe 29

Suchen und finden Sie landeskundliche Texte zu Ihrem Lehrwerk.

a) Suchen Sie aus Ihrem Lehrwerk drei Stellen heraus, an denen ein Lernziel
   - im Sinne der faktischen Landeskunde,
   - im Sinne der kommunikativen Landeskunde und
   - im Sinne der interkulturellen Landeskunde

   verfolgt wird, und bei denen es Ihnen sinnvoll erscheint, sie durch authentische Texte aus dem Internet zu ergänzen.

b) Notieren Sie die jeweiligen Lernziele, den Namen des Lehrwerks und die entsprechende Stelle, und beschreiben Sie, welche Art von Text Sie im Internet suchen:

Lernziel	Name des Lehrwerks und Stelle	gesuchter Text
faktische Landeskunde		
kommunikative Landeskunde		
interkulturelle Landeskunde		

c) Versuchen Sie dann über die oben aufgezählten Portale oder andere Einstiege geeignete Texte zu finden.

d) Tauschen Sie sich über Ihre Erfahrungen bei der Suche aus: Gibt es Vorgehensweisen, die sich dabei besonders bewährt haben? Gibt es Schwierigkeiten, die immer wieder aufgetreten sind und für die Sie vielleicht gemeinsam nach Lösungen suchen können?

Vielleicht haben Sie sich in Aufgabe 29 d) gegenseitig Tipps zur Suche mit einer Suchmaschine wie *Google* gegeben. Wir möchten Ihnen jetzt noch ein paar Möglichkeiten beschreiben, mit denen man eine Suche in einer Suchmaschine verfeinern und damit die Chancen, passende Texte zu finden, erhöhen kann. Die angegebenen Vorgehensweisen lassen sich in vielen Suchmaschinen nutzen; als Beispiel verwenden wir den Begriff Oktoberfest:

- +-Suche (Oktoberfest + 2013): Die Suchmaschine sucht nur nach Dokumenten, in denen die beiden Begriffe vorhanden sind (vor dem Pluszeichen muss eine Leerstelle sein).
- --Suche (Oktober -Fest): Das Minuszeichen schließt einen Suchbegriff aus.
- „"-Suche („Oktoberfest"): Die Anführungszeichen sorgen dafür, dass die Suchmaschine nach dem exakten Ausdruck sucht.
- OR-Suche (Oktoberfest München OR USA): Die Suchmaschine sucht nach Seiten, die entweder Wort A (München) oder Wort B (USA) enthalten.
- ...-Suche (Oktober...Fest...Jubiläum): Mit den drei Pünktchen zwischen den Worten werden die Begriffe in der vorgegebenen Reihenfolge gesucht.
- Dateityp-Suche (jpg Oktober Fest): Die Suchmaschine sucht jetzt nur in Dokumenten mit der Endung jpg und damit nach Bildern. Andere Dateitypen von Bildern sind z.B. gif, tif, raw, png oder bmp. Nach Audiomaterialien suchen Sie mit Dateitypen wie midi, wav, wma oder mp3, nach Videomaterialien mit Dateitypen wie avi, mov, mpeg, wmv oder flv.
- definiere-Suche (definiere Lernen): Zum Anzeigen einer Definition für ein Wort oder eine Wortgruppe geben Sie „definiere", gefolgt von einem Leerzeichen und dem entsprechenden Wort oder der Wortgruppe ein. Wenn Sie eine Liste unterschiedlicher Definitionen aus mehreren Online-Quellen erhalten möchten, geben Sie „definiere:" und ein Wort oder eine Wortgruppe ein. Beachten Sie, dass dabei als Ergebnis eine Definition der gesamten Wortgruppe angezeigt wird.

didaktisiert oder nicht-didaktisiert?

Durch die Digitalisierung finden sich vermehrt auch Quellen, bei denen eine Einschätzung, ob es sich um ein didaktisiertes Lehr- und Lernmedium handelt oder nicht, gar nicht so einfach ist.

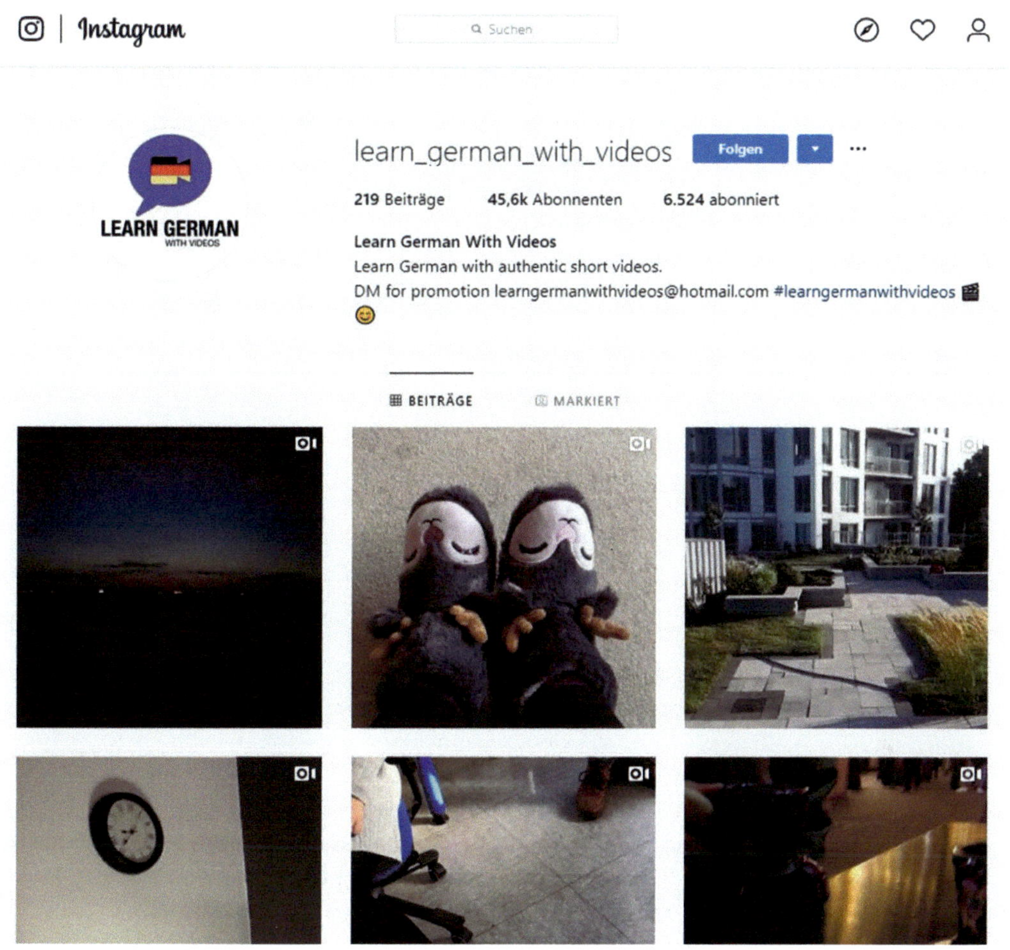

(www.instagram.com/learn_german_with_videos/)

Die Abbildung zeigt ein Programm, mit dem anscheinend Deutsch gelernt werden soll. So lautet schließlich der Titel: *Learn German with Videos*. Man findet viele interessante kurze Videos zu Alltagssituationen. Das klingt eindeutig: Es handelt sich um ein didaktisches Lehr- und Lernmedium, allerdings von einer Quelle, die man nicht kennt.
Im Unterschied zu Lehrmaterial, das Texte mit Aufgaben verbindet (siehe Teilkapitel 5.2.4), findet man hier jedoch keine Aufgaben. Stattdessen gibt es Verstehenshilfen: Man sieht nicht nur eine gefilmte Alltagssituation, man kann, wie die folgende Abbildung zeigt, auch gleich ein Transkript des gesprochenen Textes zuschalten und das sogar noch mit einer Übersetzung ins Englische. Das ist ein Vorgehen, das man in der klassischen Hörverstehensdidaktik nicht finden würde.

(www.instagram.com/p/Brs8-05ivKs/)

Unsere Vorstellungen von didaktisierten Lehr- und Lernmedien würden hier also zum einen Übungen oder Aufgaben in Verbindung mit diesem Material erwarten lassen, zum anderen auch eine Auseinandersetzung mit dem Inhalt. Zum Beispiel wird im Text ein für Deutschlernende interkulturell meist recht herausforderndes Thema angesprochen, das Thema Trinkgeld: „Zwölf Euro. Danke dir. Machen Sie dreizehn. Das ist lieb".
Diese Passage könnte einige interessante landes-/kulturkundliche Fragen aufwerfen: Da ist zunächst einmal die asymmetrische Anrede: Warum sagt einer der Sprecher *dir* und der andere *Sie*? Das hat man doch im Unterricht ganz anders gelernt. Und wenn man als Lernender aus einem Land kommt, wo Trinkgeld diskret auf dem Tisch liegen gelassen wird, dann ist die Übergabe des Trinkgelds in vielen Situationen in Deutschland eine spannende Herausforderung: Wenn die Rechnung 16,80 Euro lautet, rundet man dann auf 17, auf 18 oder auf 20 Euro auf? Und man muss einer Person direkt ins Gesicht sagen, wie viel einem ihr Service wert war. Diese direkte Interaktion ist nicht jedermanns Sache und in vielen anderen kulturellen Kontexten nicht üblich. Das Thema wäre also eine inhaltliche Aufgabe wert.
Aufgaben, egal ob sie sich auf den Inhalt oder die Form beziehen, gibt es hier aber trotz des *Learn German* im Titel nicht. Man findet die Dokumentation von authentischem Alltag, Verstehenshilfe durch ein Transkript und dessen Übersetzung sowie Rückmeldungen anderer Nutzender. Bei derartigen Texten ist es also, verglichen mit einem Text aus einem Lehrwerk oder einer Sendung im Radio, gar nicht so einfach, klar zuzuordnen, ob man es mit einem didaktischen Angebot zu tun hat oder nicht.

Für Lernende, die selbstständig im Netz surfen und mit Videos wie diesem oder wie *Deutsch lernen mit Ida* (siehe Teilkapitel 3.1.) ihr Deutsch verbessern möchten, ist es völlig egal, ob es sich um ein didaktisiertes oder nicht-didaktisiertes Lehr- und Lernmedium handelt. Wenn sie eigenständig darauf zugreifen und damit etwas anfangen können, dann ist es für sie eine Hilfe beim Deutschlernen.
Für Lehrkräfte gilt bei diesen Lehr- und Lernmedien das gleiche wie bei eindeutig nicht-didaktisierten: Sie müssen entscheiden, ob das Lehr- und Lernmedium zu ihren Lernenden, deren Sprachstand und deren inhaltlichen Interessen passt oder nicht. Und sie müssen es gegebenenfalls adaptieren oder didaktisieren.

wachsende Verantwortung der Lehrkräfte

Je mehr man als Lehrkraft Lehr- und Lernmedien verwendet, die nicht aus vertrauten Quellen stammen (Kollegium, Verlag, Bildungsinstitution oder eine Internetquelle, die man schon häufiger erfolgreich verwendet hat), desto mehr muss man selbst Einschätzungen treffen. Und desto mehr Kompetenzen, was die Analyse von Lehr- und Lernmedien betrifft, muss man entwickeln.

In Lehrwerken wird durch die Aufgabensteuerung häufig nahegelegt, was mit einem bestimmten Text gemacht werden soll: Dient er zum Training des Lesens, ist er die Textbasis für Arbeit an der Grammatik oder der Aussprache? Wird ein bestimmtes landeskundliches Phänomen darin erläutert, das ausführlicher besprochen werden soll? Manchmal ärgern Sie sich vielleicht über ein Lehrwerk, in dem ein interessanter Text nur dazu benutzt wird, Strategien für das Leseverstehen einzuüben. Dann können Sie den Text implizit adaptieren, indem Sie unabhängig von den zugehörigen Aufgaben über die Inhalte sprechen. Wenn aber Texte ganz ohne Aufgaben und Zuschreibung von Aktivitäten auskommen, muss die Lehrkraft komplett selbst entscheiden, was sie mit diesem Text anfangen möchte.

Zusammenfassung

Nicht-didaktisierte Lehr- und Lernmedien, die zur Ergänzung von Lehrwerken herangezogen werden, um dort bestimmte Lücken zu füllen, sind eine wichtige Ergänzung von Lehrwerken und Zusatzmaterialien. Bei diesen Lehr- und Lernmedien sind die Anforderungen an Lehrkräfte höher. Sie müssen die Qualität eines Lehr- und Lernmediums einschätzen und die didaktische Kompetenz haben, die notwendig ist, um es sinnvoll in den Unterricht einzubauen.

3.4 Didaktisierung von lehrwerkunabhängigen Lehr- und Lernmedien

Während es im vorangehenden Teilkapitel darum ging, wie man ergänzende nicht-didaktisierte Lehr- und Lernmedien finden kann, gehen wir nun der Frage nach, wie man als Lehrkraft mit nicht-didaktisierten Lehr- und Lernmedien im Unterricht umgehen kann. Das möchten wir Ihnen am Beispiel von (landes-/kulturkundlichen) schriftlichen Texten zeigen.

Am Ende des Teilkapitels
- ist Ihnen bewusst, was mit Didaktisierung eines Textes gemeint ist,
- wissen Sie, welche Überlegungen vor der Didaktisierung eines Textes wichtig sind,
- haben Sie eine Idee davon bekommen, wie Sie landes-/kulturkundliche Texte im Hinblick auf verschiedene Lernziele und auf Ihre Lerngruppe didaktisieren können.

Wahrscheinlich ist Ihnen der Begriff der Didaktisierung bereits häufiger begegnet, wir haben ihn bisher auch schon mehrfach verwendet. Gerade weil man diesen Begriff so häufig liest und vielleicht auch selbst benutzt, wollen wir Sie bitten, zunächst einmal zu überlegen, was man eigentlich damit meint.

Aufgabe 30

Was meint man eigentlich, wenn man von der Didaktisierung eines Textes spricht?
a) Definieren Sie den Begriff.

b) Wie kann man bei einer Didaktisierung vorgehen, die es den Lernenden ermöglichen soll, einem Text Informationen zu entnehmen? Notieren Sie einige Schritte, die Teil einer Didaktisierung eines landes-/kulturkundlichen Textes sein könnten.

Didaktisierungen von Texten können sehr unterschiedlich aussehen. Sie sind vor allem unterschiedlich umfangreich und komplex. Ausschlaggebend hierfür ist meist das Ziel, das man mit dem Einsatz des Textes erreichen möchte, aber z.B. auch die Frage, ob der Text sprachlich an das Niveau der Lernenden angepasst werden muss. Sinnvolle Schritte einer Didaktisierung werden wir Ihnen weiter unten darstellen.

adaptieren und didaktisieren

Diese beiden Aktivitäten sind nicht immer klar voneinander abzugrenzen. Didaktisierung ist der umfassendere Begriff, Adaptionen können in ihm erhalten sein, müssen es aber nicht. Bei der Adaption von kommerziellem Lehr- und Lernmedien, egal ob es sich dabei um Lehrwerke oder Zusatzmaterial handelt, geht es darum, dieses an die Lernenden anzupassen, wenn Lernmaterial und Lernaktivitäten nicht optimal zur Zielgruppe passen. Die unterschiedlichen Möglichkeiten der Adaption haben Sie in Teilkapitel 2.5 kennengelernt.
Eine Adaption eines Textes mit Blick auf die eigene Lerngruppe kann Teil des Didaktisierungsprozesses sein. Eine Didaktisierung wird aber häufig von einem neuen – außerhalb der Lehrwerkwelt gefundenen – Text ausgehen und diesen z.B. mit Aufgaben und/oder Arbeitsanweisungen versehen. Das Didaktisieren ist meist ein umfassenderer Prozess als die Adaption.

Aufwand

Eine gute Didaktisierung kostet Zeit: Lehrbuchautorinnen und -autoren sitzen meist sehr lange daran, einen Text in sinnvoller Weise didaktisch für eine bestimmte Zielgruppe und bestimmte Lernziele aufzubereiten. Sie haben diese Zeit nicht, wollen Ihren Lernenden aber trotzdem als Ergänzung zum Lehrwerk aktuelle Texte bieten? Bei der Didaktisierung von Texten Kompromisse einzugehen, ist völlig in Ordnung.

Beispiel: Vorüberlegungen

Lassen Sie uns nun eine Didaktisierung an einem konkreten Beispiel durchspielen. Stellen Sie sich vor, Sie behandeln im Unterricht gerade das Thema Sitten und Gebräuche und wollen mit Ihren Lernenden gerne das Oktoberfest intensiver bearbeiten. Eine interkulturelle Herangehensweise ist Ihnen dabei wichtig. Auf der Suche nach einem geeigneten Text für Ihre Lerngruppe (Jugendliche, Niveau B2) sind Sie auf den folgenden Text gestoßen und überlegen nun, ob und wie er sich im Unterricht einsetzen lässt.

O'zapft wird. Der Wies'n-Ticker o sehr viel Umgangssprache!

So ziemlich genau in 72 Stunden geht das 174. Oktoberfest los. Und es wird sein wie immer: Der ewige Oberbürgermeister wird anzapfen, der BR wird rund um die Uhr anstrengende Live-Berichte aus dem Bierzelt senden, die Italiener und Australier werden sich gegenseitig zu Promille-Höchstleistungen antreiben, die Nachrichtenspalten der Lokalteile werden um mittlere Körperverletzungen und kuriose Wies'n-Anekdoten bereichert, die Zelte werden jeden Tag noch früher wegen Überfüllung schließen und irgendein Lebensmittel (Ochsen, Türkischer Honig, Bier) wird darin wieder in Rekordmengen verzehrt werden. Über die Stadt wird sich ein sanfter Hauch von gebrannten Mandeln und Erbrochenem legen, die S-Bahnen werden zu fahrenden Müllkippen, die Straßenbahnen tragen kleine Fähnchen und jede Münchnerin und jeder Münchner wird bereitwillig über sein Verhältnis zur Wies'n Auskunft geben: Der eine geht gar nicht und hasst alles; dem nächsten ist es egal, er war zuletzt 1999 auf der Theresienwiese, als es noch Calypso gab; die dritte ist natürlich jedes Jahr mehrmals da und polstert sich schon das Dirndl aus; der vierte ist zugereist und will sich dieses Jahr mal vorsichtig an die Sache rantasten.

(nach www.goethe.de/z/jetzt/dejart75/dejart75.htm)

Wir wollen Ihnen zunächst kurz darlegen, wie Sie bei Ihrer Didaktisierung vorgehen könnten. Anschließend werden wir Ihnen zeigen, wie eine konkrete Didaktisierung des Textes aussehen könnte.

Zunächst machen Sie sich klar, welche Ziele Sie erreichen wollen. Dann können Sie einschätzen, ob sich das Lernziel, das Sie anstreben, mit dem Text überhaupt erreichen lässt. Erscheint Ihnen der Text nach dieser Einschätzung immer noch geeignet, dann beginnen Sie mit seiner Didaktisierung:

- Entscheidend für Ihr Vorgehen sind die konkreten Teillernziele, die Sie in der jeweiligen Lernsituation mit dem Text erreichen wollten. Sie legen diese deshalb fest.
- Danach schauen Sie sich den Text noch einmal gründlich an, analysieren den Wortschatz und die sprachlichen Strukturen und adaptieren den Text, wenn dies nötig ist.
- Als letztes entwickeln Sie Aufgaben, um das Textverstehen Ihrer Lernenden zu unterstützen und um ihnen beim Erreichen der vorgesehenen Lernziele zu helfen.

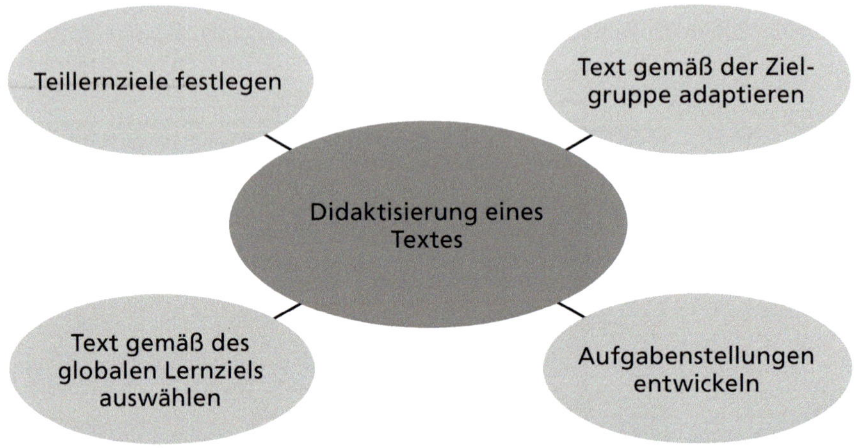

Beispiel: Teillernziele

Wie könnte eine Didaktisierung zum Thema Oktoberfest nun konkret aussehen?

Als globales Lernziel haben Sie festgelegt: Die Lernenden kennen die verschiedenen Facetten des Oktoberfests in Deutschland und in anderen Ländern.

Als Teillernziele haben Sie sich folgende überlegt:

- Die Lernenden sind sich über ihr Wissen zum Oktoberfest bewusst und kennen mehr Details zum Volksfest (z.B. typische Rituale).
- Die Lernenden erkennen den ironischen Stil des Textes und die Perspektive des Autors. Sie können beides an den Strukturen und Redemitteln festmachen (so verstehen sie z.B., welche besondere Rolle den Prognosen im Futur I im Text zukommt).
- Die Lernenden haben Wissen darüber, ob es auch in ihrem und anderen Ländern Oktoberfeste gibt und wie diese aussehen.
- Die Lernenden sind sich ihrer Einstellung zum Oktoberfest oder zu vergleichbaren Festen in ihrem Land bewusst.

Beispiel: genauer Blick auf den Text

Nachdem Sie sich die Teillernziele klar gemacht haben, prüfen Sie den Text genauer. Dabei hilft es, sich die Charakteristika der Textsorte zu verdeutlichen und den Text auf auffällige sprachliche Merkmale hin zu untersuchen. Sehen Sie sich den Wortschatz, die grammatischen Strukturen und den Stil des Textes an (wichtig ist hier z.B. die Ironie). Suchen Sie Wörter, die für Ihre Lernenden unbekannt sind, und überlegen Sie, wie Sie damit umgehen wollen. In unserem Text sind beispielsweise die Wörter *O'zapft* und *Wies'n* umgangssprachlich und gleichzeitig so markant, dass sie vor dem Bearbeiten des Textes am besten mit der Lerngruppe besprochen werden. Außerdem stehen sie hier für zwei zentrale Aspekte des Oktoberfests. Deshalb ist es wichtig, sie per Vorentlastung zu klären.

Beispiel: Entwicklung von Aufgaben

Nach diesen Vorüberlegungen können Sie mit der konkreten Aufgabengestaltung beginnen. Dabei sollten Sie Ihre Teillernziele im Auge behalten, aber auch die Lernaktivitäten und Strategien, die das Textverstehen unterstützen sollen. Die Arbeits- und Sozialformen sind natürlich auch wichtig. Sie können sich diese parallel überlegen oder aber nachträglich berücksichtigen, wenn das Gerüst für die Aufgaben steht. Wie mögliche Arbeitsanweisungen aussehen könnten, sehen Sie auf dem folgenden Arbeitsblatt. Sie beginnen mit den das Verstehen vorbereitenden und unterstützenden Aufgaben und enden mit einer weiterführenden Aufgabe.

1. Vorbereitende Aufgabe – Aktiviere dein Vorwissen!

a) Was siehst du auf dem Foto?

b) Was weißt du über
- den Ort, an dem dieses Fest stattfindet?
- die Zeit, zu der man es feiert?
- das Essen/Trinken?
- die Festkleidung?
- Sonstiges?

c) Was bedeuten „O´zapft wird" und „Wies´n" in der Überschrift?

d) Besprich dich mit deiner Lernpartnerin / deinem Lernpartner und tragt eure Ergebnisse in der Klasse zusammen.

2. Unterstützende Aufgabe – Überprüfe deine Hypothesen!
a) Lies den Text und notiere, was du zu den folgenden Punkten findest:
- Essen/Trinken:
- Transportmittel:
- Traditionen:
- Negative Auswirkungen:

b) Vergleiche deine Ergebnisse mit euren Notizen aus 1b).

3. Unterstützende Aufgabe – Lies im Detail!
Es gibt vier Typen von Wies'n-Besuchern. Beschreibe sie.
Typ 1:
Typ 2:
Typ 3:
Typ 4:

4. Unterstützende Aufgabe – Untersuche den Stil des Textes!
Der Autor hat eine ironische Haltung zum Thema eingenommen.
Woran erkennt man das? Unterstreiche im Text.

O'zapft wird. Der Wies'n-Ticker

So ziemlich genau in 72 Stunden geht das 174. Oktoberfest los. Und es wird sein wie immer: Der ewige Oberbürgermeister wird anzapfen, der BR wird rund um die Uhr anstrengende Live-Berichte aus dem Bierzelt senden, die Italiener und Australier werden sich gegenseitig zu Promille-Höchstleistungen antreiben, die Nachrichtenspalten der Lokalteile werden um mittlere Körperverletzungen und kuriose Wies'n-Anekdoten bereichert, die Zelte werden jeden Tag noch früher wegen Überfüllung schließen und irgendein Lebensmittel (Ochsen, Türkischer Honig, Bier) wird darin wieder in Rekordmengen verzehrt werden. Über die Stadt wird sich ein sanfter Hauch von gebrannten Mandeln und Erbrochenem legen, die S-Bahnen werden zu fahrenden Müllkippen, die Straßenbahnen tragen kleine Fähnchen und jede Münchnerin und jeder Münchner wird bereitwillig über sein Verhältnis zur Wies'n Auskunft geben: Der eine geht gar nicht und hasst alles; dem nächsten ist es egal, er war zuletzt 1999 auf der Theresienwiese, als es noch Calypso gab; die dritte ist natürlich jedes Jahr mehrmals da und polstert sich schon das Dirndl aus; der vierte ist zugereist und will sich dieses Jahr mal vorsichtig an die Sache rantasten.

5. Unterstützende Aufgabe – Erfasse die ganz spezielle Perspektive des Texts!
Der Autor sieht das Oktoberfest eher kritisch. Schreibt gemeinsam den Text so um, dass er zu einem positiven Bericht über das Oktoberfest wird.

6. Weiterführende Aufgabe – Wie feiert man in anderen Ländern das Oktoberfest?
a) Informiere dich über Oktoberfeste in deinem oder einem anderen Land. Nutze dazu das Internet.
b) Sieh dir die Fotos von Oktoberfesten in aller Welt an. Stelle Vermutungen auf, wo das jeweilige Foto aufgenommen wurde.
c) Verfasst in der Lerngruppe einen gemeinsamen Text über Oktoberfeste in der ganzen Welt.
d) Diskutiert in der Klasse, wie ihr solche exportierten Feste findet?

Besonders die letzte Teilaufgabe zeigt, wie verschiedene Landeskundeansätze kombiniert werden können. Teilaufgabe 6 b) und c) sind eher faktisch orientiert: Die Lernenden sollen Informationen über Oktoberfeste weltweit zusammentragen. Alle gesammelten Informationen könnten von der Lerngruppe dabei auf einem Plakat oder auch in einem gemeinsamen Wiki (siehe dazu Teilkapitel 4.4) zusammengefasst werden.
Schon bei der Betrachtung der weltweiten Oktoberfestfotos könnte man aber interkulturell arbeiten: So könnten diese Fotos nicht nur Menschen auf ausländischen Oktoberfesten zeigen, sondern auch ausländische Besucher auf dem Münchner Oktoberfest. Dies könnte man nutzen, um mit den Lernenden über Wahrnehmungsmuster und die Rolle von Erwartungen bei der Bildbetrachtung und -interpretation zu diskutieren. Teilaufgabe d) fordert die Lernenden schließlich explizit auf, sich ihre Haltungen zu Oktoberfesten im Ausland bewusst zu machen.

Um einen interkulturellen Lerneffekt zu verstärken, könnte man zudem Aufgaben erstellen, die zur Weiterarbeit mit den Textinhalten einladen: Man würde die Lernenden dazu anregen zu überlegen, wie sich das Oktoberfest verändert, wenn es in ein anderes Land exportiert wird. Dies sollte dazu führen, dass sie sich Gedanken machen, inwieweit sich in der Gestaltung der Feste bestimmte Stereotype über Deutschland zeigen oder auch typische Eigenheiten des jeweiligen Landes widerspiegeln. Eine Diskussion über den Export von Festen und die Rolle, die Vorurteile dabei spielen, könnte die Unterrichtseinheit abschließen.

bei der Didaktisierung adaptieren

Bei einer Didaktisierung, wie sie in diesem Beispiel durchgeführt wurde, bleibt der Ausgangstext unverändert, die Didaktisierung erfolgt durch unterschiedliche Arten von Aufgaben. Auch innerhalb einer Didaktisierung sind jedoch Adaptionen des Ausgangstextes möglich. Typische Schritte dafür sind die folgenden:

- Text kürzen (insgesamt oder gezielt hinsichtlich einzelner Informationen),
- Text sprachlich vereinfachen (Wortschatz, Syntax, Grammatikstrukturen usw.),
- Vokabeln vor dem Lesen vorentlasten oder Vokabelhilfen zum Text geben,
- Wörter, Sätze oder Abschnitte hervorheben,
- Bilder, Grafiken, Schaubilder zum Text suchen oder erstellen, die das Verständnis unterstützen,
- die Präsentationsform des Textes verändern, um einen einfacheren Zugang zu ermöglichen (z.B. Zeilen nummerieren),
- Zusatzinformationen zum Text liefern, die das Verständnis erleichtern (z.B. kulturelles Hintergrundwissen).

Wir möchten Sie zum Schluss dieses Teilkapitels einladen, selbst eine Didaktisierung zu erstellen und zu reflektieren. Dazu bieten wir Ihnen einen authentischen Text an, der sich auf der Webseite *Lernspaß für Kinder* befindet. Diese Webseite bietet ein multimediales Angebot für Kinder von 6–12 Jahren. Der Text soll für das Sprachniveau B1 didaktisiert werden. Sie können aber Ihren Didaktisierungsversuch auch gern mit einem Text durchführen, den Sie selbst gefunden haben und der besser zu den Merkmalen Ihrer Lernergruppe passt.

In der Nacht vom 31.Oktober zum 1. November wird es wieder „gruselig". Geister streifen durch die Straßen, Häuser sind schaurig geschmückt und überall leuchten Kürbisfratzen. Aber warum feiern wir überhaupt Halloween und wieso verkleiden wir uns so gruselig? Und was hat es mit den Kürbisfratzen auf sich?

Der Name stammt von dem katholischen „Allerheiligen" Fest ab. Dieses wird seit vielen Jahren am 1. November gefeiert. Im Englischen heißt das Fest „All Hallows" und der Abend davor, also der 31. Oktober, „All Hallows Evening". Die Abkürzung hierfür ist Halloween.

In den USA ist Halloween sehr beliebt. Sowohl Kinder als auch Erwachsene verkleiden sich, ziehen von Tür zu Tür, um Süßigkeiten zu bekommen oder Streiche zu spielen. In Amerika heißt dieser Brauch „Trick or Treat". Hier in Deutschland sagen die Kinder zum Beispiel „Süßes, sonst gibt´s Saures". Haben die Hausbewohner keine Süßigkeiten zur Hand, kann es passieren, dass die Kinder ihnen kleine Streiche spielen. Die Häuser werden besonders in den USA sehr aufwendig und „gruselig" geschmückt und überall sieht man schaurig leuchtende Kürbisse.

Das Fest stammt ursprünglich aus Europa und nicht aus den USA, wie viele glauben. Vermutlich hat es seinen Ursprung in dem von den Kelten gefeierten „Samhain" Fest. Die Feier steht für das Ende des Sommers und den Anfang des Winters - der dunklen Jahreszeit. Die Kelten, welche vor vielen Jahrhunderten unter anderem in Irland und Schottland lebten, glaubten, dass in dieser Zeit die Geister der Verstorbenen und andere überirdische Wesen unsere Welt besuchen.
Da sie fürchteten, dass der Tod in dieser Nacht besonders nahe war, verkleideten sich die Kelten so gruselig wie möglich, damit er denkt, sie wären bereits gestorben. So wollten sie ihn überlisten, damit er sie nicht mit sich nahm. Angeblich haben die Menschen auch kleine Gaben vor ihre Häuser gelegt, um die Geister, die in dieser Nacht zu „Besuch" waren, zu besänftigen.

Einer der beliebtesten Bräuche zu Halloween ist es, eine Jack-O Laterne zu basteln. So nennt man die ausgehöhlten und mit gruseligen Grimassen verzierten Kürbisse. Jack O war einer irischen Sage zufolge ein gemeiner Schuft. Als der Teufel sich Jack O holen wollte, überlistet dieser ihn, um sich ewiges Leben zu erschwindeln. Je älter Jack jedoch wurde, desto sehnlicher wünschte er sich, die ewige Ruhe zu finden. Doch sowohl das Paradies als auch die Hölle wollte ihn wegen seiner Taten nicht aufnehmen. Der Teufel gab ihm ein Stück glühende Kohle aus dem Höllenfeuer mit auf den Weg. Dieses legte Jack in eine ausgehöhlte Rübe. Mit der Rüben-Laterne wanderte Jack fortan durch die Finsternis. Heute werden anstatt Rüben große Kürbisse verwendet. Die leuchtenden Kürbisfratzen sollen die bösen Geister vertreiben und sehen deshalb so gruselig aus.

(www.lernspass-fuer-kinder.de/aktuell/halloween)

Aufgabe 31

Lesen Sie den Text der Webseite *Lernspaß für Kinder* und überlegen Sie, wie er sich didaktisieren lässt. Orientieren Sie sich dabei an der Didaktisierung aus diesem Teilkapitel.

a) Fertigen Sie ein Arbeitsblatt nach dem Beispiel der Didaktisierung zum Text *O´Zapft wird* an.

b) Tauschen Sie Ihre Didaktisierung mit denen Ihrer Kolleginnen und Kollegen aus und inspirieren Sie sich gegenseitig.

Zusammenfassung

Nicht-didaktisierte Texte, die man einsetzen will, muss man in der Regel didaktisieren, um sie für die eigene Lerngruppe nutzbar zu machen. In diesem Kapitel haben wir Ihnen konkrete Anhaltspunkte dafür gegeben, wie Sie Texte selbst didaktisieren können.

3.5 Produzieren von lehrwerkunabhängigen Lehr- und Lernmedien

Am Ende des Teilkapitels
- wissen Sie, welche Überlegungen vor der Neuproduktion eines Textes wichtig sind,
- haben Sie eine Idee davon bekommen, was es für Sie bedeutet, Texte für Ihre Lernenden selbst zu produzieren.

In den beiden vorherigen Kapiteln waren Sie bereits produktiv tätig. Beim Adaptieren haben Sie eventuell stärker wie ein Redakteur gearbeitet, Sie haben im Detail Veränderungen an vorliegenden Texten vorgenommen, Aufgaben gestrichen, verändert oder neue hinzugefügt, und Sie haben sich vor allen Dingen Gedanken darüber gemacht, wie Sie dafür sorgen können, dass bereits vorhandene didaktisierte Lehr- und Lernmedien besser zu Ihrer Gruppe von Deutschlernenden passen. Beim Didaktisieren werden Sie meistens einen Text genommen haben, der ohne didaktische Intentionen geschrieben wurde, und Sie werden ihn durch Aufgaben, zusätzliche Texte, Vorentlastungen usw. zu einem Text gemacht haben, der besser zu Ihrer Zielgruppe passt.

Wenn wir dieses Kapitel nun trotzdem mit einem Teilkapitel zum Produzieren beenden, dann deshalb, weil hier umfassendere Aktivitäten behandelt werden: Sie gehen nicht mehr von etwas aus, was Sie gefunden haben und was mehr oder weniger gut zu Ihren konkreten Lernzielen und Lernenden passt, Sie fangen im Hinblick auf die Lehr- und Lernmedien eventuell bei null an.

Lernzielbestimmung

Die Fragen, die Sie sich zu Beginn stellen, sind dieselben wie die, die Sie sich stellen sollten, bevor Sie mit einer Didaktisierung beginnen. In Teilkapitel 3.4 hieß es zur Didaktisierung von schriftlichen Texten:
- Entscheidend für Ihr Vorgehen sind die konkreten Teillernziele, die Sie in der jeweiligen Lernsituation mit dem Text erreichen wollen. Sie legen diese deshalb fest.
- Danach schauen Sie sich den Text noch einmal gründlich an, analysieren den Wortschatz und die sprachlichen Strukturen und adaptieren den Text, wenn dies nötig ist.
- Als letztes entwickeln Sie Aufgaben, um das Textverstehen Ihrer Lernenden zu unterstützen und um ihnen beim Erreichen der vorgesehenen Lernziele zu helfen.

Der erste Schritt bleibt gleich, die Festlegung der Lernziele, die Ihr Vorgehen leiten. Beim zweiten Schritt gibt es keinen Text, den man sich noch einmal gründlich anschauen kann, man will ihn ja selbst produzieren. Aber der zweite Teil des zweiten Schritts bleibt wichtig: Man muss sich Gedanken darüber machen, mit was für Einschränkungen man im Bereich Wortschatz und Strukturen arbeiten muss. Dies bedeutet nicht, dass man nur auf Bekanntes zurückgreifen darf, man muss sich nur im Klaren darüber sein, was es bedeutet, wenn man Unbekanntes verwendet. Wenn für das Verstehen des neuen Textes bestimmte unbekannte Wörter besonders wichtig sind, wie am Beispiel des Textes zum Oktoberfest *O'zapft* und *Wies'n*, dann muss man dafür sorgen, dass diese so eingeführt werden, dass das Verstehen des Textes nicht ver- oder behindert wird. Auch der dritte Schritt bleibt gleich, allerdings ist er nicht mehr so zwingend der letzte Schritt wie bei der Didaktisierung. Bei der Didaktisierung können die Aufgaben erst im dritten Schritt erfolgen, weil der Text ja bereits vorhanden ist. Beim Produzieren ist dies auch meist eine gute Reihenfolge, aber man sollte sich durch sie nicht in seiner Kreativität behindern lassen: eine gute Seite im Lehrwerk und selbst erstelltes Lehrmaterial können auch dadurch entstehen, dass jemand eine tolle kooperative Aufgabe zu einem bestimmten Thema im Kopf hat und dann erst die passenden Texte dazu produziert.

Wichtig ist, dass man bei Abfolgen von Übungen und Aufgaben das Prinzip der Rückwärtsplanung nicht aus den Augen verliert: Was ist die Zielaufgabe? Welche Übungen und Aufgaben müssen vor ihr vorkommen, damit die Lernenden die Zielaufgabe meistern können?

Literatur zum Weiterlesen

Mehr Informationen zur Bedeutung von Zielaufgaben finden Sie in der Einheit 1 von *Deutsch Lehren Lernen: Lehrkompetenz und Unterrichtsgestaltung* (Schart / Legutke 2013).

hoher Aufwand

Was sich gegenüber dem Adaptieren und Didaktisieren ändert, ist zumeist der Aufwand: Wenn Sie der Auffassung sind, dass tatsächlich ein völlig neues Lehr- und Lernmedium erforderlich ist, für das es keine Vorlagen gibt, die man adaptieren oder didaktisieren kann, dann ist die Herausforderung für Sie größer, der Arbeitsaufwand ebenso.

Und im Idealfall beschränkt sich der Aufwand nicht nur auf die Produktion dieses einen Textes: Texte in Lernprozessen haben Vorgänger. Und andere Texte, die Ihrem Text nachfolgen, profitieren von diesem. Zum Arbeitsaufwand sollte deshalb auch die Beschäftigung mit der Frage gehören, wie gut oder schlecht Ihr Text zu bisher gelernten Wörtern, Strukturen und Landeskundekenntnissen Ihrer Lernenden passt. Und andererseits werden Sie auch überlegen, wie dieser Text dazu beitragen kann, dass Texte, die im Lernprozess später folgen, gut verstanden und bearbeitet werden können. Das ist nicht nur eine Frage von Wortschatz, Strukturen usw. Es kann auch sein, dass Sie bestimmte neue Übungsformate oder ungewohnte Arbeitsformen einführen möchten, auf die Sie später gut zurückgreifen können.

Arbeitskapazität

Wann soll man neues Material produzieren? Diese Frage verlangt nach Antworten auf sehr unterschiedlichen Ebenen. Zum einen stellt sich die Frage nach vorhandener Arbeitskapazität. Hat man genug Zeit und Muße, sich auf die Produktion von neuem Material einzulassen? Würdigt die Institution, in der man arbeitet, dieses Engagement?

Fähigkeiten

Eine zweite Ebene bezieht sich auf die vorhandenen Fähigkeiten. Lehr- und Lernmedien zu produzieren ist eine komplexe Angelegenheit. Weniger, wenn es einfach nur um die Erstellung eines informativen Textes geht, aber wenn man Übungen und Aufgaben entwickelt und wenn man das Material in attraktiver Weise präsentieren möchte, ist die Frage nach den Fähigkeiten nicht mehr trivial. Hier gibt es bei Lehrkräften große Unterschiede, und es kann gut sein, dass man in Teamarbeit seine Fähigkeiten mit denen von Kolleginnen und Kollegen kombinieren muss, um die erwünschten Ergebnisse zu erzielen.

Gründe für Neuproduktionen

Die wichtigste Ebene ist natürlich die didaktische: Wann ist es sinnvoll, dass für eine bestimmte Gruppe von Lernenden an einem bestimmten Ort mit bestimmten Lernzielen Material neu produziert wird? Ein Anlass für die Neuproduktion wird in manchen Fällen ein thematisches Unbehagen an vorliegenden Texten oder das Fehlen von Texten zu einem bestimmten aktuellen und lokalen Anlass sein. Genauso gut kann aber auch die fehlende Vielfalt von Arbeits- und Sozialformen in einem Lehrwerk dazu führen, dass man im Unterricht andere Aktivitäten sehen möchte, aber diese Aktivitäten woanders nur in Verbindung mit Themen findet, die nicht zur eigenen Lernergruppe passen. Auch dann bietet sich eine Neuproduktion an.

das Rad nicht neu erfinden

Wichtig ist, dass man nicht zu schnell in die Produktion einsteigt. Zu den positiven Aspekten der Digitalisierung gehört, dass die Suche nach Alternativen verglichen mit der Text- und Materialsituation vergangener Zeiten leichter geworden ist, und zwar sowohl bezogen auf die Suchvorgänge als auch auf das vorhandene Material. Wenn man also feststellt, dass einem Material fehlt und man selbst und die unmittelbaren Kolleginnen und Kollegen keine guten alternativen Materialien kennen, sollte man nicht gleich mit der Produktion beginnen, sondern noch einmal einen systematischen Suchlauf starten: Gibt es wirklich nichts, was man übernehmen, adaptieren oder didaktisieren könnte?

Falls Sie auch nach so einem Suchlauf nichts finden, können Sie wenigstens einigermaßen beruhigt sein, dass Sie nichts verdoppeln, sondern Ihre Arbeitskraft tatsächlich sinnvoll zur Erstellung von besserem Material für Ihre Lernergruppe einsetzen. Auch dann gilt aber immer noch die Warnung: Bitte die eigene Arbeitskraft nicht überschätzen – eine gut durchdachte kreativ gestaltete kleine Kombination aus einem Text und angemessenen Aufgaben ist besser als der Entwurf einer kompletten neuen Lektion, in der Lücken bleiben oder die vorwiegend aus der Wiederholung von Übungsformaten besteht. Die Leichtigkeit, mit der uns Autorenprogramme wie *LearningApps* oder *H5P* digital schnell Übungen erstellen lassen, verführt dazu, deren beschränktes Repertoire an Übungstypen zu häufig und zu wenig zielgerichtet zu verwenden (siehe hierzu auch Teilkapitel 4.3).

Wir möchten Sie nun bitten, das Produzieren in einer Aufgabe durchzuspielen. Es ist eine Variante der Aufgabe 23, nur diesmal etwas schwieriger, weil es um die Neuproduktion von Material geht.

Aufgabe 32

Nehmen Sie das Lehrwerk, mit dem Sie im Moment unterrichten. Welchen Teil einer Lektion würden Sie gern durch selbst produziertes Material ersetzen und warum?
Diese Fragen könnten Ihnen helfen, auf eine gute Idee zu kommen:
1. Sind die Themen und Inhalte der Lektion für Ihre Lernenden interessant?
2. Sprechen die Fotos und Abbildungen Ihre Lernenden an?
3. Sind die Lernaktivitäten so angelegt, dass Ihre Lernenden sie motiviert durchführen werden?

a) Machen Sie einen Vorschlag für eine alternative Fassung und beschreiben Sie, was sich vermutlich dadurch für Ihre Lernenden verändert.

b) Setzen Sie das produzierte Material im Unterricht ein und notieren Sie Ihre Erfahrungen.

c) Tauschen Sie sich mit Ihren Kolleginnen und Kollegen über Ihre Produkte und Erfahrungen aus.

Auch für diese Aufgabe gilt: Small is beautiful! Arbeiten Sie lieber mit einem kurzen Text und sorgfältig ausgearbeiteten Übungen/Aufgaben als mit langen Texten und Folgen von einförmigen Übungen und Aufgaben. Falls Ihnen diese Aufgabe Vergnügen bereitet hat: So etwa (wenn auch in einem etwas größeren Maßstab) könnte ein Praxiserkundungsprojekt aussehen (siehe Kapitel 7).

Wir haben in den Kapiteln 2 und 3 das Adaptieren von Lehrwerktexten und das Suchen, Didaktisieren und Produzieren von neuen Texten vor allem didaktisch und inhaltlich behandelt. Im jetzt folgenden Kapitel 4 möchten wir Ihnen einige Werkzeuge vorstellen, die Ihnen bei diesen Tätigkeiten helfen könnten.

Lassen Sie zuvor am Ende dieses 3. Kapitels Ihre Eindrücke Revue passieren:

Aufgabe 33

Beantworten Sie abschließend die folgenden Fragen.
1. Was war für Sie besonders interessant?

2. Welche Fragestellung/en würden Sie gern weiter bearbeiten?

4 Werkzeuge

In Teilkapitel 3.5 haben Sie sich kurz mit der Frage beschäftigt, wie Lehrende selbst Lehr- und Lernmedien herstellen können. Im letzten Teilkapitel von Kapitel 5 werden Sie sich dann damit auseinandersetzen, wie die Produktion von Texten durch Lernende im Unterricht gefördert werden kann. In Kapitel 3 und 5 werden diese Fragen vor allem didaktisch und inhaltlich thematisiert. In diesem Kapitel konzentrieren wir uns auf die vorwiegend technische Vorstellung von Werkzeugen, die sich für diese produzierenden Tätigkeiten von Lehrenden und Lernenden eignen. Die Auslagerung der stärker technischen Aspekte von Lehr- und Lernmedien in ein eigenes Kapitel dient der besseren Lesbarkeit der anderen Kapitel. Da die Beschäftigung mit den Werkzeugen vor allem in Zusammenhang mit didaktischen und inhaltlichen Fragen sinnvoll ist, enthält dieses Kapitel deutlich weniger Aufgaben als die anderen Kapitel dieser Einheit. Fragen zur Nutzung der Werkzeuge für den Deutschunterricht bearbeiten Sie also in den Kapiteln 3, 5 und 6 dieser Einheit. Um Ihnen die Orientierung zu erleichtern, erklären wir in der jeweiligen Zusammenfassung der folgenden Teilkapitel kurz, für welches andere Kapitel in diesem Band Sie die dargestellten Informationen brauchen.
Unter Werkzeugen verstehen wir inhaltsleere digitale Geräte oder Anwendungen; ein Werkzeug kann also sowohl ein Smartphone, ein Tablet oder ein interaktives Whiteboard sein oder ein Textverarbeitungsprogramm wie *Word*, eine Browser-Software zur Erstellung von Wikis, **Blogs** oder Podcasts oder eine App zur Erstellung von Online-Zeitschriften. Zu den Werkzeugen gehören zudem sogenannte Peripheriegeräte wie Drucker, Scanner, Dokumentenkameras, Aufnahmegeräte, Videokameras, Greenscreens usw.
Gerade bei den Apps, also einfachen, kleinen Programmen, die man auf mobilen Geräten wie Smartphones oder Tablets installieren kann, ist die Vielfalt so groß, dass es gar nicht möglich ist, einen systematischen Überblick über alle für das Deutschlernen einsetzbaren Apps zu geben. Wir werden deshalb nur kurz anreißen, welche Funktionen App-Werkzeuge für das Deutschlernen erfüllen können. Eine ausführliche Darstellung von zwei Apps findet sich auch in Einheit 9 von *Deutsch Lehren Lernen: Unterrichten mit digitalen Medien* (Brash/Pfeil 2017).
Bevor wir auf Apps eingehen, möchten wir zunächst auf die Geräte eingehen, auf denen Apps primär gebraucht werden, nämlich die mobilen Geräte. Dabei thematisieren wir auch das Prinzip BYOD, also den Einsatz von privaten Geräten im Unterricht. Wir werden zudem kurz die interaktiven Whiteboards bzw. interaktiven Panels vorstellen. Danach beschäftigen wir uns mit kooperativen Texteditoren, die neue Möglichkeiten für das kooperative Schreiben bieten, das wir in Teilkapitel 5.3 behandeln. Anschließend zeigen wir Anwendungen, mit denen audio- und videobasierte Texte produziert werden können.

4.1 Mobile Geräte für den Deutschunterricht

In vielen Ländern verfügen die Lernenden über mobile Geräte, die sie mit in den Unterricht bringen können. So können sie die Medienauswahl vergrößern (nach dem Prinzip BYOD = Bring Your Own Device). Zudem erlauben es die mobilen Geräte, das Lernen über den Unterrichtsraum hinaus zu erweitern. Es ergeben sich damit spannende Möglichkeiten für die Nutzung anderer Lernorte wie auch für die Gestaltung der Hausaufgaben. In diesem Teilkapitel wird es darum gehen, welche Hardware man als mobile Geräte bezeichnet und welche Herausforderungen die Nutzung privater Geräte an den Deutschunterricht stellt. Zudem gehen wir kurz darauf ein, welche Vorteile die technischen Möglichkeiten dieser Geräte für das Lernen innerhalb und außerhalb des Klassenraums bieten.

Wenn Sie dieses Teilkapitel gelesen haben,
- wissen Sie, was man unter mobilen Geräten versteht,
- kennen Sie das Prinzip BYOD,
- wissen Sie, wie man mobile Geräte für ein ortsunabhängiges Lernen nutzen kann.

Unter mobilen Geräten werden üblicherweise Smartphones, Tablets und zum Teil auch Notebooks gefasst – letztere allerdings nur, wenn sie einfach zu transportieren sind und deshalb eine mobile Nutzung erlauben. Darüber hinaus können auch mobile digitale Geräte wie Smartwatches oder portable elektronische Wörterbücher zu den mobilen Geräten gezählt werden.
Das Hauptcharakteristikum mobiler Geräte ist die Möglichkeit, sie (leicht) transportieren zu können. Andere technische Unterschiede zu den sogenannten Desktop-Rechnern oder sehr großen Laptops, wie z.B. die Rechnerleistung oder auch die Größe des Bildschirms, spielen immer weniger eine Rolle, da die kleinen Geräte immer leistungsstärker werden, Smartphones immer größere Displays erhalten und externe Tastaturen transportabler werden. Trotzdem sollte man bei der Auswahl der Lernaktivitäten bedenken, ob ein kleineres Display oder das Fehlen einer externen Tastatur die Bedienbarkeit der Anwendung beeinträchtigt: Kann man die Aufgabe auf dem Display noch gut lesen? Muss man viel eingeben und ist das ohne externe Tastatur sehr mühselig? Kann darunter die Motivation der Lernenden oder auch die Lerneffektivität spürbar leiden?
Mobile Geräte haben für den Deutschunterricht zwei große Vorteile: Sie ermöglichen die Umsetzung des Prinzips BYOD und sie erlauben ein ortsunabhängiges Lernen.

Bring Your Own Device

Unter dem Prinzip **BYOD** versteht man, dass die Lernenden ihre eigenen mobilen Geräte mit in den Unterricht bringen und – meist unter Anleitung der/des Lehrenden – zum Lernen nutzen. In den meisten Fällen wird von der Institution ein WLAN-Netz bereitgestellt, in dem die Geräte angemeldet werden können und einen Zugang zum Internet erhalten. Manche Institutionen machen auch Vorgaben, welche Geräte mitgebracht werden sollen (z.B. nur Android-Geräte) oder welche Anwendungen auf den Geräten installiert sein sollen (z.B. ein Office-Paket). Häufig ist aber beides freigestellt, was dazu führt, dass Lehrende ihren Unterricht so planen müssen, dass die Aktivitäten auf den unterschiedlichsten mobilen Geräten ausgeführt werden können.
BYOD hat viele Vorteile: Zum Teil kann so eine größere Medienvielfalt im Unterricht erreicht werden, weil z.B. zusätzlich zu den in der Institution vorhandenen Desktop-Rechnern oder Tablets auch noch die Smartphones der Lernenden einbezogen werden. Zum Teil kann durch BYOD ein mediengestütztes Lernen dort, wo zwar Lernende über technische Geräte verfügen, nicht aber die Institutionen, da in diesen kein oder zu wenig Geld für eine flächendeckende Ausstattung der Unterrichtsräume bzw. der Lernenden mit Computern vorhanden ist, überhaupt erst ermöglicht werden. Die Einbeziehung der digitalen Geräte der Lernenden erlaubt es dann, einen Unterricht medial anzureichern, auch wenn die institutionelle Infrastruktur nicht gegeben ist. Die Lernenden sind mit ihren eigenen Geräten meist gut vertraut, und es treten zum Teil weniger technische Probleme im Bereich der Bedienung der Geräte auf. Zudem können die eigenen Geräte der Lernenden auch für die Hausaufgabenarbeit eingesetzt werden.
Gleichzeitig muss man natürlich auf die Schwierigkeiten hinweisen, welche das Prinzip BYOD birgt: Es darf nicht dazu führen, dass Lernende im Unterricht benachteiligt werden, weil sie selbst keine oder weniger leistungsstarke Geräte mit in den Unterricht bringen können. BYOD darf also nicht als Freibrief für Institutionen oder die Politik genutzt werden, auf Investitionen in die digitale Ausstattung von Lernenden, Lehrenden und Klassenräumen zu verzichten. Schließlich entstehen immer wieder Probleme dadurch, dass bestimmte Anwendungen, die für das Deutschlernen sinnvoll erscheinen und die die Lehrkraft deshalb einsetzen will, auf den mobilen Geräten der Lernenden (aus unterschiedlichen Gründen) nicht laufen, dass ihre Anschaffung kostenpflichtig ist oder dass Lernende diese Anwendung nicht auf ihren eigenen Geräten installieren wollen oder können. Und letztendlich muss sich die/der Lehrende auf unterschiedlichste und womög-

lich auch unzuverlässig laufende Geräte der Lernenden einstellen, statt sich auf eine verlässliche Infrastruktur in der Institution stützen zu können.

ortsunabhängiges und situiertes Lernen

Der besondere Vorteil beim Einsatz von mobilen Geräten ist die Möglichkeit des zeit- und vor allem ortsunabhängigen Lernens. Damit wird auch ein situiertes Lernen möglich: Mobile Geräte können Lernende an Orten außerhalb des Klassenzimmers beim Lernen unterstützen, indem sie den Lernenden einen Zugang zu Informationen ermöglichen, die ihnen in der jeweiligen Situation weiterhelfen. Zum Beispiel kann man Lernende im Zielsprachenland für bestimmte Situationen – fürs Einkaufen, für Behördengänge, für Arztbesuche – mit Redemitteln versorgen, die sie auf dem Smartphone abrufen können. Lernende können aber auch in spezifischen Lernsituationen außerhalb des Klassenzimmers über das mobile Gerät eine Aufgabe gestellt bekommen, sie direkt bearbeiten und ihre Ergebnisse an die Lehrkraft zurückmelden (z.B. bei einem Besuch im Museum). Bei dem orts- und zum Teil auch zeitunabhängigen Lernen auf mobilen Geräten wird häufig mit Apps gearbeitet, auf die wir im Teilkapitel 4.3 eingehen.

Zusammenfassung

Die Nutzung mobiler Geräte eröffnet für den Deutschunterricht neue Möglichkeiten. Wenn Lernende ihre eigenen Geräte mit in den Unterricht bringen und dort zum Lernen nutzen (nach dem Prinzip BYOD), wird häufig ein mediengestütztes Lernen überhaupt erst ermöglicht. Andererseits bietet eine gut durchdachte und gepflegte digitale Infrastruktur an Institutionen für Lehrende und Lernende große Vorteile in Hinblick auf Stabilität, Verlässlichkeit und Standardisierung von Geräten und Programmen. Der Einsatz mobiler Geräte macht ein zeit- und vor allem ortsunabhängiges Lernen möglich; das Spektrum an Lernmöglichkeiten für ein situiertes Deutschlernen wird damit deutlich erhöht.
Die Informationen zu mobilen Geräten im Deutschunterricht brauchen Sie in Kapitel 6. Hier erläutern wir die didaktischen Möglichkeiten eines situierten Lernens mit mobilen Geräten.

4.2 Interaktive Tafeln

Interaktive Whiteboards und interaktive Panels (d.h. **interaktive Tafeln**) ersetzen an vielen Orten der Welt inzwischen die grünen und weißen Tafeln in den Klassenzimmern. Zum Teil werden sie auch zusätzlich zu diesen eingesetzt. Häufig stellen sie das einzige digitale Medium im Unterrichtsraum dar, können aber auch zusammen mit anderen digitalen Werkzeugen genutzt werden.

Wenn Sie dieses Teilkapitel gelesen haben,
- wissen Sie, was ein interaktives Whiteboard und ein interaktives Panel sind,
- wissen Sie, dass das Unterrichten mit interaktiven Tafeln keine fremdsprachendidaktische Methode an sich darstellt.

interaktives Whiteboard

Ein interaktives Whiteboard (im Folgenden IWB) ist eine große weiße Tafel mit einer berührungssensitiven, elektronischen Oberfläche, auf die mit einem Beamer der Bildschirm eines angeschlossenen Computers projiziert wird. An diesen Computer können andere Peripheriegeräte angeschlossen sein, wie z.B. ein Fotoapparat, eine Dokumentenkamera (mit der man Texte auf Papier auf dem IWB projizieren kann), Drucker, Scanner usw.
Auf einem IWB kann man im Klassenzimmer/Kursraum ohne großen Aufwand Lernmaterialien in Form von Texten, Bildern und Filmen zeigen und gemeinsam bearbeiten. Dies können Materialien sein,
- die Lehrende oder Lernende (z.B. auf einem Datenstick) mit in den Unterricht bringen,
- die aus dem **WWW** stammen,
- die im Klassenzimmer aufgenommen wurden,

- die die Lehrkraft mithilfe der boardeigenen Software vor dem Unterricht erstellt hat oder die Lernende während des Unterrichts gemeinsam erstellen. Die Software wird von fast allen IWB-Anbietern mitgeliefert.

Außerdem können diese Projektionen mithilfe eines speziellen elektronischen Stifts oder einfach mit dem Finger manipuliert oder beschriftet werden. Die veränderten Dokumente können wiederum auf dem Computer gespeichert werden und stehen somit auch später noch zur Verfügung.
Ein großer Vorteil der interaktiven Tafeln besteht darin, dass Tafelbilder vor dem Unterricht vorbereitet und im Verlauf des Unterrichts weiterbearbeitet werden können. Das Ergebnis kann an alle Lernenden elektronisch weiterverteilt und/oder zu einem späteren Zeitpunkt wiederverwendet oder weiterentwickelt werden. Für fast alle Lehrwerke gibt es inzwischen elektronische Fassungen und Zusatzmaterialien, die speziell für den Einsatz an einer interaktiven Tafel gedacht sind. Die elektronischen Lehrwerke beinhalten Verlinkungen zu Audio- und Videomaterialien und interaktive Übungen, die direkt am IWB bearbeitet werden können.

(www.hueber.de/einfach-digital/ikb)

interaktives Panel

Eine Weiterentwicklung der IWBs sind interaktive Panels, also tafelgroße Computerdisplays. Auch dabei handelt es sich – wie beim IWB – zunächst einmal nur um ein Präsentationswerkzeug, allerdings mit einer deutlich besseren Bildqualität. Durch einen integrierten (meist nicht besonders leistungsstarken) Rechner werden die interaktiven Panels zu einem übergroßen, berührungssensitiven Tablet, auf dem Anwendungen mit beschränkten Funktionen, d.h. vor allem Apps, genutzt werden können. Interaktive Panels sind intuitiver und einfacher zu bedienen als IWBs, allerdings in ihren Funktionen eingeschränkter (genauso wie es Tablets im Vergleich mit leistungsstarken Laptops oder Desktop-Rechnern sind). Schon die boardeigene Software zur Erstellung eigener Materialien für das interaktive Panel läuft auf den integrierten Rechnern häufig nicht und muss mit einem externen leistungsstärkeren Rechner betrieben werden. Dieser kann direkt am Panel angebracht sein oder wird mit einem HDMI-Kabel angeschlossen.
Viele Panel-Hersteller bieten eine App an (wie z.B. *ActiveCast* von Promethean), die es ermöglicht, Inhalte von weiteren externen Geräten (wie z.B. den Smartphones oder Tablets der Lernenden) auf dem interaktiven Panel anzuzeigen (d.h. zu spiegeln). Arbeitsergebnisse von Gruppenarbeitsphasen können so einfach für alle sichtbar gemacht und ein interaktiver Unterricht gefördert werden.

Wie auch am IWB können am interaktiven Panel die unterschiedlichsten Lehr- und Lernmedien genutzt und Peripheriegeräte angeschlossen werden. Die Zahl der gleichzeitig nutzbaren Berührungs- bzw. Eingabepunkte hat sich in den letzten Jahren kontinuierlich erhöht; sie liegt bei interaktiven Panels jetzt schon bei 20 Berührungspunkten, an denen das Panel gleichzeitig bedient werden kann. Theoretisch können also 20 Lernende gleichzeitig etwas in eine Aufgabe am interaktiven Panel eintragen.

Verstärken interaktive Tafeln einen lehrerzentrierten Unterricht?

In der Diskussion um den Einsatz von interaktiven Tafeln im Deutschunterricht ist zu Beginn immer wieder die Befürchtung geäußert worden, dass dieser zu einem didaktischen Rückschritt führe, nämlich zu einer Verstärkung der Lehrerzentrierung im Unterricht. Nur der/die Lehrende stehe am Board, präsentiere und verbringe dort viel Zeit mit den vielen neuen technischen Möglichkeiten. Das war wahrscheinlich zu Beginn des Aufkommens der IWBs tatsächlich häufig der Fall. Wie bei allen digitalen Geräten, so gilt für die interaktiven Tafeln aber, dass sie nicht als fremdsprachendidaktische Methode missverstanden werden dürfen. Sie sind erstmal nur eine Projektionsfläche. Auf dem angeschlossenen Computer, sei es ein interner leistungsschwacher oder ein leistungsstärkerer externer Rechner, können unterschiedliche Lehr- und Lernmedien eingesetzt und damit völlig unterschiedliche methodische Makro- oder Mikromethoden umgesetzt werden. Das war schon zu Zeiten der Kreidetafel so und das ist in Zeiten der interaktiven Tafeln nicht anders.

Zusammenfassung

IWBs und interaktive Panels sind interaktive Tafeln, die zum Teil die alten Kreidetafeln oder Whiteboards ersetzen. Sie dienen als Projektionsfläche für einen angeschlossenen Computer, auf dem sehr unterschiedliche Lehr- und Lernmedien laufen können. Ein besonderes Charakteristikum ist die berührungssensitive Oberfläche, die es möglich macht, die angezeigten Objekte mit dem Finger oder einem Stift zu manipulieren, die Änderungen abzuspeichern und die geänderten Objekte später erneut zu verwenden.
Die Informationen zu interaktiven Tafeln erleichtern Ihnen das Verständnis des Lehr- und Lernszenarios in Teilkapitel 6.1, in dem die Möglichkeiten von interaktiven Tafeln an einem Beispiel erläutert werden.

4.3 Apps und browserbasierte Anwendungen

Im deutschsprachigen Raum werden unter Apps Anwendungen verstanden, die vornehmlich auf mobilen Geräten genutzt werden und die nur geringe Rechnerkapazitäten benötigen, weil sie meist über eingeschränkte Funktionalitäten verfügen. Für die Nutzung vieler Apps muss das mobile Gerät einen Internetzugang haben. Zudem ist oft eine Registrierung der Nutzenden notwendig. Je nach Funktionalitäten der App fordert diese einen Zugriff auf andere Anwendungen des mobilen Geräts, wie z.B. das Mikrofon, die Kamera oder auch die Ortung des Geräts.
Auch bei Apps kann man zwischen solchen, die einen reinen Werkzeugcharakter haben, und solchen, die ein Lehr- und Lernmedium darstellen, unterscheiden. Verdeutlichen lässt sich dies gut am Beispiel der Vokabellern-Apps: Als App mit Werkzeugcharakter würde man solche verstehen, mit denen man Online-Karteikarten zum Lernen eines selbst bestimmten Wortschatzes erstellen kann (wie z.B. die App *Memorion*). Als Lehr- und Lernmedium würde man eine App verstehen, die dem Lernenden Online-Lernkarten zu einem vom Hersteller festgelegten Wortschatz präsentiert (der evtl. auch von den Lernenden erweitert werden kann, wie z.B. bei *Phase 6*). In diesem Kapitel beschäftigen wir uns nur mit Apps mit Werkzeugcharakter.
Neben den Apps gibt es noch die browserbasierten Anwendungen. Darunter versteht man Anwendungen, die über einen Browser bedient und nicht auf dem eigenen Gerät installiert werden müssen. Sie können damit sowohl auf mobilen Geräten als auch auf Desktop-Rechnern genutzt werden. In vielen App-Übersichten tauchen solche browserbasierten Anwendungen mit auf. Wir haben sie deshalb an dieser Stelle auch mit aufgenommen. Ein bekanntes Beispiel sind browserbasierte Anwendungen, mit denen man eine Wortwolke erstellen kann. Wenn wir sowohl von Apps als auch browserbasierten Anwendungen sprechen, nutzen wir nur den Begriff Anwendung.

Wenn Sie dieses Teilkapitel gelesen haben,
- wissen Sie, welche Aktivitäten im Deutschunterricht man durch Apps und browserbasierte Anwendungen mit Werkzeugcharakter unterstützen kann,
- kennen Sie aktuelle Beispiel-Anwendungen für die Unterstützung der jeweiligen Funktionen.

Im Folgenden geben wir Ihnen eine Übersicht über wichtige Aktivitäten, die man mit Anwendungen im Unterricht unterstützen kann. In der sich daran anschließenden Überblickstabelle finden Sie zudem zu jeder Funktion, die Anwendungen übernehmen können, mögliche Beispiel-Anwendungen. Da der Markt der Anwendungen dadurch gekennzeichnet ist, dass immer wieder welche verschwinden und gleichzeitig neue mit sehr ähnlichen Funktionalitäten auftauchen, sind die aufgeführten Werkzeuge wirklich nur als Beispiele zu verstehen. Bei Bedarf findet man in den App-Stores jederzeit auch ähnliche bzw. aktuelle Apps. Uns geht es mit dieser Übersicht vor allem darum, Ihnen ein Gefühl dafür zu vermitteln, welche Aktivitäten von Lernenden Sie durch Anwendungen unterstützen können.

Lerneraktivierung

Um zu Beginn einer neuen Unterrichtseinheit Vorwissen zu aktivieren, erste Überlegungen zu einem Thema anzustellen usw., bieten sich Anwendungen an, die das Sammeln und Kategorisieren von Informationen unterstützen.

- **Mindmap**-Anwendungen erlauben es, die gesammelten Assoziationen direkt systematisch zu ordnen.
- **Pinnwände** erlauben eine zunächst ungeordnete Sammlung, die anschließend durch das Verschieben der „angehefteten Zettel" in eine Ordnung gebracht werden kann.
- **Wortwolken** können für ein erstes Brainstormen zu einem Thema genutzt werden.

Eine weitere Form der Lerneraktivierung stellt die schnelle Abfrage von Rückmeldungen von Lernenden zu einem Thema dar (Beispiel: Wann haben Sie das letzte Mal einen Tag ohne Smartphone verbracht?). Dies kann jederzeit im Unterricht eingesetzt werden.

- Mittels **Umfrage**-Anwendungen können Rückmeldungen von Lernenden sehr einfach und schnell abgefragt werden und sind für alle unmittelbar sichtbar. Die Umfrageergebnisse sind zudem speicherbar und lassen sich damit auch zu einem späteren Zeitpunkt wiederverwerten.
- Auch **Wortwolken** eignen sich für die Darstellung von kurzen Rückmeldungen oder die Sammlung von Ergebnissen in sehr komprimierter Form. Häufig genannte Punkte können direkt sichtbar gemacht werden, da die Größe der Einträge bei einer Wortwolke steigt, wenn der Ausdruck mehrmals genannt wird.

Produktion und Präsentation von Ergebnissen

Die Sicherung und Speicherung von Ergebnissen im Deutschunterricht kann auf vielerlei Weise unterstützt werden.

- Eine ganze Reihe von Anwendungen ermöglicht das Verfassen schriftlicher Texte. Dazu gehören die kooperativen Texteditoren (auf die wir im Teilkapitel 4.4 eingehen), aber auch Anwendungen zum Gestalten von Comics, Online-Zeitungen oder auch ganzen E-Books.
- Die Lernenden können mit Anwendungen sehr einfach Fotocollagen, Audio-Texte oder Videos erstellen (auch als Erklärvideos, siehe hierzu genauer Teilkapitel 4.5), um ihre Arbeitsergebnisse zu präsentieren.
- Auch multimediale Texte wie z.B. Infografiken oder interaktive Plakate lassen sich mit Anwendungen leicht erstellen. Sie beinhalten neben den Informationen in Textform auch Animationen, Audiobeiträge oder Videos. Das folgende Beispiel zeigt einen sogenannten Glog, d.h. ein mit *Glogster* erstelltes interaktives Plakat mit eingefügten Animationen und Videos.

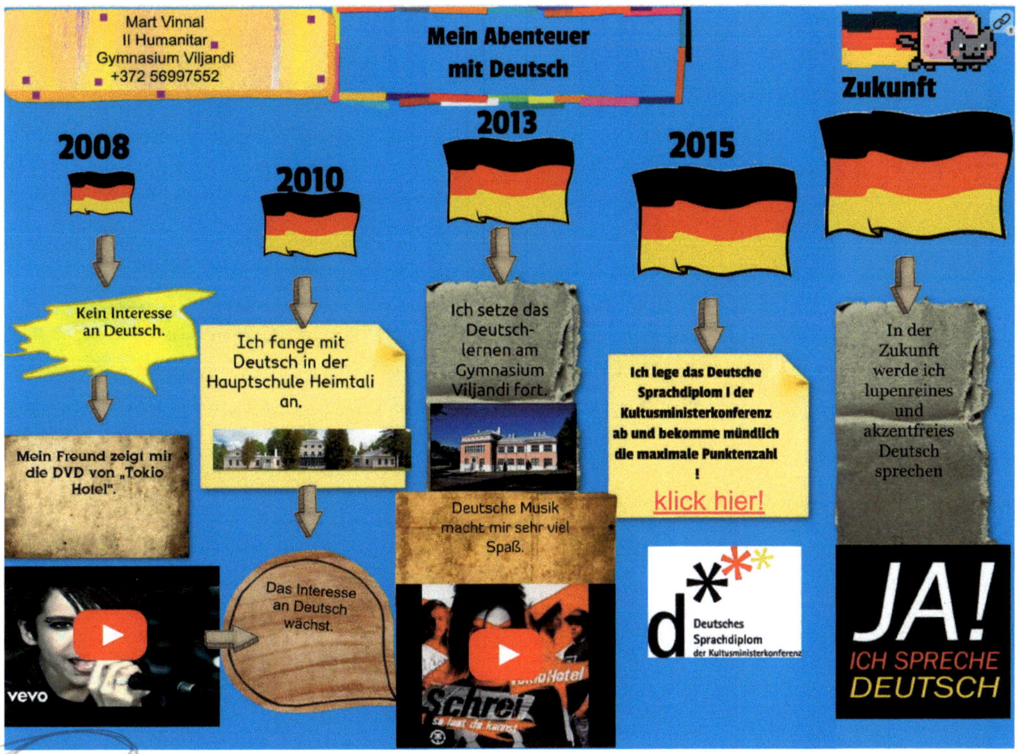

Mit Glogster erstelltes Poster eines Deutschlernenden (https://edu.glogster.com/glog/mein-deutsch/2c3fjm0unms?=glogpedia-source)

Augmented Reality Anwendungen

Auch Augmented-Reality-Produkte können multimedial gestaltet sein. Wie Sie in Kapitel 2 gesehen haben, versteht man unter Augmented Reality Zusatzinformationen, die sich ein Nutzender auf einem (meist) mobilen Gerät in einer spezifischen Situation (wie z.B. Redemittel für einen Besuch beim Arzt) anzeigen lassen kann. In der Welt außerhalb des Klassenzimmers lässt man sich mit diesen Anwendungen inzwischen Sternbilder erklären oder die Sehenswürdigkeiten einer unbekannten Stadt: Man öffnet die Anwendung, nimmt mit der Kamera des Smartphones den jeweiligen Ausschnitt des Sternenhimmels oder die Sehenswürdigkeit in den Fokus und erhält dann direkt Informationen zum fokussierten Ausschnitt angezeigt. Im Bereich DaF/DaZ kann zu inzwischen fast jedem Lehrwerk eine Augmented-Reality-App genutzt werden, über die die Audio- und Videotexte des Lehrwerks direkt abgespielt werden, wenn man das Trigger-Bild im Lehrwerk mit der App einscannt.

Die Produktion eigener Augmented-Reality-Anwendungen kann für Lernende eine spannende Möglichkeit sein, ihre Ergebnisse auf ungewöhnliche Art und Weise zu präsentieren und über die Nutzbarkeit von Augmented Reality nachzudenken.

Erstellung von Aufgaben und Übungen

Eine weitere Funktion, die Anwendungen für den Deutschunterricht übernehmen können, ist das Vereinfachen der Erstellung von Aufgaben und Übungen. Die meisten Anwendungen bieten dabei vor allem geschlossene Übungsformate an (Einsetzübungen, Zuordnungsübungen, Multiple Choice usw.). Und auch wenn viele inzwischen ebenfalls das Integrieren von Fotos, Audiotexten und Videos erlauben, sollte man sich bewusst sein, dass die Anwendungen damit nur einen Teil sinnvoller Übungs- und Aufgabenformate für den Deutschunterricht abdecken.

Wenn Sie solche Anwendungen nutzen, um zusätzliche, zielgruppenspezifische Aufgaben und Übungen zum Lehrwerkinhalt zu erstellen, sollten Sie darauf achten, sich durch die angebotenen Übungsformate nicht einschränken zu lassen. Auch für offene Aufgaben können Sie Anwendungen nutzen – allerdings gibt es hierfür deutlich weniger Angebote.

Ein Beispiel stellen Anwendungen dar, mit denen man Schnitzeljagden oder Führungen konzipieren kann. Bei Schnitzeljagden werden auf einer Landkarte Punkte festgelegt und mit Aufgaben verknüpft. Wenn der/die Lernende dann am jeweiligen Ort ankommt (was durch die Standorterfassung des mobilen Geräts ermittelt wird oder aber durch ein Einscannen des Objekts oder eines QR-Codes), wird die jeweilige Aufgabe angezeigt, eine wichtige Information gegeben und der nächste Anlaufpunkt genannt. Solche Schnitzeljagden bieten sich vor allem für die Gestaltung außerunterrichtlichen Lernens an. So kann man z.B. während eines Aufenthaltes im Zielland eine Schnitzeljagd ins örtliche Museum anbieten und dazu Aufgaben zu den Exponaten des Museums stellen. Viele Anwendungen arbeiten dabei mit Augmented-Reality-Elementen, sodass z.B. die Anwendung schon das Foto eines Exponats enthält. Beim Einscannen erscheinen die zu beantwortenden Fragen. Ihre Antworten können die Lernenden dann einsprechen und als Audio in der Schnitzeljagd speichern.

(https://actionbound.com)

In einem weiteren Sinne gehören auch Anwendungen, mit denen man Lernkarten erstellen kann, in diese Kategorie. Sie werden zwar vor allem für das Vokabellernen eingesetzt, können aber selbstverständlich auch für andere Übungen und Aufgaben von den Lernenden genutzt werden.

Kommunikation und Kooperation

Schließlich bieten sich für den Deutschunterricht noch Anwendungen an, mit denen die Kommunikation zwischen Lehrenden und Lernenden unterstützt werden kann. Zu der durchaus strittigen Anwendung *WhatsApp* existieren inzwischen Alternativen (wie z.B. *Signal*), bei denen sichergestellt ist, dass die Kommunikationsverläufe nicht von einem kommerziellen Anbieter gespeichert und für eigene Zwecke verwendet werden. Messenger-Apps können sowohl für Sprachlernzwecke, aber auch für vielfältige organisatorische Zwecke genutzt werden.
Für organisatorische Belange vor allem bei der kooperativen Zusammenarbeit eignen sich Anwendungen, mit denen gemeinsame To-Do-Listen erstellt und Dokumente geteilt werden können. Lernende können solche Werkzeuge aber auch zur Unterstützung ihres eigenen Lernens einsetzen – man fördert dann mit dem Einsatz dieser Werkzeuge im Deutschunterricht die Selbstlernkompetenz der Lernenden.

Eine Zusammenfassung der verschiedenen Möglichkeiten mit Angabe der geförderten Bereiche sowie Beispiele für Anwendungen (als App, browserbasiert oder in beiden Varianten verfügbar) zeigt die folgende Tabelle:

Apps und browserbasierte Anwendungen mit Werkzeugcharakter für den Deutschunterricht

Funktion: Erstellen von	geförderter Bereich im Deutschunterricht	Beispiel(e)
Mindmaps	alle	*MindMeister* (beides)
Pinnwänden	alle	*Padlet* (beides)

Funktion: Erstellen von	geförderter Bereich im Deutschunterricht	Beispiel(e)
Wortwolken	Wortschatz	wortwolken.com (browserbasiert)
Umfragen	Rückmeldungen abfragen, Ergebnisse analysieren und teilen	*SurveyMonkey* (App)
Infografiken, interaktiven Plakaten u.a.	Schreiben, Lesen, Präsentieren	*Pages, Bamboo Paper, Glogster* (Apps)
Fotocollagen	alle	*Popplet* (beides)
Audioaufnahmen	Hören, Sprechen	*SoundCloud* (beides), *Voki* (beides), *ChatterPix Kids* (App)
Filmen	Hören, Sprechen, Hör-Sehen	*Adobe Spark Video* (beides)
Erklärvideos	alle	*Explain Everything* (App)
E-Books	Lesen, Schreiben	*Book Creator* (beides)
Comics	Sprechen, Schreiben	*Comic Puppets, Pixton, Comic Maker* (beides)
Online-Zeitungen	Schreiben, Lesen	fodey.com (browserbasiert)
Augmented Reality	alle	*Metaverse* (beides)
Übungen und Aufgaben, auch mit direktem Feedback	alle	*Learning.apps, Kahoot, Socrative, BookWidgets* (beides)
Schnitzeljagden, Geocaches, Führungen	außerunterrichtliches Lernen, kooperatives Arbeiten	*Actionbound* (beides)
Flashcards / Vokabellern-Karten	Wortschatz	*Tinycards, Memorion* (beides)
Text-, Audio- und Video-Nachrichten	Kommunikation	*WhatsApp, Signal* (Apps)
To-Do-Listen	kooperatives Arbeiten, selbstgesteuertes Arbeiten	*Trello* (beides)

Es gibt einige gute Seiten im Internet, auf denen hilfreiche Apps für den Unterricht ausführlicher beschrieben werden. Dort finden Sie auch eine ganze Reihe der in der Tabelle aufgeführten Apps. Besuchen Sie diese Seiten immer mal wieder – bei gut gepflegten Seiten hat das den Vorteil, dass Sie dort auch Alternativen finden, falls eine der aufgeführten Beispiel-Apps nicht mehr existiert:

- Auf der Seite www.medien-in-die-schule.de/ gibt es unter *Werkzeugkasten* eine Übersicht über Apps, die für den Einsatz in Schule und Unterricht geeignet sind.
- Auf der Seite von www.klicksafe.de/paedagogen-bereich/ findet sich im Bereich für Pädagogen eine Seite zur Nutzung von Smartphone Apps im Unterricht, auf der Hinweise zur Nutzung von Smartphones in schulischen Kontexten und eine Übersicht über empfehlenswerte Apps gegeben werden.
- Das Goethe-Institut bietet in der Datenbank *Digitale Unterrichtsgestaltung* eine Aufgabentypologie und fertige Unterrichtssequenzen zum Einsatz der digitalen Medien im Sprachunterricht an: http://digu.goethe.de/p4.php. Die Suche erlaubt es, sowohl nach Funktionen/Aktivitäten als auch nach Anwendungen zu suchen. Bei den Beschreibungen finden sich unter dem Reiter *Technische Hinweise* zum Teil Handreichungen zu den einzelnen Anwendungen.

Literatur zum Weiterlesen

In Einheit 9 von *Deutsch Lehren Lernen*: *Unterrichten mit digitalen Medien* (Brash/Pfeil 2018) werden in Teilkapitel 3.4.2 die Apps *Pic Collage* zur Erstellung von Fotocollagen und *Strip Designer* zur Herstellung von Comic Strips und Bildgeschichten ausführlicher beschrieben.

Zusammenfassung

Es gibt zahlreiche Apps und browserbasierte Anwendungen mit Werkzeugcharakter, die Sie im Deutschunterricht nutzen können. Viele dienen der Produktion von (medial) schriftlichen Texten, andere auch zur Erstellung von Video- und Audiotexten oder multimedialen Materialien. Mit den Anwendungen kann man Lernende aktivieren, das Produzieren und Präsentieren von Ergebnissen unterstützen, Aufgaben und Übungen erstellen oder von den Lernenden erstellen lassen sowie kommunikative, kooperative und/oder organisatorische Abläufe zwischen den verschiedenen Akteuren im Deutschunterricht unterstützen.
Die Informationen zu den Apps und browserbasierten Anwendungen brauchen Sie in den Teilkapiteln 3.5 und 5.3.2, in denen es um das Produzieren für den und im Deutschunterricht geht.

4.4 Kooperative Texteditoren

Kooperatives Arbeiten im Deutschunterricht kann durch den Einsatz von **kooperativen Texteditoren** sehr gut unterstützt werden. So können Lernende kooperativ Texte schreiben oder sich in Projekten absprechen, ohne dass sie zwangsläufig am gleichen Ort (im Klassenzimmer) sein oder zur gleichen Zeit an ihren Aufgaben arbeiten müssen.

Wenn Sie dieses Teilkapitel gelesen haben,
- wissen Sie, was man unter kooperativen Texteditoren versteht,
- kennen Sie die Grundfunktionen von asynchronen Texteditoren wie Wikis,
- kennen Sie die Grundfunktionen von synchronen Texteditoren wie Etherpad.

Unter kooperativen Texteditoren versteht man Textverarbeitungsprogramme, die es mehreren Personen ermöglichen, zeit- und ortsversetzt an einem gemeinsamen Text zu arbeiten. Die Programme unterscheiden sich zum einen hinsichtlich der Frage, ob die kooperative Arbeit synchron (d.h. fast gleichzeitig) oder asynchron (d.h. zeitversetzt) stattfindet. Zum anderen bieten die Programme unterschiedliche Bearbeitungs- und Layoutmöglichkeiten. Bei einigen sind diese sehr stark beschränkt (wie z.B. Etherpad), bei anderen entsprechen sie fast denen von regulären Textverarbeitungsprogrammen wie *Word*.
Daneben gibt es noch weitere Unterschiede: Bei Programmen wie *Google Docs* muss jeder Lernende für die Nutzung ein eigenes Konto einrichten; die Daten werden auf dem Server dieses kommerziellen Anbieters gespeichert, was zu Problemen im Bereich des Datenschutzes und der Datensicherheit führen kann. Open-Source-Programme wie Wikis können dagegen in die eigene Lernplattform integriert werden, so dass die Daten sicher auf dem Server der eigenen Institution liegen.
Im Folgenden stellen wir kurz einen asynchronen und einen synchronen kooperativen Texteditor vor: Wikis und Etherpad. Beide verfügen auf den ersten Blick über ähnliche Funktionalitäten; ob man lieber mit einem Wiki oder einem Etherpad arbeitet, ist also zum Teil auch Geschmackssache. Trotzdem gibt es aber auch ein paar kleinere Unterschiede, die die Entscheidung für das eine oder das andere Werkzeug beeinflussen können.

asynchroner Texteditor: Wikis

Wikis sind Webseiten, die entweder für jede/jeden zugänglich oder durch ein Passwort geschützt sind. Die Informationen auf diesen Seiten können von den Nutzerinnen und Nutzern nicht nur gelesen, sondern auch verändert werden. Es handelt sich um ein asynchrones Werkzeug: Das bedeutet, Änderungen an einem Text müssen erst abgespeichert werden, ehe jemand anderes an dem Text weiterarbeiten kann. Manchen Schreibenden

hilft das, ein Gefühl der Kontrolle über ihren Text zu behalten – sie können die Speicherung erst dann ausführen und die Änderungen für andere sichtbar machen, wenn sie das wollen.
Die Möglichkeiten für das Textlayout sind bei den verschiedenen Wiki-Softwares immer komfortabler geworden; an einen Texteditor wie *Word* reichen sie aber nicht heran. Erwähnenswert ist noch, dass man bei Wikis Unterseiten durch das Einfügen von Links anlegen kann. Dadurch ist es möglich, dass Gruppen gleichzeitig an einem Wiki arbeiten.

Während zu Beginn wirklich jede/r an veröffentlichten Wiki-Texten mitschreiben konnte, gibt es inzwischen bei den meisten Wikis ein Rechtemanagement (obwohl dies eigentlich dem Grundgedanken von Wikis widerspricht): Dies legt fest, wer was an Wiki-Texten wie verändern darf. Die wahrscheinlich bekannteste Seite, die mit der Wiki-Software arbeitet, und die für jede/n zugänglich ist, ist Wikipedia. Die Grundidee von Wikipedia war dabei das kooperative Erstellen einer Wissensbasis für alle. Und auch wenn von Beginn an klar war, dass es wahrscheinlich immer mehr Lesende als Schreibende bei Wikipedia geben würde, war doch die Hoffnung, dass immer mehr Menschen von Lesenden auch zu Schreibenden werden könnten. Denselben Ansatz vertritt auch das für den DaF-Bereich interessante DaF-Wiki (http://daf.zum.de/wiki/Hauptseite). Es lebt davon, dass sich weltweit Lehrende an der Erstellung beteiligen. Da es bei solchen kooperativ erstellten Wissensseiten selbstverständlich auch zu Abstimmungsschwierigkeiten kommen kann, gibt es in der Wiki-Software die sogenannte Versionenkontrolle: Diese ermöglicht es, jederzeit ältere Versionen wiederherzustellen und so Änderungen rückgängig zu machen.

Der Wert, den die Nutzung von Wikis für das kooperative Schreiben im Deutschunterricht haben kann, ist schon früh entdeckt worden. So sind in vielen Deutschkursen weltweit Seiten entstanden, auf denen Lernergruppen gemeinsam z.B. Informationsseiten zu ihrer Heimatstadt oder ihrem Heimatland erstellt haben, die öffentlich im Netz zugänglich waren. Da dabei zum Teil auch Informationen im Netz landeten, die besser nur im Schutzraum des Klassenraums verblieben wären, wird inzwischen eher mit passwortgeschützten Wikis gearbeitet. Das wird auch dadurch erleichtert, dass Wikis inzwischen in fast alle Lernplattformen als Lernaktivität integriert sind. Auch hier können Lernende gemeinsam an Texten arbeiten. Die erstellten Texte sind aber nicht öffentlich zugänglich, sondern können nur von den Mitlernenden im Kurs bzw. der Lehrkraft gelesen und verändert werden. Über mögliche Einsatzszenarien von Wikis erfahren Sie mehr im Teilkapitel 5.3.1.

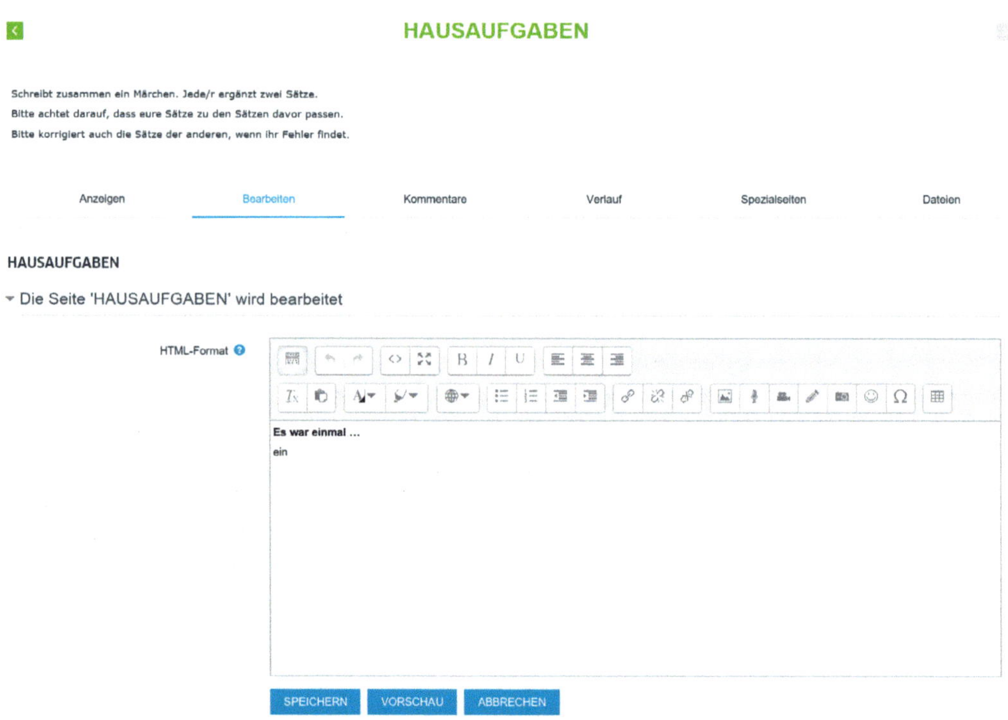

(Wiki auf der Lernplattform Moodle des Goethe-Instituts)

synchroner Texteditor: Etherpad

Etherpad ist ein synchroner kooperativer Texteditor. Synchron heißt, dass alle Änderungen, die man an einem Etherpad-Dokument vornimmt, (fast) zeitgleich auf dem Rechner eines Mitschreibenden sichtbar werden. Der Schreibprozess ist damit noch kooperativer als bei der Nutzung von Wikis: Dort geben die Schreibenden Änderungen nämlich erst durch das selbstgesteuerte Speichern der Änderungen für andere frei.
Auch Etherpads sind inzwischen in vielen Lernplattformen als Aktivität integriert. Darüber hinaus gibt es in vielen Ländern gemeinnützige Institutionen, die kostenfreie Etherpads anbieten (siehe für Deutschland z.B. https://yopad.eu/).
Auch beim Etherpad gibt es ein Textfeld für die Erstellung der Texte. Es können Texte importiert und die erstellten Texte (in verschiedenen Formaten) exportiert werden. Ein entscheidender Unterschied zu vielen Wiki-Versionen sind die reduzierten Formatierungsmöglichkeiten, die in einem Etherpad zur Verfügung stehen. Ein Etherpad würde man deshalb nur dann nutzen, wenn das Layout des Textes eher unwichtig ist. Auch Unterseiten können beim Etherpad nicht erstellt werden. Sollen Gruppen also nicht alle gleichzeitig auf einer Seite arbeiten, sollte man eher mit einem Wiki arbeiten.
Wie bei Wikis wird auch bei Etherpads der komplette Verlauf der Erstellung gespeichert und die vorherigen Versionen können wiederhergestellt werden. Es ist zudem möglich, für jeden Schreibenden eine Textfarbe festzulegen – so kann nachvollzogen werden, welcher Textteil von wem stammt. Schließlich gibt es auch beim Etherpad eine Chatfunktion, um mit anderen Lernenden zu chatten, die zeitgleich am Dokument schreiben (ein Beispiel für ein im Deutschunterricht eingesetztes Etherpad finden Sie in Teilkapitel 5.3.1).
Machen Sie sich erste Gedanken dazu, wie Sie einen kooperativen Texteditor vielleicht in Ihrem Unterricht nutzen könnten.

Aufgabe 34

Sie wollen die Textarbeit Ihrer Lernenden durch den Einsatz eines kooperativen Texteditors unterstützen. Skizzieren Sie ein Lehr- und Lernszenario, in dem Ihre Lernenden einen kooperativen Texteditor sinnvoll nutzen könnten. Entscheiden Sie, ob Sie eher mit einem Wiki oder einem Etherpad arbeiten würden.

a) Notieren Sie.

b) Lesen Sie die Ideen von Kolleginnen und Kollegen und vergleichen Sie.

kooperative Texteditoren zum Deutschlernen

Eines der größten Potenziale von kooperativen Texteditoren liegt sicherlich in der Tatsache, dass hier jede/jeder sowohl schreiben als auch korrigieren, verändern, erweitern usw. kann. Dieses Merkmal unterscheidet kooperative Texteditoren von anderen sozialen Medien (siehe hierzu genauer Teilkapitel 6.2).
Darüber hinaus können die Texte, die mit kooperativen Texteditoren erstellt werden, sofort sichtbar sowie online von überall her und jederzeit zugänglich sein. Das gilt für offene Wikis und Etherpads. Für kooperative Texteditoren, die ein Teil der Aktivitäten einer Lernplattform wie Moodle sind, müssen die Lernenden selbstverständlich über einen Zugang zum jeweiligen Kurs auf der Lernplattform verfügen, um auf die Texte zugreifen zu können.

Zusammenfassung

Kooperative Texteditoren gibt es als synchrone und als asynchrone Werkzeuge. Bei den synchronen Varianten sind die eingegebenen Texte sowie Änderungen am Text direkt für andere sichtbar. Sie sind in ihren Möglichkeiten des Layouts zum Teil beschränkter. Bei den asynchronen Varianten entscheiden die Nutzenden, wann sie das Dokument abspeichern und damit für andere sichtbar und weiter bearbeitbar machen.
Kooperative Editoren lassen sich leicht einrichten und bedienen. Das ist eine wichtige Voraussetzung dafür, dass die gemeinsame Arbeit an den Texten im Vordergrund stehen kann; es macht die kooperativen Texteditoren aber auch zu Werkzeugen, um anderen Lernenden Texte zur Verfügung zu stellen.

Kooperative Texteditoren wie Wikis oder Etherpad, in denen gemeinsam geschrieben wird, haben den Vorteil, dass alle Nutzerinnen und Nutzer Produzierende und Rezipierende sein können. Jede/jeder kann alles korrigieren, verändern, erweitern; die Lernenden können beim Schreiben voneinander lernen.
Die Informationen zu den kooperativen Texteditoren brauchen Sie in Teilkapitel 5.3.1. Hier beschäftigen wir uns mit der didaktischen Nutzung von kooperativen Texteditoren.

4.5 Werkzeuge zur Erstellung von Audios und Videos

Audios und Videos können sowohl mit bestimmten Apps als auch mit umfassenderen Softwareprogrammen aufgenommen und geschnitten werden. Da es sich bei diesen Werkzeugen um produktive Werkzeuge handelt, mit denen das Sprechen und Hör-Sehen im Fremdsprachenunterricht intensiv gefördert werden kann, stellen wir einige Programme ausführlicher vor.

Wenn Sie dieses Teilkapitel gelesen haben,
- kennen Sie unterschiedliche Möglichkeiten, als Lehrende/r oder als Lernende/r eigene Audiobeiträge oder Videos aufzunehmen sowie anderen Personen zur Verfügung zu stellen,
- können Sie selbst Podcasts erstellen und im Unterricht einsetzen.

Produktion von Audio- und Videobeiträgen

Für Lehrende und Lernende ist es durch die vielfältigen digitalen Möglichkeiten viel einfacher geworden, eigene Audio- und Videobeiträge für den Deutschunterricht zu produzieren. Jedes Smartphone verfügt heutzutage über gute bis sehr gute Aufnahme- und Wiedergabefunktionen für Ton- und Videoaufnahmen. Verschiedene Apps machen es möglich, diese Aufnahmen zu bearbeiten und sie anderen zugänglich zu machen. Viele Menschen sind es heute gewohnt, Textnachrichten über Messengerdienste zu schreiben oder einzusprechen. Auch das Aufnehmen von Fotos und Videos mit dem Smartphone gehört für viele zum Alltag. Die Produktion von Audio- und Videobeiträgen mit den eigenen portablen Geräten stellt die meisten Lernenden deshalb vermutlich vor geringe bis keine technischen Schwierigkeiten.

Produktion (interaktiver) Sprechübungen

In vielen Lernplattformen (wie auch Moodle) sind heute Lernaktivitäten integriert, die das Aufnehmen und Wiedergeben kurzer Audiotexte erlauben. Bei einigen Lernplattformen können diese Audioaufnahmen z.B. in ein **Forum** integriert werden. Lernende können damit viel einfacher interaktive Sprechübungen im Unterricht machen. Dies wiederum kann dazu führen, den Sprechanteil der Lernenden im Unterricht zu erhöhen und den Bereich der Mündlichkeit zu fördern.
Eine einfache Möglichkeit, kurze Audiobeiträge aufzunehmen und sich gegenseitig zuzuschicken, bietet die schon seit mehreren Jahren stabile Anwendung *Voki*. Motivierend kann auf die Lernenden wirken, dass sie bei *Voki* einen Avatar auswählen und gestalten können, der den Sprechtext von maximal einer Minute spricht.

(www.voki.com)

Der Text kann dabei selbst eingesprochen werden. Alternativ ist es möglich, den Text einzutippen und durch den Computer in eine Sprechstimme umwandeln zu lassen. Voki kann im Deutschunterricht für interaktive Sprechübungen zu den unterschiedlichsten Themen genutzt werden: Lernende sprechen eine kurze Stellungnahme zu einem Thema ein und schicken ihren *Voki*-Avatar an ihre Mitlernenden (indem sie eine URL übermitteln), die darauf dann mit einem eigenen *Voki* antworten. In eine ähnliche Richtung geht die App *ChatterPix Kids*, bei der ein Foto „vertont" werden kann, indem man z.B. eine abgebildete Person einen Text sprechen lässt (wobei die App die Lippen der Person animiert, sodass sie wirklich zu sprechen scheint).
Ein neues Angebot der *Voki*-Plattform ist *Voki Hangouts* für mündliche Gruppendiskussionen, die ebenfalls mittels Avataren geführt werden.

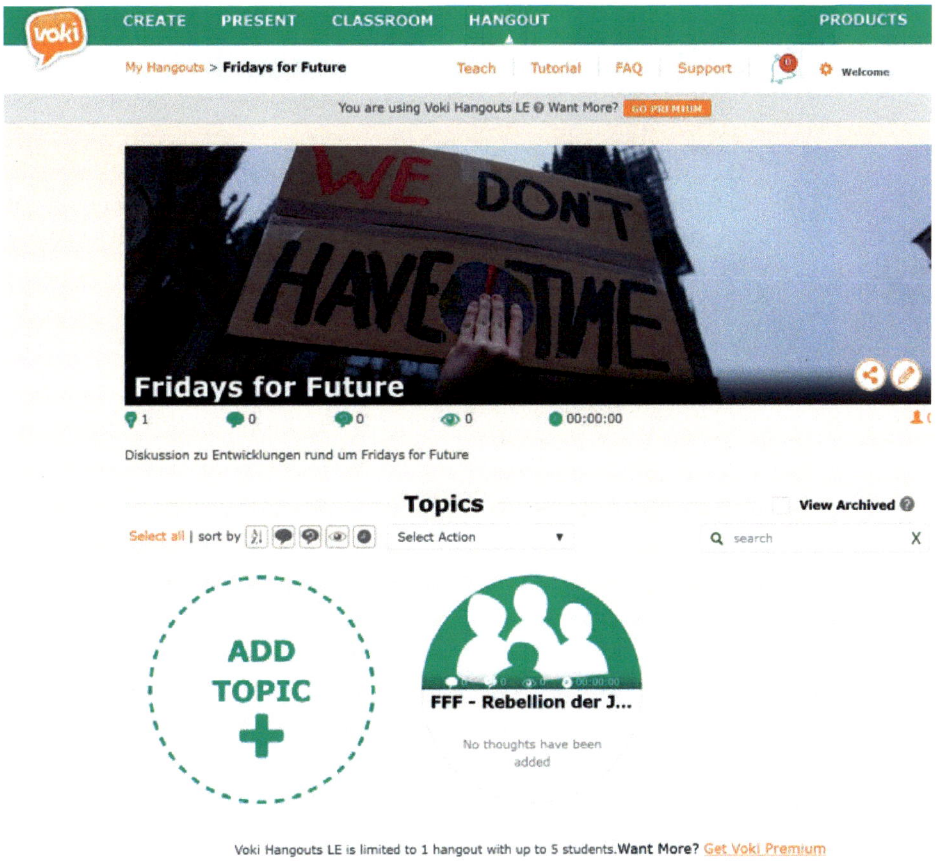

(www.voki.com/hangout/myhangout)

Erklärvideos

Die digitalen Werkzeuge können aber nicht nur die Produktion von Audiotexten vereinfachen, sondern auch die von audiovisuellen Texten. Eine für den Deutschunterricht besonders spannende neue Textsorte sind die sogenannten Erklärvideos (oder auch Video-Tutorials). Diese finden sich bei Videoportalen wie *YouTube* inzwischen zu den verschiedensten Alltags- und Fachthemen: So gibt es unzählige Anleitungen zum Stricken-Lernen, hochkomplexe Ausführungen zum Klimawandel und inzwischen auch eine unübersehbare Menge an Erklärungen zu deutschen Grammatikphänomenen. Die meisten davon stammen von Lehrenden, die auf diese Weise ihren Lernenden helfen wollen; eher selten finden sich bislang Beispiele, in denen Lernende ihren Mitlernenden etwas erklären.

Formate von Erklärvideos

Bei Erklärvideos gibt es verschiedene Formate. Diese werden danach unterschieden, was im Erklärvideo abgefilmt wird bzw. wie die Informationen gegeben werden. Für den Deutschunterricht sind folgende Formate wichtig: Zum einen gibt es persönliche Videos, oft im Vlogging-Stil, d.h. in Anlehnung an Videos von Bloggern im Internet: Ein Moderator oder eine Moderatorin erklärt hier ein Phänomen und spricht dabei direkt zur Kamera bzw. zum Betrachter / zur Betrachterin. Ein Beispiel für Erklärvideos im Vlogging-Stil ist der *YouTube*-Kanal von *GermanLifeStyle* (GLS). Dessen Macher erklären Stereotypen in einem witzig-ironischen Stil – mit arabischen Untertiteln.
Zum anderen gibt es Erklärvideos als Tischvideos. Hier werden ausgeschnittene Figuren, Symbole, Worte usw. auf dem Tisch präsentiert und zum Teil mit den Händen herumgeschoben (man nennt das auch die Struktur-Lege-Technik). Wenn es zusätzliche Erklärungen gibt, kommen diese aus dem Off. Das Ganze wird von oben z.B. mit einem Smartphone gefilmt. Ein DaF-Lehrwerk, das solche Erklärvideos konsequent für Grammatikpräsentationen nutzt, ist *DaF leicht* (*DaF leicht* 2015).
Daneben gibt es selbstverständlich auch noch andere Formen und auch Mischformen wie z.B. einige der Beiträge der Erklärvideos *24hdeutsch*: www.youtube.com/channel/UCHpnIL-1QIUyVhdGVJ6rW3A). Beispiele für die verschiedenen Formen finden sich auf https://deutsch-lernen.zum.de/wiki/Erklärvideos_erstellen.

Anforderungen an die Lernenden

Viele Erklärvideos, die man im Internet finden kann, sind von Lehrenden erstellt worden. Lehrende können im Sinne der Methode des **Lernens durch Lehren** (Martin 2018) aber auch Lernenden die Aufgabe geben, für ihre Mitlernenden Erklärvideos zu erstellen. Einen didaktischen Vorschlag dazu finden Sie in Teilkapitel 5.3.2.
Um ein Erklärvideo zu einem Phänomen erstellen zu können, müssen die Lernenden den Weg der didaktischen Reduktion beschreiten: Sie müssen das Phänomen nicht nur selbst verstehen, sondern es auch erklären können. Dafür müssen sie die wichtigen Aspekte identifizieren und die Komplexität so reduzieren, dass ihre Mitlernenden die Informationen zum Phänomen verstehen können. Zudem müssen sie eine Form der verständlichen Darstellung finden, die Informationen also sinnvoll strukturieren und/oder visualisieren. Bei all diesen Prozessen nutzen die Lernenden im besten Fall die Zielsprache Deutsch; d.h. die Lernenden sprechen sowohl bei der Erstellung der Erklärvideos als auch in den Erklärvideos Deutsch.
Den Ablauf der Erstellung von Erklärvideos hat der Gymnasiallehrer Andreas Kalt folgendermaßen zusammengefasst:

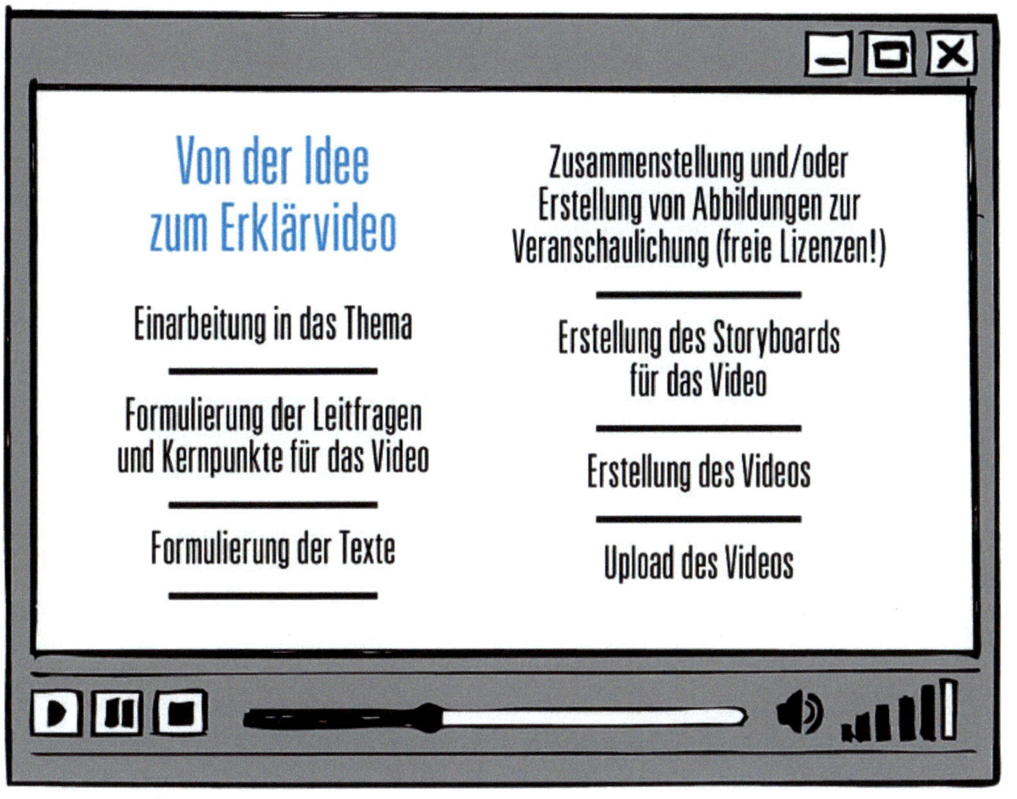

(Kalt 2017, S. 16)

benötigte Technik

Für die Erstellung von Erklärvideos genügt im Grunde ein Smartphone; komfortabler für die Bearbeitung ist ein zusätzliches Tablet oder ein PC/Laptop. Zudem ist es für die Aufnahmen günstig, mit einem externen Mikrofon zu arbeiten, da die aufgenommene Tonqualität damit meist deutlich besser ist. Je nach Form nutzt man zudem unterschiedliche Apps, wie z.B. *Explain Everything*.

Podcasts

Bei **Podcasts** handelt es sich um privat oder kommerziell produzierte Beiträge in Audioform (Audiocast) oder Videoform (Videocast), die im Internet zur Verfügung gestellt werden. Dort kann man sie direkt anhören oder auch auf einen MP3-Player, ein Smartphone/Tablet oder einen PC übertragen. Werden Podcasts als Reihe produziert und veröffentlicht (und nicht von vornherein als Einzelbeiträge), kann man diese abonnieren, um sie zu sehen oder anzuhören. Fertige Podcasts aus dem Internet können im Deutschunterricht zur Förderung rezeptiver Kompetenzen oder auch als Impulse für die anschließende Produktion von mündlichen wie schriftlichen Texten eingesetzt werden. An dieser Stelle soll es aber um die Produktion eigener Podcasts gehen.

Technisch gibt es für die Erstellung von Podcasts folgende Möglichkeiten. Mit kostenlosen Programmen wie *Reaper, Audacity* oder *Garageband* (für Apple) können Podcasts auf dem eigenen Rechner aufgenommen und produziert werden. Anschließend lassen sie sich auf einer Webseite veröffentlichen. Das kann z.B. die Schulhomepage, ein mit Wordpress erstellter Klassenblog oder auch ein Podcastportal (wie podcaster.de) sein. Thematisch sind der Phantasie bei der Erstellung von Podcasts keine Grenzen gesetzt. Die Tatsache, dass Podcasts für ein Publikum erstellt und veröffentlicht werden, kann die Qualität der Beiträge erhöhen, da die Lernenden diese bei der Produktion stärker im Blick haben.

Nun können Sie selbst ausprobieren, einen Audiobeitrag oder einen Podcast zu erstellen. Schließen Sie dieses Teilkapitel mit der nächsten Aufgabe und mit einem Audiobeitrag oder Podcast ab, der sicher auch bei Ihren Kolleginnen und Kollegen gut ankommt.

Literatur zum Weiterlesen

Eine Anleitung zum Erstellen von Podcasts in sechs Schritten sowie ein konkretes Beispiel für ein Podcastprojekt findet sich im Artikel von Katharina Peuschel: *Podcasts im DaF-Unterricht. Von der Idee zum eigenen Beitrag* im *Magazin Sprache* des Goethe-Instituts (Peuschel 2017).

Aufgabe 35

Was war für Sie im diesem Kapitel 4 besonders wichtig, und was bedeutet dies für Ihren Unterricht?
Erstellen Sie einen Audiobeitrag oder einen Podcast zu dieser Frage. Gehen Sie dabei in drei Schritten vor:

1. Erstellen Sie einen Audiobeitrag oder einen Podcast mit einer der vorgestellten Möglichkeiten.
2. Beantworten Sie dabei die beiden folgenden Fragen:
   Was war für Sie in diesem Kapitel besonders wichtig?
   Was bedeutet dies für Ihren Unterricht?
3. Veröffentlichen Sie Ihren Audiobeitrag bzw. Ihren Podcast für Ihre Kolleginnen und Kollegen, wenn das möglich ist.

Zusammenfassung

Mit den verschiedenen Werkzeugen zur Erstellung von Audio- bzw. Video-Produkten haben Sie weitere digitale Werkzeuge kennengelernt, die sich für den Einsatz im Deutschunterricht eignen. Sie lassen sich in der Regel sehr leicht bedienen und sind vielen Lernenden auch schon durch ihre private oder berufliche Nutzung bekannt. Mit den Werkzeugen zur Erstellung von Audio- bzw. Video-Produkten kann das Sprechen und das mündliche Präsentieren auf Deutsch trainiert werden. Besonders die Erstellung von Erklärvideos eignet sich gut, um die Methode des Lernens durch Lehren zu unterstützen. Damit wirklich hilfreiche Erklärvideos produziert werden können, muss nicht nur die technische Herstellung erklärt werden, sondern es müssen auch grundlegende didaktische Kompetenzen vermittelt werden. Der Einsatz von Podcasts im Deutschunterricht kann wiederum dazu führen, dass die Lernenden durch die Veröffentlichung der Beiträge dazu motiviert werden, die Qualität ihrer Produkte zu erhöhen.

Die Informationen zu den Werkzeugen zur Erstellung von Audios und Videos brauchen Sie für die Teilkapitel 3.5 und 5.3.2. In letzterem gehen wir ausführlicher auf die didaktischen Einsatzmöglichkeiten von Erklärvideos ein.

5 Arbeit mit Lehr- und Lernmedien

Nachdem Sie sich im zweiten und dritten Kapitel dieser Einheit ausführlich und unter verschiedenen Perspektiven mit dem Lehrwerk und seinen Komponenten sowie mit weiteren Lehr- und Lernmedien beschäftigt haben, wird der Blick in diesem Kapitel auf Texte aller Art und den Umgang mit ihnen erweitert. Das ist ein sehr umfangreiches Thema, dem wir uns nur ausschnitthaft nähern können. Grundlegend ist zunächst einmal, sich darüber zu verständigen, was man alles unter dem Begriff Text verstehen kann.

In Teilkapitel 5.1 werden Sie sich deshalb einen Überblick über verschiedene Textsorten verschaffen, die man im Deutschunterricht einsetzen kann. Bei der Arbeit mit diesen Texten geht es immer auch implizit oder explizit um die Förderung der verschiedenen Fertigkeiten, um den Wortschatzerwerb oder das Behandeln von Grammatikaspekten. Exemplarisch wird in Teilkapitel 5.2 eine Art des Umgangs mit Texten ausführlich behandelt: die Förderung rezeptiver Fertigkeiten. Unter rezeptiven Fertigkeiten versteht man das Lesen, das Hören und das Hör-Sehverstehen (letzteres setzen Sie ein, wenn Sie sich z.B. Filme ansehen und anhören). Sie werden in Teilkapitel 5.2.1 untersuchen, was die fremdsprachliche Lesekompetenz im Vergleich zum Lesen in der Erstsprache ausmacht und wie sie entwickelt werden kann. Aufbauend auf diesen Grundlagen werden Sie Kriterien für die Ordnung von Aufgaben und Übungen zur Förderung rezeptiver Fertigkeiten entwickeln, sich mit verschiedenen Lese- bzw. Hörstilen beschäftigen und über Strategien für das Lesen, Hören und Hör-Sehverstehen nachdenken.

Neben der Rezeption von Texten geht es im Deutschunterricht aber natürlich auch um die Produktion von Texten durch Lernende. In Kapitel 4 haben wir Ihnen dafür schon verschiedene Werkzeuge vorgestellt. In Teilkapitel 5.3 werden wir uns dem Thema inhaltlicher und didaktischer nähern; auch hier arbeiten wir exemplarisch an zwei Schwerpunkten, nämlich dem kooperativen Schreiben sowie der Produktion und Präsentation von Arbeitsergebnissen.

5.1 Unterschiedliche Arten von Texten

Im Unterricht ist die Arbeit mit Texten etwas Selbstverständliches. Mit Ihren Lernenden lesen und hören Sie Texte, die sich im Lehrbuch oder im Medienpaket (CD, DVD, Online-Komponente, Augmented-Reality-App) des Lehrwerks befinden, und ermuntern sie, Texte mündlich oder schriftlich zu verfassen. In diesem ersten Teilkapitel wollen wir zunächst ein wenig sortieren: Was alles sind Texte, die beim Deutschlernen zum Einsatz kommen können? Wodurch unterscheiden sie sich?

Wenn Sie dieses Teilkapitel gelesen haben,
- sind Sie sich bewusst, dass im Unterricht und in Lehrwerken sehr unterschiedliche Textsorten verwendet werden können,
- wissen Sie, welche Textsorten für welche Lernaktivitäten besonders interessant sein können,
- wissen Sie, welche Rolle authentische Texte in Ihrem Unterricht spielen können.

Machen Sie zuerst eine Bestandsaufnahme: Mit welchen Texten arbeiten Sie im Unterricht, welche Funktion haben die Texte dort? Bearbeiten Sie dazu bitte die beiden folgenden Aufgaben.

Aufgabe 36

Welche Texte spielen in Ihrem Unterricht eine Rolle?

a) Kreuzen Sie an, wie häufig Sie die folgenden Textsorten im Unterricht verwenden.

		nie	selten	häufig
Hörtext	DW Made for minds. · THEMEN MEDIA CENTER TV DEUTSCH LERNEN · DEUTSCHKURSE DEUTSCH XXL COMMUNITY D DEUTSCH UNTERRICHTEN · TOP-THEMA – LEKTIONEN · Schneechaos in Bayern · Seit Jahresbeginn schneit es im Süden Deutschlands und in vielen Orten in Österreich stark. Viele Menschen in der Alpenregion können wegen der Schneemassen ihre Dörfer nicht mehr verlassen. Die Lawinengefahr ist groß.  (https://www.dw.com/de/schneechaos-in-bayern/l-47086605)	☐	☐	☑
Filmausschnitt		☐	☑	☐
schriftlicher Text in einem Lehrwerk	**Freizeit – Spaß oder Langeweile?** Wir haben Jugendliche gefragt: Was ist dein Lieblingshobby? · **Jule**  Ich mache gern Ausflüge in die Berge. Frische Luft, die Natur ... da geht es mir einfach gut! Das finde ich schön. Fast immer treffe ich Freunde und wir gehen zusammen wandern. Im Sommer fahre ich oft Rad. An einen See oder so ... schwimmen. Ich bin gern draußen. · **Peter**  Ich bin einfach auch gern mal alleine. Ich höre Musik oder ich lese ein Buch. Oder ich schaue Filme. Das macht mir auch total viel Spaß. Ich bin ein Filmfreak. Ich gehe auch sehr oft ins Kino oder sehe zu Hause eine DVD. Oft auch mit Freunden. · **Lisa**  Meine Freundin und ich sind in einem Chor. Ich singe für mein Leben gern. Ich spiele auch Gitarre und höre sowieso sehr viel Musik. Ein Leben ohne Musik – das geht gar nicht! · **Leon** Singen, malen, Schach spielen – das ist alles nichts für mich! Ich mache unglaublich viel Sport. Ich fahre im Winter Ski. Im Sommer fahre ich viel Rad, jogge pro Tag eine Stunde. Zweimal pro Woche spiele ich Fußball in einem Verein. Im Urlaub gehe ich surfen oder schwimmen. · *(Menschen A1*, S. 58)	☐	☐	☑
Übung in einem Lehrwerk	**7. Deine Anmeldung. Schreib die Frage richtig und antworte.** (Frage / meine Antwort) 1. dein / Vorname / ist / Wie / ? — Wie ist dein Vorname? · 2. ist / Nachname / Wie / dein / ? · 3. du / wohnst / Wo / ? · 4. Postleitzahl / ist / deine / Wie / ? · 5. Straße / heißt / Wie / deine / ? · 6. Wie / die / ist / Hausnummer / ? · 7. E-Mail-Adresse / deine / ist / Wie / ? · 8. ist / Handynummer / deine / Wie / ? · *(Maximal A1*, S. 25)	☐	☑	☐

		nie	selten	häufig

Dialog in einem Lehrwerk

10 Welches Eis? Ergänzen Sie.

Tim: Ich mag gern Schokolade und Zitrone. Und ihr?
Laura: Schokolade? Nein! Ich mag gern Zitrone, aber ich mag Vanille lieber.
Nina: Und ich mag am liebsten Melone.
Tim: Und jetzt? Ich kann nur eine Kugel Eis kaufen. Nina, magst du auch gern Zitrone?
Nina: Nein, ich mag lieber Vanille.
Laura: Ja! Vanille!
Tim: Okay. Bitte eine Kugel – Vanille.

1. Tim mag gern ______ und ______.
2. Laura mag lieber ______ als Zitrone.
3. Nina mag am liebsten ______.
4. Nina mag lieber ______ als Zitrone.

☺ *gern*
☺☺ *lieber (als)*
☺☺☺ *am liebsten*

141

(*Ja genau A1*, Band 2, S. 29)

nie ☐ | selten ☑ | häufig ☐

Grammatikdarstellung in einem Lehrwerk

2 Konjunktiv II: Wunsch UG 5.17

Ich	wäre	gern	am Meer.	
Sie	hätte	gern	Urlaub.	
Wir	würden	gern	Gitarre	spielen.

3 Konjunktiv II: Vorschlag UG 5.17

Du	könntest	ins Kino gehen.
Wir	könnten	

(*Schritte Plus A2.2*, S. 102)

nie ☐ | selten ☑ | häufig ☐

Bild in einem Lehrwerk

a Sehen Sie das Foto an. Wie gefällt Ihnen das Zimmer?

Gefallen/Missfallen äußern
Mir gefällt das Zimmer (nicht) …, weil …
Ich finde das Zimmer sehr schön / gut / zu groß / zu klein / toll / …
Es gibt keinen/kein/keine …
Es gibt (zu) viele / (nur) wenig(e) …

(*Linie 1 A2*, Band 1, S. 19)

nie ☐ | selten ☐ | häufig ☑

Lektüre

nie ☐ | selten ☑ | häufig ☐

Online-Zeitungsartikel

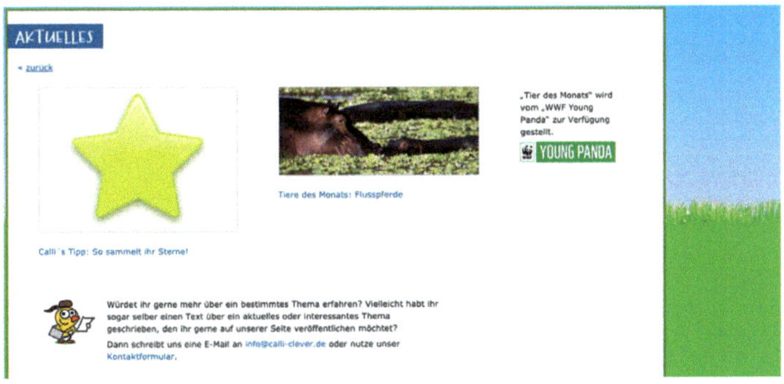

(www.lernspaß-fuer-kinder.de/aktuell)

nie ☐ | selten ☑ | häufig ☐

		nie	selten	häufig
Werbeanzeige		☐	☐	☑
Beitrag Messengerdienst	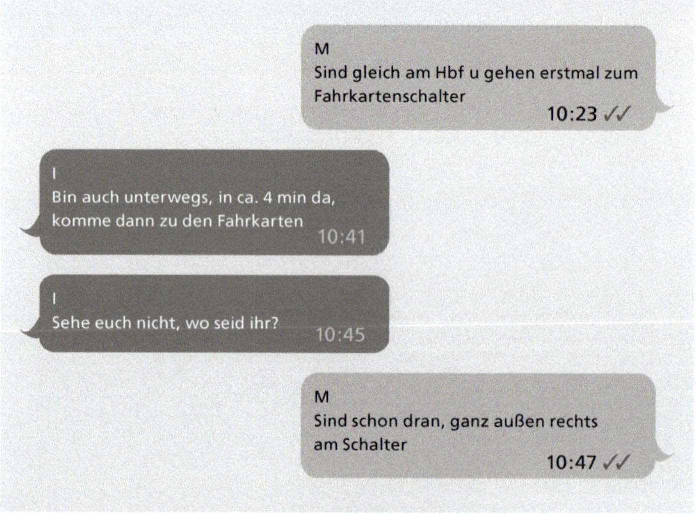	☐	☐	☑
Unterrichtsgespräch		☐	☐	☑
Video aus den sozialen Medien	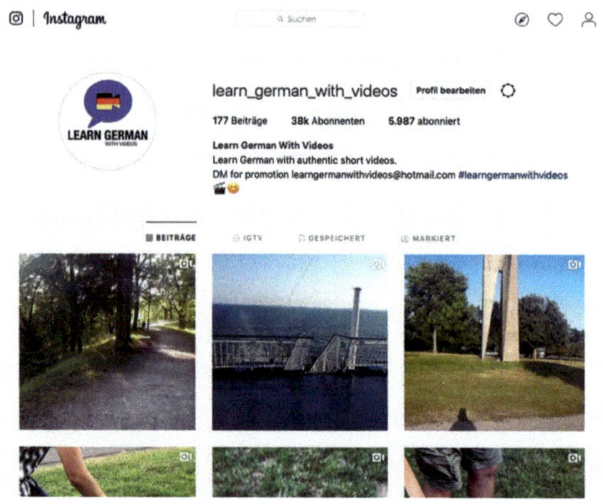 (www.instagram.com/learn_german_with_videos/)	☐	☐	☑

b) Ergänzen Sie und erstellen Sie mit Ihrer Kollegin / Ihrem Kollegen eine gemeinsame Liste über Textsorten, die Sie im Unterricht verwenden.

Textsorten und Lernziele

Mit dem Einsatz verschiedener Textsorten lassen sich im Unterricht gleiche oder unterschiedliche **Lernziele** verbinden. Texte können beispielsweise dazu dienen,

- neuen Wortschatz oder neue sprachliche Strukturen einzuführen oder zu festigen,
- Informationen zu übermitteln und zu lernen, wie man diese erfassen kann,
- sprachliche und kulturelle Informationen aufzugreifen,
- die Aussprache zu schulen.
- Außerdem können sie die Lernenden dazu anregen, selbst produktiv zu werden und eigene Texte zu verfassen.

Aufgabe 37

Wofür verwenden Sie welche Textsorten? Kreuzen Sie bitte an und ergänzen Sie bei Bedarf weitere Textsorten und Lernziele. Mehrfachankreuzungen sind möglich.

Textsorte	Wortschatzerwerb	Einführung neuer sprachl. Strukturen	Entnahme von Informationen	Ausspracheschulung	weitere Lernziele
Hörtext	☐	☐	☐	☐	
Dialog im Lehrwerk	☐	☐	☐	☐	
Filmausschnitt	☐	☐	☐	☐	
Prosa- / Sachtext im Lehrwerk	☐	☐	☐	☐	
Übung im Lehrwerk	☐	☐	☐	☐	
Grammatikdarstellung	☐	☐	☐	☐	
schematische Darstellung wie z.B. Diagramm oder Grafik	☐	☐	☐	☐	
Buch/Auszug aus Buch	☐	☐	☐	☐	
Zeitungsausschnitt	☐	☐	☐	☐	
Werbung	☐	☐	☐	☐	
Gespräch im Klassenzimmer/Kursraum	☐	☐	☐	☐	
Text aus Messengerdienst	☐	☐	☐	☐	
Video aus sozialen Medien	☐	☐	☐	☐	
Fotoroman	☐	☐	☐	☐	
Sonstige:	☐	☐	☐	☐	

Alles Texte?

Vielleicht haben Sie sich beim Ankreuzen der Antworten in Aufgabe 37 ein wenig gewundert: Waren das alles Texte? Ein Zeitungsausschnitt und ein Anzeigentext sind natürlich Texte. Aber ein Dialog auf der CD? Ein Video auf Instagram? Oder eine Audio-Datei aus dem Internet? Vielleicht ist für Sie ein Text immer etwas Geschriebenes. Damit hätten Sie auch recht; Sie beziehen sich dann auf einen alltagssprachlichen Textbegriff.

unterschiedliche Textbegriffe

In der Linguistik und in der Alltagssprache gibt es unterschiedliche Vorstellungen von dem, was ein Text ist, die wir hier nicht ausführlich behandeln können. Es gibt eine Vorstellung, die sich hauptsächlich auf Geschriebenes bezieht, und eine Vorstellung von Text, die geschriebene und gesprochene Gegenstände umfasst. Ein Text ist offensichtlich mehr als eine beliebige Sammlung von Sätzen: Man erwartet, dass diese Sätze etwas miteinander zu tun haben. Die Sätze stehen miteinander in Verbindung, bestimmte sprachliche Elemente wie z.B. Pronomen weisen im Text auf einen bestimmten Gegenstand oder eine bestimmte Person zurück, bestimmte Konjunktionen verknüpfen einzelne Teilsätze miteinander. Zu unserer Vorstellung von einem Text gehört nicht nur, dass die Sätze miteinander verknüpft sind, sondern auch, dass sie einen gewissen thematischen Zusammenhang haben. Außerdem hat ein Text auch noch eine bestimmte kommunikative Funktion.

Wir arbeiten im Folgenden mit dem Textbegriff, der mündliche und schriftliche Texte umfasst: Das ist unter didaktischen Gesichtspunkten auch sinnvoll, so rücken die Vielfalt an geschriebenen und gesprochenen Texten und die verschiedenen **Textsorten** in den Blick.

Textsorten

Es gibt viele verschiedene Textsorten. Zu den geschriebenen Texten gehören z.B. Zeitungsartikel, Prosatexte, Anzeigen, Speisekarten, Einkaufszettel, Einladungen, Veranstaltungsprogramme, Wetterberichte im Netz, Comics, Fotogeschichten, Schaubilder, Formulare, Fragebögen, Briefe, Text-Chats und SMS-Nachrichten. Zu den mündlichen Texten gehören z.B. Gespräche im Café, Interviews, Telefongespräche, Durchsagen, Wettervorhersagen, Nachrichtensendungen, Diskussionen, Vorträge, Lieder, mündlich erzählte Geschichten, Sprachnachrichten im Messenger und Erklärvideos. Einen gut lesbaren Überblick über Textsorten liefern Fandrych/Thurmair (2011).

Mündlichkeit im Lehrwerk

Wann ist ein Text ein mündlicher Text, wann ein schriftlicher? Die einfache Antwort lautet: Das hört man doch bzw. das sieht man doch! Machen wir einen kleinen Test, der auf den ersten Blick gar nichts mit dem Thema Mündlichkeit zu tun zu haben scheint. Dafür brauchen Sie den folgenden Text aus einem älteren Lehrwerk:

Material 16

Vorentlastung?
Thematisierung?

Eine Einladung

Herr Hartmann, der gerade von einer Reise zurückgekommen ist, unterhält sich mit seiner Frau.

Herr Hartmann: Ich möchte gern Herrn Weber einladen, der ja nächste Woche nach Argentinien fährt.
Frau Hartmann: Wir sollten noch einige Gäste dazu einladen, die Herrn Weber kennen und mit denen er zusammengearbeitet hat.
Herr Hartmann: Herrn Meier auf jeden Fall, und Fräulein Klein, die auch persönlich mit ihm befreundet ist.
Frau Hartmann: Es gibt sicher auch noch andere, von denen Herr Weber sich verabschieden möchte.
Herr Hartmann: Da hast du recht. Ich frage ihn, wen wir noch einladen sollen.
Frau Hartmann: Und was ist mit Herrn Gonzales? Der ist doch hier.
Herr Hartmann: Herr Gonzales, mit dem Herr Weber in Südamerika zusammenarbeiten wird, hat schon zugesagt.

Deutsch als Fremdsprache, S.132.

Aufgabe 38

Lösen Sie für unseren Test die folgenden Teilaufgaben.

a) Geben Sie zuerst eine spontane Antwort zum Text: Welches Grammatikphänomen bringt man im Unterricht mit diesem Text in Verbindung?

Relativsätze

b) Wenn Ihnen dies möglich ist: Spielen Sie zu zweit die Situation nach. Sprechen Sie aber frei und halten Sie sich nicht an die Vorgabe des Lehrwerks: Sie wollen lediglich den gleichen Inhalt ausdrücken. Nehmen Sie Ihren Dialog auf. Sie können z.B. Ihr Mobiltelefon dazu verwenden, wenn es eine Aufnahmefunktion hat.

c) Hören Sie Ihren eigenen Dialog und schreiben Sie ihn ab.

d) Vergleichen Sie diesen Dialog und den Dialog aus dem Lehrwerk und notieren Sie in Stichworten, wodurch sich Ihr Dialog von dem im Lehrwerk unterscheidet.

Beim Vergleich der beiden Texte haben Sie vielleicht festgestellt, dass in dem Lehrwerktext verglichen mit Ihrem Text sprachliches Material fehlt und anderes zusätzlich vorhanden ist. Vielleicht haben Sie gesagt „Und Fräulein Klein auch – sie ist ja mit ihm befreundet". Wahrscheinlich haben Sie auch nicht „Fräulein Klein", sondern „Frau Klein" gesagt und damit den Text sprachlich aktualisiert. In der letzten Zeile hätten Sie vielleicht gar nicht erwähnt, dass Herr Weber und Herr Gonzales in Südamerika zusammenarbeiten werden, denn Ihre Gesprächspartnerin Frau Hartmann kennt ihn anscheinend, und Sie würden ihr diese Information nur geben, wenn sie für sie tatsächlich neu wäre. Auch in dieser Situation hätten Sie wahrscheinlich anders formuliert als der Text im Lehrbuch, z.B. so: „Ja, der hat sogar schon zugesagt, dass er kommt. Die beiden werden übrigens in Südamerika zusammenarbeiten".

Sie haben in Ihren Dialogen also vielleicht anderen Wortschatz verwendet, Sie sind sich eventuell ins Wort gefallen, haben einen Satz nicht zu Ende gebracht. Sie haben vielleicht nicht noch einmal das gesagt, von dem Sie wissen, dass Ihr Gesprächspartner es schon weiß. Wahrscheinlich werden bei Ihnen auch weniger Relativpronomen und Relativsätze vorgekommen sein als in dem Lehrwerktext (Material 16). Dort waren sie so zahlreich vorhanden, um das Grammatikphänomen möglichst vollständig vorzuführen. Der Text sollte also Grammatik präsentieren, und zwar in der Form eines Dialogs, der sich dadurch beträchtlich von dem unterscheidet, was einen Dialog sonst so ausmacht.
Dieser Dialog entspricht also nicht der Art und Weise, wie sich zwei Menschen, die miteinander verheiratet sind, normalerweise unterhalten würden. Man kann sagen, dieser Dialog klingt nicht authentisch. Die Sprecherin und der Sprecher verhalten sich nicht so, wie man sich außerhalb von Lehrwerken in mündlicher Kommunikation verhält.

authentische Texte

Der Lehrwerktext vor Aufgabe 38 (Material 16) wurde produziert, als in der Fremdsprachendidaktik die Grammatikvermittlung an erster Stelle stand und als man annahm, dass es die Aufgabe von Texten ist, die Grammatik ins Klassenzimmer / in den Kursraum zu transportieren. Heutzutage sieht man das Problem, das solche Texte haben, die zur Vermittlung eines Grammatikstoffs geschrieben werden, klarer: Sie wirken nicht echt. Seit Fremdsprachen handlungsorientiert vermittelt werden, hat sich die Überzeugung durchgesetzt, dass es nicht reicht, dass Texte nur das jeweilige Grammatikpensum transportieren. Sie sollten auch so oder zumindest annähernd so verfasst sein, wie sie in der Welt außerhalb des Klassenzimmers/Kursraums vorkommen. Gefordert wurde deshalb, wie es in der Fachsprache der Fremdsprachendidaktik heißt, vermehrt auf die **Authentizität** der Texte zu achten. Was versteht man darunter?

> Eine radikale Antwort heißt: Authentisch sind Texte, die von realen Sprechern einer Sprache produziert wurden und die dann in den Unterricht hineingebracht werden. Dadurch, dass sie außerhalb des Unterrichtskontextes produziert worden sind, sind sie sozusagen auf ihre Echtheit beglaubigt worden. Dadurch können sie ein angemessenes Sprachvorbild sein. Die ‚mildere' Variante lautet: Authentizität bezieht sich auf die Beschaffenheit der Texte. Ein Dialog, in dem zwei Leute so miteinander reden, dass möglichst viele Relativsätze vorkommen [...], ist kein authentischer Dialog. Aber natürlich können in einem Dialog Relativsätze vorkommen und es kann sinnvoll sein, in einem Lehrwerk zu einem bestimmten Zeitpunkt einen Dialog einzusetzen, in dem Relativsätze vorkommen.
> (Rösler 2012, S. 39)

mündliche und schriftliche Texte

In der Sprachwissenschaft wird nicht einfach nur zwischen mündlichen und schriftlichen Texten unterschieden, man trifft eine genauere Unterscheidung zwischen medialer und konzeptioneller Schriftlichkeit bzw. Mündlichkeit.
Medial schriftlich ist ein Text, wenn er in gedruckter Form vorkommt, egal ob in einem Buch oder im Internet. Medial mündlich ist ein Text, wenn er akustisch realisiert wird. Dabei ist es egal, ob die Schallwellen digital über einen Podcast transportiert werden, aus dem Radio, von einer CD kommen oder ob man den Text von einer Person hört, die mit einem im gleichen Raum steht.

Wenn sich mündlich und schriftlich nur auf diese mediale Ebene bezieht, dann gehören Texte, die sehr unterschiedlich sein können, in die gleiche Kategorie: Alles, was gesprochen wird, ist mündlich, egal wie schriftsprachlich der Text auch wirkt. In der Sprachwissenschaft ist es deshalb üblich, der medialen Schriftlichkeit und Mündlichkeit die konzeptionelle Schriftlichkeit und Mündlichkeit gegenüberzustellen. Der vorgelesene druckreife Vortrag ist konzeptionell schriftlich, auch wenn er medial mündlich realisiert ist. Die schnell getippte Nachricht in einem Messengerdienst ist zwar schriftlich realisiert, hat aber viel mehr Eigenschaften, die einer normalen informellen Unterhaltung ähnlich sind, sie ist also in den meisten Fällen eher konzeptionell mündlich.

Je fortgeschrittener die Lernenden sind, desto wichtiger ist es, dass die Lernziele sich auf konzeptionell schriftliche und mündliche Texte beziehen: Lernende, die z.B. an einer deutschen Universität studieren möchten, müssen nicht einfach nur korrekte Sätze produzieren, sie müssen lernen, wie man im Deutschen eine Seminararbeit schreibt. Viele werden zu ihrer Überraschung feststellen, dass diese Texte anders geschrieben werden als die Texte, die sie an ihrer Universität schreiben mussten. Lernende, die ein Verkaufsgespräch auf Deutsch führen müssen, müssen nicht nur den passenden Wortschatz und die korrekten Strukturen erworben haben, sie müssen auch gelernt haben, wie ein Gespräch mit deutschen Gesprächspartnern funktioniert, wann und wie lange man Smalltalk macht, wann man zur Sache kommt usw.

Authentizität und Anfängerunterricht

Wer auf den Niveaustufen B2 und C1 unterrichtet, wird also zumeist mit Texten arbeiten, die nicht nur medial, sondern auch konzeptionell schriftlich und mündlich sind, und darauf achten, seinen Lernenden möglichst viele authentische Texte zugänglich zu machen. Schwieriger ist die Situation im Anfängerunterricht, besonders auf den Niveaustufen A1 und A2. Hier sind die Lernenden mit einer großen Menge neuer Formen konfrontiert, mit Lauten und Satzmelodien, mit neuen Strukturen und vielen neuen Wörtern. Da kann es schon sinnvoll sein, dass man kurze geschriebene Texte hört, um sich mit der Aussprache der deutschen Sprache vertraut zu machen, auch wenn es sich nicht um einen konzeptionell mündlichen Text handelt. Auch die geschriebenen Texte in Lehrwerken für diese Niveaustufen unterscheiden sich von Texten derselben Textsorte, wie man sie außerhalb eines Lehrwerks antreffen würde. Wenn man akzeptiert, dass Lehrwerke durch ihre Progression die Lernenden vor zu viel Neuem auf einmal schützen sollen, dann muss man auch akzeptieren, dass man nicht ausschließlich mit Texten arbeiten kann, die konsequent authentisch sind. Das gilt nicht nur für Texte wie in dem Auszug aus dem älteren Lehrwerk vor Aufgabe 38. Auch in neueren Lehrwerken trifft man auf Dialoge, denen man ansieht, dass sie produziert wurden, um ein bestimmtes grammatisches Phänomen zu präsentieren, wie z.B. der folgende Ausschnitt aus dem Lehrwerk *Ja genau!* zeigt.

10 Welches Eis? Ergänzen Sie.

Tim: Ich mag gern Schokolade und Zitrone. Und ihr?
Laura: Schokolade? Nein! Ich mag gern Zitrone, aber ich mag Vanille lieber.
Nina: Und ich mag am liebsten Melone.
Tim: Und jetzt? Ich kann nur eine Kugel Eis kaufen. Nina, magst du auch gern Zitrone?
Nina: Nein, ich mag lieber Vanille.
Laura: Ja! Vanille!
Tim: Okay. Bitte eine Kugel – Vanille.

1. Tim mag gern ______ und ______.
2. Laura mag lieber ______ als Zitrone.
3. Nina mag am liebsten ______.
4. Nina mag lieber ______ als Zitrone.

☺	*gern*
☺☺	*lieber (als)*
☺☺☺	*am liebsten*

Ja genau A1, Band 2, S. 29.

Dieses kleine Beispiel zeigt die Problemlage: Natürlich ist es sinnvoll, die Lernenden auf den unteren Niveaustufen mit einem didaktisch kontrollierten Sprachangebot beim Sprachenlernen zu unterstützen. Aber dieses Schützen vor zu viel Authentizität kann leicht dazu führen, dass auf diesen Sprachstufen die Möglichkeiten, mit authentischen Texten zu arbeiten, nicht genutzt werden. Man muss also immer versuchen, die Balance zu halten. Wie weit man dabei gehen kann, lässt sich nicht allgemein sagen. Für die folgenden beiden Aufgaben gibt es deshalb auch keinen Lösungsvorschlag.

Aufgabe 39

Wählen Sie aus einem Lehrwerk auf der Niveaustufe A1, das Sie gut kennen, einen Dialog aus. Machen Sie den Dialog „authentischer".

Aufgabe 40

Ist es möglich, eine generelle Antwort auf die Frage zu finden, wie authentisch ein Text in einem Lehrwerk eigentlich sein darf/soll? Diskutieren Sie mit Ihren Kolleginnen und Kollegen.

Wahrscheinlich werden Sie in Ihren Antworten zu Aufgabe 40 zu sehr interessanten Aussagen – auch zu sehr unterschiedlichen – gekommen sein, die sich auf das Lernen an Ihrer Schule/Institution und auf Ihre Lernenden beziehen. Welcher Grad von authentischen Texten für das Deutschlernen der richtige ist, kann man nicht allgemein sagen. Klar ist nur, dass das von sehr unterschiedlichen Faktoren abhängt, z.B. vom Lernziel, vom erreichten Sprachniveau oder auch von den an einer Schule/Institution herrschenden Normvorstellungen.

Der Wunsch nach möglichst großer Authentizität ist also ein wichtiges Kriterium für die Auswahl von Texten für den Unterricht. Aber es ist nicht das einzige. Andere Kriterien sind: Der Text muss zum Sprachniveau der Lernenden passen (siehe Teilkapitel 2.3) und zur Zielgruppe (siehe Teilkapitel 2.4). Wenn er nicht auf deren Interesse stößt und nicht motivierend ist, muss er vielleicht adaptiert werden (siehe Teilkapitel 2.5). Es gibt also eine ganze Reihe von Kriterien, die man bei der Auswahl von Texten für den Unterricht beachten muss. Diese Kriterien können durchaus in Konkurrenz zueinander stehen, wie zum Beispiel die Forderung nach Authentizität und das Eingehen auf das Sprachniveau der Lernenden.

Zusammenfassung

Viele Texte in Lehrwerken unterscheiden sich, manchmal sogar sehr, von entsprechenden Texten, die von Sprechenden und Schreibenden einer Sprache sonst produziert werden. In der Lehrwerkproduktion hat man es daher mit einem Spannungsfeld zu tun: Man möchte, dass Texte in Lehrwerken so authentisch wie möglich sind, gleichzeitig erfordert es der didaktische Schutzraum Klassenzimmer/Kursraum, dass man vor allen Dingen auf den A-Niveaustufen Texte in Lehrwerke aufnimmt, die nicht immer den Forderungen nach Authentizität entsprechen.

5.2 Das Verstehen von Texten

Im vorherigen Teilkapitel haben Sie sich mit der Frage beschäftigt, welche Texte im Unterricht behandelt werden können und sollten. Dabei ist zum einen deutlich geworden, wie wichtig es für Ihre Lernenden ist, schon früh mit authentischen Lese-, Hör- und Hör-Sehtexten in Berührung zu kommen. Zum anderen ist klar geworden, dass es im Deutschunterricht häufig darum geht, dass Lernende Texten Informationen entnehmen sollen. Wie können Sie das Verstehen von Texten in diesem Sinne fördern? Mit dieser Frage beschäftigen wir uns in diesem Teilkapitel genauer und rücken das Lese-, Hör- und Hör-Sehverstehen und die Informationsentnahme in den Mittelpunkt.

Am Ende des Teilkapitels
- wissen Sie, was Lesen ausmacht,
- wissen Sie, dass es für die Lernenden hilfreich sein kann, beim Lesen, Hören und Hör-Sehverstehen strategisch vorzugehen,
- kennen Sie verschiedene Stile, Texte zu lesen oder anzuhören,
- können Sie erkennen, welche Ziele Aufgaben zum Lesen haben,
- kennen Sie verschiedene Aufgabentypen, mit denen man das Lesen, Hören und Hör-Sehen fördern kann, und können einschätzen, wie geeignet sie in Hinblick auf ihre jeweiligen Lernziele sind.

5.2.1 Lesen in der Fremdsprache

Ziel dieses Teilkapitels ist, dass
- Ihnen bewusst ist, welche Ähnlichkeiten und Unterschiede es beim Lesen in der Erstsprache und beim Lesen in der Fremdsprache gibt,
- Sie wissen, welche Vorgehensweisen dabei helfen, einem Text Informationen zu entnehmen.

Was macht eine fremdsprachliche Lesekompetenz überhaupt aus? Die Antworten auf diese Frage können einem helfen, wenn man die Lesekompetenz seiner Lernenden systematisch fördern will. Überlegen Sie deshalb bitte einmal, wo sich Ihre Lesekompetenz in Ihren Fremdsprachen von Ihrer erstsprachlichen Lesekompetenz unterscheidet und in welchen Punkten sie sich gleichen.

Aufgabe 41

Stellen Sie sich vor, Sie lesen einen Zeitungsartikel in Ihrer Erstsprache, in einer Fremdsprache, die Sie sehr gut beherrschen, und in einer, die Sie weniger gut beherrschen. Welche Gemeinsamkeiten und welche Unterschiede gibt es? Was trifft jeweils zu? Kreuzen Sie an.

	Lesekompetenz Erstsprache	Lesekompetenz Fremdsprache Anfängerniveau (A1, A2)	Lesekompetenz gut beherrschte Fremdsprache (B2, C1)
1. Man liest den Text Wort für Wort.	☐	☐	☐
2. Man hat ein Ziel beim Lesen des Textes.	☐	☐	☐
3. Das Wissen über die Textsorte hilft einem beim Lesen des Textes.	☐	☐	☐
4. Sehr viele Wörter versteht man durch den Kontext.	☐	☐	☐
5. Man muss beim Lesen häufig zurückspringen, um Bezüge zu verstehen.	☐	☐	☐
6. Wissen über Land und Kultur hilft einem beim Verstehen des Textes.	☐	☐	☐

Lesen in der Erstsprache und in der Fremdsprache

Vermutlich hat sich aus dem Vergleich in der Aufgabe ergeben, dass die Lesekompetenz bei einer Fremdsprache, die man gut beherrscht, weitgehend dem Lesen in der Erstsprache entspricht. Auch wenn Sie einen Zeitungstext in Ihrer Erstsprache lesen, kann es Ihnen passieren, dass Sie über unbekannte Wörter stolpern oder die Wortstellung in einem verschachtelten Satz nicht auf Anhieb richtig entschlüsseln können. Verstehen Sie den Text trotzdem, halten Sie sich damit aber meist nicht auf. Sie beweisen damit einen „Mut zur Lücke". Nur wenn das Verständnis gefährdet ist, lesen Sie den Satz ein zweites oder sogar ein drittes Mal oder informieren sich über die Bedeutung eines unbekannten Wortes.

Auch Lernende können häufig von den Kompetenzen profitieren, die sie in ihrem Lese-, Hör- und Hör-Sehverstehen in der Erstsprache aufgebaut haben.

Besonders beim Lesen auf Anfängerniveau wird aber deutlich, dass sich das Lesen in einer Fremdsprache auch stark vom Lesen in der Erstsprache unterscheiden kann. Sicherlich kennen Sie vor allem aus Ihrem Unterricht mit Anfängerinnen und Anfängern das Wort-für-Wort-Lesen und das Bedürfnis der Lernenden, alle unbekannten Wörter verstehen und nachschlagen zu wollen.

Unterschiede und Gemeinsamkeiten des Lesens in der Erst- und in der Fremdsprache sind Thema in dem kurzen theoretischen Text, den wir Ihnen in der nächsten Aufgabe zeigen. In dem Text geht es um die Frage, welche Prozesse beim Lesen allgemein und beim Lesen in der Fremdsprache ablaufen (für eine ausführlichere Zusammenfassung zum fremdsprachlichen Lesen siehe Würffel 2013).

Lassen Sie uns hier zur Einstimmung auf die folgenden beiden Kapitel ein Experiment machen: Versuchen Sie nicht, den Text aus Aufgabe 42 vollständig zu verstehen, sondern versuchen Sie nur, die wichtigsten Informationen zu entnehmen. Wundern Sie sich nicht, wenn Sie dafür den Text mehrmals lesen müssen. Mit zwei Arbeitsaufträgen versuchen wir, Sie beim Verstehen des Textes zu unterstützen: Zunächst sollen Sie Überschriften für einzelne Absätze des Textes finden (Aufgabe b). Anschließend sollen Sie die Hauptinformationen grafisch darstellen (Aufgabe c).
Eine kleine Hilfestellung, falls Sie Letzteres noch nie gemacht haben: Stellen Sie sich einen Text vor, in dem ein historischer Überblick gegeben wird. Hier könnte man als Strukturierungshilfe eine Tabelle entwerfen, in deren erster Spalte die Zeitangaben stehen und in deren zweiter Spalte die dazugehörigen Ereignisse eingetragen werden. Oder denken Sie an einen argumentativen Text: Bei dem könnte man ein Diagramm entwerfen, das mit einer Pfeilstruktur die Abfolge der Argumentationslinie nachzeichnet.

Aufgabe 42

Was steht in diesem Fachtext?

a) Lesen Sie den folgenden Text.

Fertigkeit Lesen

1. Lesen ist ein komplexer Vorgang, bei dem die Lesenden unterschiedliche Aktivitäten parallel oder sehr schnell hintereinander ausführen. Auf der einen Seite spielen sprachbezogene Prozesse eine Rolle: Buchstaben werden Lauten zugeordnet, Wörter werden als Einheiten identifiziert, Bezüge innerhalb eines Satzes werden hergestellt, die Bedeutung des Satzes wird verstanden usw. Bei einigermaßen geübten Lesenden laufen diese Prozesse in ihrer ersten Sprache automatisiert ab, d.h. die Lesenden sind sich dieser Schritte nicht bewusst. Beim Lesen in der Fremdsprache kann dies anders sein, solange die Kenntnisse in der Fremdsprache nicht über ein bestimmtes Niveau hinausgehen. Die Lesenden kämpfen dann beim fremdsprachlichen Lesen eventuell mit einzelnen sprachlichen Zeichen oder Wörtern und verringern dadurch ihr Lesetempo erheblich.

2. Die Analyse der sprachlichen Zeichen ist jedoch nur ein Teil des Leseprozesses. Neben diesen grundlegenden Aktivitäten laufen auch noch Verstehensprozesse ab: Die Lesenden aktivieren das Wissen, das sie über den Text, den weiteren Kontext und die Welt haben und setzen Lesestrategien ein. Dazu gehört z.B. auch, dass sie permanent Vermutungen anstellen und diese mithilfe ihres Wissens und mithilfe des Textes überprüfen. Man spricht deshalb auch davon, dass Lesende ihren eigenen Text in einem interaktiven Prozess zwischen eigenem Wissen und Information aus dem Text konstruieren (vgl. Westhoff 1997). Bei den Lesestrategien unterscheidet man zwischen solchen, die sich direkt auf den Leseprozess beziehen (diese gehören zu den sogenannten kognitiven Strategien) und solchen, mit denen man seinen eigenen Leseprozess steuert und kontrolliert (diese nennt man metakognitive Strategien). Wenn ich beim Zeitungslesen anhand der Überschrift eine Hypothese aufstelle, wovon der Text handeln könnte, dann wende ich eine kognitive Strategie an. Wenn ich darauf hin entscheide, den Text genauer zu lesen, dann steuere ich meinen eigenen Lesevorgang und wende eine metakognitive Strategie an.

b) Notieren Sie für Absatz 1 und 2 je einen kurzen Satz, der als Überschrift dienen könnte.

1. ______________________________

2. ______________________________

c) Stellen Sie die Hauptinformationen des Textes grafisch dar, z.B. als Tabelle, Grafik, Strukturdiagramm oder Mindmap.

Haben Sie den Text ähnlich visualisiert wie wir (s. Lösungsschlüssel)? Oder haben Sie eine ganz andere Visualisierung gewählt? Könnten die Unterschiede in der Visualisierung darauf hindeuten, dass Sie den Text anders verstanden haben?

Zusammenfassung

Beim Lesen muss man sich sowohl auf sprachbezogene Prozesse als auch auf Verstehensprozesse konzentrieren. Erstere laufen in der Erstsprache weitgehend automatisiert und unbewusst ab, deswegen ist ein schnelles Lesetempo möglich. In der Fremdsprache ist das zunächst nicht so. Neben diesem Unterschied gibt es aber auch viele Gemeinsamkeiten zwischen dem erstsprachlichen und dem fremdsprachlichen Lesen. So wenden wir bei beiden (häufig ähnliche) Strategien an.

Nicht nur unser Lesen, auch unser Hören und unser Hör-Sehverstehen werden durch den Einsatz solcher Strategien gesteuert. Dies beginnt schon im Anfängerbereich, spielt aber auch im Fortgeschrittenenbereich eine entscheidende Rolle. Sie werden sich deshalb im folgenden Teilkapitel eingehender mit Strategien zur Unterstützung der rezeptiven Fertigkeiten beschäftigen.

5.2.2 Strategien für das Lesen, Hören und Hör-Sehen

Sie haben wahrscheinlich schon beobachtet, dass vor allem Anfängerinnen und Anfänger versuchen, Lesetexte oder auch Hörtexte Wort für Wort zu verstehen. Sie nehmen beim Lesen häufig das Wörterbuch zur Hand, um alle unbekannten Wörter nachzuschlagen: Anders als in der Erstsprache fehlt den Lernenden häufig der „Mut zur Lücke". Dies führt zu einem extrem verlangsamten Leseprozess und beim Hören häufig dazu, dass die Lernenden den Zusammenhang des Textes aus dem Blick verlieren. Die Lernenden konzentrieren sich darauf, einzelne Wörter und Strukturen zu entschlüsseln, weshalb der Gesamtzusammenhang auf Satz- und Textebene nicht erfasst wird bzw. nicht erfasst werden kann. Ein inhaltliches Verständnis des Textes wird so häufig nicht erreicht. Will man die rezeptiven Fertigkeiten im Unterricht fördern, ist es wichtig, den Lernenden Strategien bewusst zu machen und ihnen neue Strategien zu vermitteln. Dies beginnt schon im Anfängerbereich, spielt aber auch bei Fortgeschrittenen eine wichtige Rolle.

Ziel dieses Teilkapitels ist, dass Sie

- mehr darüber wissen, welche Probleme es beim Lesen in der Fremdsprache geben kann,
- dass Sie sich darüber im Klaren sind, was der Unterschied zwischen einer Strategie und einer Aktivität ist,
- dass Sie zwei Typen von Strategien unterscheiden können,
- dass Sie wissen, dass der Einsatz von Strategien im Unterricht geübt und bewusst gemacht werden sollte.

Die wichtige Rolle von Lesestrategien beim Lesen wurde schon im Text in der Aufgabe 42 angesprochen. In diesem Zusammenhang haben auch Sie Erfahrungen mit dem bewussten Einsatz von Lesestrategien gemacht, um den recht schwierigen Text besser zu verstehen.

Aufgabe 43

Sehen Sie sich noch einmal das Experiment in Aufgabe 42 c) an. Kreuzen Sie die Lesestrategien an, die Sie dort anwenden sollten.

- ☐ Internationalismen erkennen und zum Verständnis nutzen
- ☐ die wichtigsten Informationen des Textes erkennen
- ☐ Ihr Leseverstehen überprüfen
- ☐ den Kontext nutzen, um unbekannte Wörter zu verstehen
- ☐ Hauptinformationen systematisch ordnen und grafisch wiedergeben
- ☐ Fragen an den Text stellen

Strategien und Lerntechniken

Westhoff spricht mit Blick auf Strategien von „Denkhandlungen“, die durch Aufgaben und Übungen angeregt werden (Westhoff 1997, S. 29). Unter **Strategie** versteht man also die planvolle Vorgehensweise, mit der man ein Lernziel (in diesem Fall das Verständnis des Textes) erreicht. Die konkrete Ausführung einer Strategie ist die Lerntechnik, also der sichtbare, beobachtbare Teil einer Strategie. Denken Sie an die Aufgabe 42 zurück: Die Arbeitsanweisung forderte Sie auf, eine Tabelle, eine Grafik oder ein Diagramm zu zeichnen. Dies war die Lerntechnik, die die Arbeitsanweisung ausgelöst hat. Die damit angeregten Lesestrategien waren: die wichtigen Informationen im Text zu finden, sie systematisch zu ordnen und zu visualisieren.

Literatur zum Weiterlesen

Auch die Einheit 2 *Wie lernt man die Fremdsprache Deutsch?* von *Deutsch Lehren Lernen* (Ballweg u.a. 2013) befasst sich ausführlich mit Strategien. Dort geht es allerdings allgemeiner um Lernstrategien.

Strategien können, je nach Bedarf und Situation, unterschiedlich sein. Sie haben aber immer das Ziel, das Lesen, Hören oder Hör-Sehen zu steuern und den Erfolg beim Verstehen zu erhöhen.

Nicht jede von Lernenden eingesetzte Strategie führt allerdings zum Ziel: Wenn Sie irgendwelche Informationen aus dem obigen Text beliebig ausgewählt und in ein Strukturdiagramm eingetragen hätten, so hätte dies wahrscheinlich nicht zum Verstehen des Textes beigetragen. Eine Aktivität muss unter dem Einsatz sinnvoll angewendeter Strategien stattfinden, damit sie beim Verstehen helfen kann. Sinnvoll heißt in diesem Zusammenhang, dass die/der Lernende diese Strategie später auch einmal in einer authentischen Situation anwenden könnte, um einen Text (besser) zu verstehen.

Aufgabe 44

Finden Sie heraus, wie Ihre Lernenden lesen.

a) Geben Sie Ihren Lernenden einen Lesetext und leiten Sie sie dazu an, dem Text die wichtigsten Informationen zu entnehmen.

b) Befragen Sie Ihre Lernenden direkt im Anschluss an die Bearbeitung, wie genau sie dabei vorgegangen sind. Notieren Sie die wichtigsten Antworten.

kognitive und metakognitive Strategien

Man unterscheidet bei Strategien zwischen verschiedenen Typen. Wichtig sind vor allem zwei: zum einen die sogenannten kognitiven Strategien; das sind solche, die sich direkt auf den Lese-, Hör- oder Hör-Sehprozess beziehen und die direkt dem Verstehen dienen. Zum anderen gibt es die metakognitiven Strategien. Mit diesen organisieren und kontrollieren Lernende den Verstehensprozess.

Beispiele für kognitive Strategien sind:
- Wörter genau analysieren (z.B. Komposita),
- den Kontext nutzen, um unbekannte Wörter zu entschlüsseln,
- unbekannte Wörter ignorieren,
- Textstellen erneut lesen, hören oder hör-sehen, um Bezüge zu verstehen,
- Informationen zusammenfassen oder systematisieren,
- Informationen visualisieren,
- Bildinformationen nutzen, um Vermutungen anzustellen oder zu überprüfen,
- neue Informationen mit eigenem Wissen verknüpfen.

Beispiele für metakognitive Strategien sind:
- den eigenen Lese-, Hör- oder Hör-Sehvorgang planen (Schritte und Strategien festlegen, Vorwissen aktivieren usw.),
- das Vorgehen beim Lesen, Hören oder Hör-Sehen steuern (wiederholen, verschieben, auslassen usw.),
- die Ergebnisse kontrollieren (Probleme identifizieren, Thesen überprüfen, Ergebnisse bewerten).

Welche Strategien sollen geübt werden?

Lehrwerkautoren und -autorinnen machen sich bei der Konzeption von Aufgaben und Übungen in Lehrwerken Gedanken über die Strategien, die sie bei den Lernenden anregen wollen. Trotzdem können Sie als Lehrende nicht einfach darauf vertrauen, dass die Aufgaben und Übungen im Lehrwerk schon dazu führen werden, dass Ihre Lernenden sinnvolle Strategien anwenden. Vielleicht soll mit einer Aufgabe oder einer Übung eine Strategie gefördert werden, die Ihren Lernenden gänzlich unbekannt ist und auf deren Verwendung sie deshalb gar nicht kommen können.

Es ist deshalb wichtig, als Lehrkraft immer selbst zu überlegen, welche Strategien bestimmte Aufgaben und Übungen anregen sollen oder anregen können. Außerdem sollte man darüber nachdenken, wie man die Lernenden bei der Anwendung einer für ein bestimmtes Ziel sinnvollen Strategie unterstützen kann. Dazu müssen Sie erkennen können, welche Strategie(n) eine bestimmte Lernaktivität anregen will.

Um das zu üben, sehen Sie nun ein älteres Video aus dem Archiv des Goethe-Instituts, das eine Unterrichtssituation zeigt, in der es um Leseverstehen geht und in der die Lehrkraft Lernaktivitäten anbietet, durch die bestimmte Lesestrategien geübt werden.

i

Ort	Goethe-Institut Bratislava
Zielgruppe	Erwachsene, etwa auf A2
globales Lernziel	einen Zeitungstext verstehen und seine Meinung zum Inhalt des Textes äußern können
Lehr-/Lernmedium	Lehrbuch *Deutsch aktiv neu*

Aufgabe 45

Sehen Sie *Goethe-Institut Bratislava.*

a) Notieren Sie die Lernaktivitäten in der Tabelle, mit denen die Lehrerin das Textverstehen fördert.

b) Beschreiben Sie in eigenen Worten, welche Lesestrategie(n) die Lernenden mit den Lernaktivitäten üben (sollen).

Lernaktivität	Lesestrategie, die geübt wird
1.	
2.	
3.	
4.	

Bewusstmachung von Strategien

In der Unterrichtssequenz in Aufgabe 45 sollen die Lesestrategien von den Lernenden benutzt und auf diese Weise eingeübt werden. Leider werden die Strategien selbst den Lernenden aber nicht bewusst gemacht. Eine Bewusstmachung der Strategien kann für manche Lernende von hohem Nutzen sein. Für andere wiederum mag dies vielleicht zunächst eine Überforderung sein. Prinzipiell ist die Bewusstmachung von Strategien aber ein wichtiger erster Schritt, um Strategien systematisch zu trainieren. Dazu gehört, dass die Lernenden Strategien immer wieder ausprobieren und sich darüber klar werden, welche ihnen besonders helfen. Ziel eines solchen Strategietrainings ist es, ein Repertoire von Strategien aufzubauen und Strategien flexibel einsetzen zu können.

In Lehrwerken werden Strategien inzwischen häufiger explizit angesprochen bzw. eingeführt und ihre Anwendung in Aufgaben geübt. Immer noch selten findet man aber Aufgaben, in denen Lernende sich die Anwendung von eigenen Strategien bewusst machen oder in denen die Verwendung von Strategien nachträglich in der Gruppe noch einmal reflektiert wird. Ein Beispiel bildet der folgende Auszug aus dem Lehrbuch *DaF kompakt*. Hier sollen sich die Lernenden über die Verwendung von Lesestrategien austauschen.

b Sie lesen einen neuen Text zweimal. Welche Tipps sind dafür sinnvoll? Kreuzen Sie an. Besprechen Sie das Ergebnis im Kurs.

1. Sie konzentrieren sich beim ersten Lesen nur auf den Hauptinhalt des Textes und fragen sich: Habe ich das Thema und die Hauptaussagen des Textes verstanden? [X]
2. Lassen Sie sich von unbekannten Wörtern nicht nervös machen: Sie müssen nicht jedes einzelne Wort verstehen, sondern den Textzusammenhang. [ ]
3. Sie sollten sich beim Lesen viele Notizen machen. [ ]
4. Beim Lesen sollten Sie die Schlüsselwörter im Text markieren. [ ]
5. Sie sollten sich die Fragen gut durchlesen. [ ]
6. Am besten überlegen Sie sich schon vor dem Lesen die Antworten auf die Fragen. [ ]
7. Wenn Sie eine Frage nicht beantworten können, sollten Sie zur nächsten Frage gehen. [ ]
8. Nach dem zweiten Lesen sollten Sie die Antworten nicht noch einmal überprüfen. [ ]

DaF kompakt neu B1, S. 177.

Zusammenfassung

Lernende haben die Möglichkeit, ihr Lesen, Hören und Hör-Sehen auf jeder Niveaustufe durch den Einsatz sinnvoller Strategien positiv zu beeinflussen. Will man die rezeptiven Fertigkeiten Lesen, Hören und Hör-Sehverstehen im Unterricht fördern, ist es wichtig, Strategien bewusst zu machen, neue Strategien zu vermitteln und den Strategieeinsatz zu reflektieren. Dies kann durch den Einsatz von angeleiteten Aktivitäten geschehen.

Zu solchen angeleiteten Aktivitäten kann es auch gehören, Lernende zum Einsatz von Lese-, Hör- und Hör-Sehstilen aufzufordern, die den Einsatz effektiver Strategien fördern oder auch das Einsetzen ineffektiver Strategien verhindern. Dazu erfahren Sie im nächsten Teilkapitel mehr.

5.2.3 Lese-, Hör- und Hör-Sehstile

Oben hatten wir das Problem angesprochen, dass Anfängerinnen und Anfänger Texte häufig Wort für Wort lesen. Ihr Leseprozess ist deshalb häufig sehr verlangsamt und manchmal ineffektiv. Um mit den Lernenden an diesem Problem zu arbeiten, kann es hilfreich sein, ihnen bewusst zu machen, dass es verschiedene Vorgehensweisen gibt, einen Text zu verstehen. Diese Vorgehensweisen setzen sie beim Lesen, Hören und Hör-Sehen in ihrer Erstsprache selbstverständlich ein.

Ziel dieses Teilkapitels ist, dass Sie
- erkennen, wie das Anwenden verschiedener Stile den Lernenden helfen kann, mit bestimmten Schwierigkeiten beim Lesen auf Anfängerniveau besser umgehen zu können,
- wissen, welche Lese-, Hör- und Hör-Sehstile es gibt.

Lese-, Hör- und Hör-Sehstile bestimmen, wie man einen Text aufnimmt oder rezipiert. Die Rezeptionsstile hängen sowohl von den Vorkenntnissen, von der Textsorte als auch von den Interessen und Absichten der Rezipientinnen und Rezipienten ab: So liest man einen Prosatext anders als einen Werbeprospekt oder eine Fahrkarte. Den Verkehrsnachrichten oder Durchsagen auf dem Bahnhof hört man anders zu als einer Radioreportage, deren Thema man sehr interessant findet.

Lernenden diese Stile bewusst zu machen und mit ihnen zu üben, sie anzuwenden, ist aus zwei Gründen sinnvoll:
- Lernende erkennen, dass sie Texte auch schon als Anfängerin und Anfänger auf verschiedene Art und Weise rezipieren können. Je nach Ziel kann man an einem Text verschiedene Lese-, Hör- und Hör-Sehstile anwenden: So entspricht es z.B. dem natürlichen Lesen, dass man einen Zeitungstext zunächst nur überfliegt, um zu sehen, ob er interessant ist, und ihn dann in einem zweiten Durchgang erst genauer liest.
- Das bewusste Anwenden der Rezeptionsstile kann außerdem helfen, mit bestimmten Schwierigkeiten besser umzugehen: Die explizite Aufgabe, einen Text nur überfliegend zu lesen, kann den Lernenden helfen, mehr „Mut zur Lücke" zu entwickeln, da sie erkennen, dass sie auch dabei bestimmte Informationen des Textes verstehen und den Gesamtzusammenhang vielleicht sogar besser erfassen können. Man hilft den Lernenden damit bei der Übertragung hilfreicher erstsprachlicher Lese-, Hör- und Hör-Sehstrategien in die Fremdsprache.

Sie sehen nun drei Sequenzen einer Unterrichtsstunde, in der die Lehrerin mit den Lernenden einen Hörtext bearbeitet. Dabei werden verschiedene Hörstile angewendet. Es geht im Hörtext um das Thema Nachbarschaft. Zunächst sammelt die Lehrerin mit den Lernenden in einem Brainstorming Wörter rund um das Thema. Anschließend stellt sie drei Aufgaben, mit denen jeweils ein bestimmter Hörstil geübt wird.

Hier sind die Informationen zu der Unterrichtssituation, aus der die drei Sequenzen stammen:

Ort, Jahr	Goethe-Institut München, 2008
Zielgruppe	Erwachsene auf B2.1
Lehrkraft	Ulla Hellinge
Lernziel	Die Lernenden können einen Hörtext zum Thema Nachbarschaft verstehen.
Lehr-/Lernmedium	*Mittelpunkt* B2

Aufgabe 46

Sehen Sie die Sequenzen 2, 3 und 4 von *Goethe-Institut München*.

a) Auf welche Art und Weise müssen die Lernenden in den drei Sequenzen jeweils zuhören, um die Aufgabe lösen zu können? Kreuzen Sie jeweils die richtige Lösung an.
Bei Sequenz 3 und 4 reicht es wahrscheinlich, wenn Sie nur die Arbeitsanweisung der Lehrerin hören.

Sequenz	Hörstil 1 (detailliert): Die Lernenden müssen den Inhalt des Hörtextes möglichst vollständig erfassen.	Hörstil 2 (kursorisch): Die Lernenden müssen beim Hören nur erkennen, welche Themen überhaupt genannt werden. Sie müssen keine Details verstehen.	Hörstil 3 (selektiv): Die Lernenden müssen beim Hören nur bestimmte Informationen des Hörtextes erfassen.
2	☐	☐	☐
3	☐	☐	☐
4	☐	☐	☐

b) Beschreiben Sie nun jeweils eine reale Situation, in der man auf die drei Arten und Weisen hört.

Hörstil 1 (detailliert)
Reale Situation:

___

Hörstil 2 (kursorisch)
Reale Situation:

___

Hörstil 3 (selektiv)
Reale Situation:

___

Stile beim Lesen, Hören und Hör-Sehen

Lernende können einen globalen bzw. kursorischen Lese-, Hör- oder Hör-Sehstil einsetzen, um sich einen ersten Eindruck zu verschaffen und das Thema oder die Hauptinformationen des jeweiligen Textes zu verstehen. Diesen Stil setzt man z.B. häufig ein, wenn man Zeitung liest und erst einmal die wichtigsten Informationen auf der ersten Seite überfliegt. Auf Details achtet man bei einem solchen Lesen nicht. Das war z.B. in Aufgabe 46 im ersten Ausschnitt (Sequenz 2) der Fall.

Ein zweiter wichtiger Stil ist das selektive oder selegierende Hören oder Lesen. Dabei geht es darum, nur bestimmte Informationen zu verstehen. Alle anderen werden ignoriert. Dieser Stil wird von Lernenden häufig eingesetzt, wenn Detailfragen zu einem Text gestellt werden: Die Lernenden suchen dann nur nach den zu findenden Informationen und ignorieren den Rest des Textes. Diesen Hörstil sollten die Lernenden im dritten Ausschnitt (Sequenz 4) des Unterrichts anwenden.

Dann gibt es noch das detaillierte Lesen, Hören oder Hör-Sehen. Hierbei wird versucht, den jeweiligen Text bzw. alle Informationen, die dieser gibt, möglichst vollständig zu erfassen. Ein Beispiel dafür haben Sie in Aufgabe 42 gesehen und in Aufgabe 46 im zweiten Ausschnitt (Sequenz 3).

Die Beispiele aus dem Unterricht haben auch gezeigt, dass man mit Lernenden verschiedene Lese-, Hör- und Hör-Sehstile an einem Text üben kann: Für verschiedene Durchgänge werden unterschiedliche Ziele benannt; um diese zu erreichen, müssen die Lernenden unterschiedliche Stile anwenden. Auf diese Weise wird auch deutlich gemacht, wie wichtig eine flexible Verwendung von Stilen und Strategien ist.

Zusammenfassung

Je nach Rezeptionsabsicht und Textsorte kann man beim Lesen, Hören und Hör-Sehen verschiedene Rezeptionsstile einsetzen: Man kann dabei global, selektiv oder detailliert rezipieren. Das Üben dieser Stile kann den Lernenden dabei helfen, ihr Lesen, Hören und Hör-Sehen je nach Text und Absicht anders zu gestalten. Sie können durch die Anwendung bestimmter Stile außerdem lernen, mit bestimmten Schwierigkeiten, die vor allem auf Anfängerniveau auftauchen, besser umzugehen. Sowohl die Anwendung von Strategien als auch das gezielte Einsetzen eines bestimmten Rezeptionsstils kann man durch bestimmte Aufgaben anregen und fördern. Im nächsten Kapitel werden Sie sich gezielt mit möglichen Aufgaben zur Unterstützung des Lese-, Hör- und Hör-Sehverstehens auseinandersetzen.

5.2.4 Aufgaben zur Förderung des Lese-, Hör- und Hör-Sehverstehens

Nun kommen wir im letzten Schritt dieses Kapitels zu verschiedenen Aufgaben, durch die man sowohl Strategien zum Lesen, Hören und Hör-Sehverstehen als auch den Einsatz verschiedener Rezeptionsstile gezielt fördern kann.

Ziel dieses Teilkapitels ist,
- dass Sie wissen, nach welchen Kriterien man Aufgaben zum Textverstehen ordnen kann,
- dass Sie erkennen, welche Ziele die jeweiligen Aufgaben haben und welche Strategien und/oder Rezeptionsstile durch die Aufgaben geübt werden.

Ziele von Aufgaben

Häufig werden **Aufgaben** zum Textverstehen in „vor-während-nach"-Aufgaben unterteilt. Die Aufgaben werden hierbei nach dem Zeitpunkt ihres Einsatzes geordnet. Auch wenn Sie auf diese Einteilung immer wieder stoßen werden, da viele Lernmaterialautorinnen und -autoren sie verwenden, kann man sie durchaus kritisch sehen: Über die jeweilige Zielsetzung der Aufgabe sagt diese Einteilung nichts aus, obwohl diese für jede Lehrkraft zentral sind. Vor allem die Kategorie „während" umfasst Aufgaben und Übungen mit völlig unterschiedlicher Zielsetzung. Die meisten Aufgaben, die Lernende z.B. beim Lesen eines Textes bearbeiten, sollen ihnen beim Verständnis des Textes helfen. Manchmal wird aber auch schon während des Lesens das Verständnis der Lernenden geprüft. Gleichzeitig werden „während"-Aufgaben beim Hören und Hör-Sehen häufig gar nicht wirklich während des Hörens und Hör-Sehens ausgeführt, sondern erst im Anschluss daran.

Uns erscheint es deshalb sinnvoller, Aufgaben nach den Zielen zu ordnen, zu denen sie eingesetzt werden. Wir unterscheiden zwischen Aufgaben,

- die das Textverstehen vorbereiten, indem sie Vorwissen aktivieren oder erweitern,
- die das Verstehen unterstützen,
- und die zu einer (weiterführenden oder vertiefenden) Auseinandersetzung mit den Inhalten anregen.

Auf Aufgaben mit diesen Zielen werden Sie in Lehrwerken bei der Bearbeitung von Texten immer wieder stoßen, wobei es natürlich Variationen gibt und nicht immer alle Aufgabentypen vorhanden sind.
Beschäftigen Sie sich nun genauer mit Aufgaben, die das Verstehen vorbereiten und unterstützen, sowie mit Aufgaben, die die Beschäftigung mit den Textinhalten weiterführen oder vertiefen.
Sehen Sie sich zunächst die beiden Lehrwerkauszüge an:

Material 17

C

Mein Konto, dein Konto ...

Lesen und Grammatik Sie weiß nicht, ob ... Lesen Per Mausklick Schreiben Routine

LESEN UND GRAMMATIK

1 **Starten wir!** Was haben Sie heute schon mit Geld gemacht? Alle im Kurs. Berichten Sie.

◆ Ich habe Geld ausgegeben. Ich habe Brot gekauft. ○ Ich habe ...

2 **In Gruppen. Lesen Sie den Text.** Verstehen Sie die unterstrichenen Wörter? Fragen Sie und sehen Sie im Wörterbuch nach.

◆ Weißt du, was *Konto* heißt? ○ Ja, das heißt / bedeutet ...
◆ Wisst ihr, was ein *Konto* ist? ○ Nein, tut uns leid.

www.paareonline.de

Mein Konto, dein Konto ... – Paare und Geld

Sollen Paare alles teilen? Auch das Konto? „Wenn's um Geld geht, hört die Freundschaft auf" – leider auch oft die Liebe. Über Geld diskutiert man in den Familien viel. Er will den neuen Golf. Sie weiß nicht, ob das neue Auto wirklich wichtig ist. Sie möchte Geld für eine schöne Reise ausgeben, er möchte zu Hause bleiben und sparen ... So hat jeder seine Wünsche.

Eigenes Budget Die meisten Paare in Deutschland haben nur ein Konto. Wir haben die Familien-Psychologin, Beate Fischer, gefragt, ob das auch gut so ist. Ihre Antwort: „Nein, nicht wirklich. Denn in den wenigsten Familien ist genug Geld da. Deshalb ist es wichtig, dass Mann und Frau ein eigenes Budget haben. Mit diesem Geld, egal ob fünfzig oder fünfhundert Euro im Monat, kann dann jeder machen, was er will."

Drei Konten Wir wollten auch wissen, ob Familien klare Regeln haben sollten. Frau Fischer meint: „Ja, am besten sind drei Konten: dein Konto, mein Konto und unser Konto. Ein Konto also für jeden Partner und ein drittes gemeinsames Konto für die Miete, den Strom, das Auto ... Das wäre optimal."

Starten wir, Kursbuch A2, S.124.

Material 18

12 Leben in der Großfamilie

a Hör die Einleitung des Interviews und füll den Steckbrief aus.

b Was meint ihr: Wie ist Florians Leben? Sammelt eure Ideen. Das hilft beim Weiterhören.

Team Deutsch 2, S.55.

Aufgabe 47

Sehen Sie sich die Aufgabe 2 aus dem Lehrwerk *Starten wir* (Material 17) und 12 b aus dem Lehrwerk *Team Deutsch* (Material 18) an. Welche Funktionen haben die Aufgaben im Detail? Notieren Sie in der Tabelle.

Aufgabe	Funktionen der Aufgaben
2 *Starten wir,* Kursbuch A2, S.124 (Material 17)	
12b aus *Team Deutsch,* S. 55 (Material 18)	

vorbereitende Aufgaben

Sehr häufig dienen die vorbereitenden Aufgaben der Vorentlastung von Vokabular. Manchmal dürfen die Lernenden das Wörterbuch zu Hilfe nehmen, manchmal werden sie aufgefordert, neue Wörter allein oder in der Gruppe zu entschlüsseln: Die Aufgabe aus dem Lehrwerk *Starten wir* (Material 17) ist z.B. eine Aufgabe zur Vorentlastung, bei der nicht die Lehrkraft die Bedeutung der unbekannten Wörter vorgibt, sondern bei der die Lernenden sich gegenseitig schwierige Wörter aus dem Text zu erklären versuchen oder sie im Wörterbuch nachschlagen, um ihre Bedeutung dann den anderen mitzuteilen. In Lehrwerken wird das Verstehen eines Textes zum Teil auch vorentlastet, ohne dass Aufgaben eingesetzt werden, z.B. indem bestimmte Vokabeln vor dem Rezipieren eines Textes eingeführt werden. Auch für dieses Vorgehen gibt es durchaus Gründe; ein Vorgehen, das die Lernenden stärker aktiviert, ist aber sicherlich in den meisten Fällen wünschenswerter.

Durch die vorbereitenden Aufgaben soll außerdem das Vorwissen der Lernenden aktiviert werden. Für die Aktivierung des Vorwissens werden nicht nur Anregungen in sprachlicher Form (wie in der Aufgabe 1 aus *Starten wir* in Material 17), sondern häufig auch Bildinformationen genutzt. Es geht also bei dem Vorwissen nicht nur um ein Vokabelwissen, Grammatikwissen oder überhaupt faktisches Wissen. Auch Haltungen, Erfahrungswissen und Emotionen können und sollen aktiviert werden. Die Aktivierung erfolgt häufig zusätzlich dadurch, dass man die Lernenden auffordert, Vermutungen zum Text anzustellen.

Gerade bei der Arbeit mit Hörtexten sind Vorentlastungen in dieser, aber auch noch in einer anderen Form sehr wichtig: Vor dem Hören sollte man zunächst gemeinsam oder individuell die Arbeitsanweisung zum Text lesen, damit sichergestellt ist, dass sie von allen verstanden wurde. Während des Hörens sind die Lernenden verständlicherweise so mit dem Hören beschäftigt, dass es für sie eine Überforderung darstellt, sich erst jetzt intensiver damit zu beschäftigen, was sie eigentlich während des Hörens oder direkt im Anschluss daran machen sollen.

Aufgaben, die das Verstehen unterstützen

Wir kommen jetzt zum nächsten Aufgabentyp, den Aufgaben, die das Verstehen unterstützen. Wir konzentrieren uns dabei beispielhaft auf den Bereich des Lesens. Während das Aufgabenspektrum bei den vorbereitenden Aufgaben überschaubar ist, sind die unterstützenden Aufgaben sehr variantenreich. Dies liegt auch daran, dass es zahlreiche Strategien gibt, die Lernende einsetzen können, um Texte (besser) zu verstehen.

Lesestrategien

Aufgaben in Lehrwerken, die das Verstehen unterstützen sollen, dienen häufig dem Training der folgenden Strategien:

- **unbekannte Wörter mithilfe des Kontexts entschlüsseln**: Die Lernenden nutzen den Kontext, um ein unbekanntes Wort verstehen zu können.
- **Schlüsselwörter erkennen**: In jedem Text gibt es Wörter, die besonders wichtig für das Verständnis des Textes sind; diese nennt man Schlüsselwörter. Wenn Lernende diese Wörter verstehen, dann können sie meist grob den Inhalt des Textes verstehen.
- **Zwischenüberschriften zur Orientierung nutzen**: In der Reihe *Deutsch Lehren Lernen* sollen Ihnen die Zwischenüberschriften am Rand helfen, komplexere Textabschnitte besser zu verstehen. Sein eigenes Lesen kann man unterstützen, wenn man für sich selbst solche Zwischenüberschriften an den Rand schreibt: Man wird dadurch gezwungen, die wichtigen Informationen herauszufiltern.
- **wichtige Informationen im Text erkennen und von unwichtigeren Informationen abgrenzen**: Jeder Text enthält wichtigere und unwichtigere Informationen. Wenn Lernende die wichtigen Informationen erkennen und versuchen, diese zu verstehen, wird ihr Lesen ökonomischer. Trotzdem verstehen sie die Hauptaussagen des Textes.
- **Vermutungen zum Inhalt des Textes anstellen**: Beim Lesen von Texten stellen wir permanent Vermutungen oder Hypothesen auf. Wir lesen die Überschrift und vermuten, worum es in einem Text geht. Wir lesen ein unbekanntes Wort und lesen weiter, um vielleicht eine Erklärung dafür im Text zu bekommen usw.
- **Vermutungen überprüfen**: Manchmal führt uns die Überschrift auf eine falsche Fährte und man merkt erst beim Lesen, dass der Text in eine ganz andere Richtung geht, als man nach dem Lesen der Überschrift vermutet hatte. Deswegen gehört es auch zum Lesen, dass man die Vermutungen, die man anstellt, immer wieder überprüft.
- **inhaltliche Struktur des Textes nachvollziehen und visualisieren**: Um die Struktur eines Textes besser zu verstehen, kann es helfen, diese visuell abzubilden. Sie haben diese Strategie in der Aufgabe 42 c) selbst angewendet. Allerdings wird diese Aufgabe nur selten in offener Form gestellt. Meistens wird eine Visualisierung vorgegeben, die Lernenden müssen diese nicht selbst entwickeln.
- **W-Fragen an den Text stellen**: Mithilfe von allgemeinen W-Fragen (Wer?, Was?, Wann?, Wo?, ...) lassen sich häufig zentrale Informationen aus Texten einordnen und der Gesamtzusammenhang schnell erfassen. W-Fragen sind häufig in Aufgaben in Lehrwerken zu finden, aber es ist auch sinnvoll, sie selbst an einen Text zu stellen. Konkrete Fragen an einen Text, wie z.B. *Was ist der Appetitkiller Nummer 1 bei Kindern?*, dienen eher dazu, spezielle Informationen herauszufiltern, und prüfen das Detailverstehen, statt das Gesamtverständnis des Textes zu unterstützen.
- **Vorwissen mit neuen Informationen verbinden** (**Elaboration**): Beim Anstellen von Vermutungen, aber auch beim Verstehen von Wörtern, Sachverhalten, Metaphern usw. hilft uns unser Vorwissen; dafür müssen wir es aber mit dem neuen Wissen verbinden.

- **Lesestrategien bewusst machen**: Wenn man sich bewusst ist, welche Strategien beim Lesen helfen können, dann kann man flexibler mit ihnen umgehen und sie gezielter einsetzen, um das Verstehen zu fördern.

Damit Sie einen Eindruck davon bekommen, was alles möglich ist, um Ihre Lernenden beim Verstehen von Texten zu unterstützen, sehen Sie sich nun fünf verschiedene Auszüge aus Lehrbüchern an und untersuchen dann in der nächsten Aufgabe, welche Lesestrategien die Aufgaben anregen. Hier sind zunächst die Lehrwerkauszüge:

Material 19

Die richtige Bewerbung

9 a **Was gehört zu einer Bewerbung? Sammeln Sie im Kurs.**

b **Lesen Sie den Text. Was ist bei einer Bewerbung wichtig? Notieren Sie Stichwörter auf der Checkliste und vergleichen Sie im Kurs.**

Online bewerben – aber wie?

Viele Firmen akzeptieren nur noch Online-Bewerbungen. Aber worauf kommt es eigentlich an, wenn man sich per E-Mail bewirbt? Zuerst braucht man eine seriöse E-Mail-Adresse. Unter Freunden ist eine Adresse wie mausicool@yahoo.de sicher ganz lustig, aber für den zukünftigen Arbeitgeber? Auf keinen Fall darf man eine Bewerbung von der Mail-Adresse des aktuellen Arbeitgebers losschicken.
Ansonsten unterscheidet sich die Online-Bewerbung nicht von der „Papier"-Bewerbung. Zu den Bewerbungsunterlagen gehört natürlich ein aussagekräftiges Bewerbungsschreiben. Darin stehen Informationen, die für die Firma wichtig sind: Warum suchen Sie nach einem neuen Job? Warum interessieren Sie sich gerade für diesen Job? Was sind Ihre Qualitäten? Darauf sollte sich das Bewerbungsschreiben konzentrieren.
Der Lebenslauf mit Foto darf selbstverständlich auch nicht fehlen. Das Foto sollte man möglichst von einem Profi machen lassen. Das Foto vom letzten Urlaub finden Personalchefs in der Regel nicht so gut.
Natürlich schickt man auch Zeugnisse von der Schule oder Uni oder von früheren Arbeitgebern. Aber überlegen Sie vorher, welche Bescheinigungen für diese Stelle wirklich relevant sind.
Am besten fasst man alle Unterlagen in einem PDF-Dokument als Anhang zusammen. So muss die Personalabteilung nur ein Dokument öffnen und der Bewerber weiß, dass alles so ankommt, wie er es losgeschickt hat.
Und dann? Dann wartet man darauf, dass sich die Firma meldet. Das kann manchmal leider ziemlich lange dauern. Nach ca. zwei Wochen können Sie auch bei der Firma anrufen und nachfragen, ob Ihre Bewerbung angekommen ist und wie der Stand der Dinge ist.
Viele Institutionen bieten übrigens ein spezielles Bewerbungstraining an. Jeder, der Hilfe braucht, kann an so einem Training teilnehmen. Dort gibt es auch Tipps, wie Sie sich am besten auf ein Vorstellungsgespräch vorbereiten können.

Checkliste Bewerbung:

seriöse E-Mail-Adresse

Netzwerk B1, S.46.

Material 20

b Lesen Sie nur die Einleitung und die Überschriften und sehen Sie die Fotos im Text auf Seite 30 an. Was meinen Sie? Von wem hat Valentina die drei Sachen bekommen?

Die Tänzerin hat sie von ... bekommen, glaube ich.

c Lesen Sie den ganzen Text und vergleichen Sie.

Schritt für Schritt A2.2, S.31.

Material 21

2 **Zu zweit. Lesen Sie den Text.** Welche Überschrift passt? Ergänzen Sie.

Fährst du mit dem Bus? Büro, Uni, Schule: Wie kommst du hin? Verkehrsmittel gestern und heute

www.einsonline.de

1 2 3 4

EXTRAS

- Verkehrsmittel = Auto, Bus etc.
- Verkehr

zu Fuß

Nur eine Frage!

○ **a** Hallo, ich bin Lara und wohne in Berlin. Ich studiere noch. Ich gehe zu Fuß oder fahre mit dem Fahrrad. Die Universität ist nicht weit.

○ **b** Hallo, mein Name ist Christine. Ich komme aus Düsseldorf. Ich wohne in der Stadt und brauche kein Auto. Bei uns gibt es DriveNow. Das ist Carsharing, und da mache ich mit. Manchmal nehme ich ein Auto und fahre ins Büro oder zum Shoppen. Oder ich miete ein Elektroauto. Das macht Spaß, ist cool und gut für die Umwelt.

○ **c** Ich heiße Daniel und bin aus Wien. Ich mache gerade Abitur, und ich habe kein Auto. Oft fahre ich mit der U-Bahn oder mit der Straßenbahn. Ich kann auch mit dem Bus fahren. Die Bushaltestelle ist gleich hier in der Josefstädterstraße.

○ **d** Hi, ich bin Philipp aus Hamburg. Mein Büro ist nicht weit. Aber mit dem Auto? Nein, das ist Stress! Und das ist langsam, denn es gibt so viel Verkehr und immer Staus! Manchmal fahre ich mit dem Fahrrad ins Büro. Dann miete ich ein Fahrrad von CityBike. Rad fahren ist einfach toll! Schnell und billig! Und ich bleibe fit!

TIPP

Lesen Sie Überschriften immer genau. Sie sagen, was im Text wichtig ist.

Starten wir A1, S.90.

Material 22

C Gut gelaufen

1 Der Leonardo-Campus-Run

a Lesen Sie die Überschrift und schauen Sie das Foto an. Welche Informationen gibt uns wohl der Text?

Beate Langer gewinnt Campus-Run

Das dritte Mal war Beate Langer von der RWTH Aachen die Siegerin beim Leonardo-Campus-Run in Münster. „Ich bin sehr glücklich. Nach 2012 und 2014 bin ich wieder Siegerin. Meine Zeit war nicht super. Denn für die 10-km-Distanz habe ich dieses Jahr nicht sehr intensiv trainiert. Aber ich habe die Strecke in 39:02 Minuten geschafft. Das Wetter war optimal, das Publikum war einfach toll, und der Applaus hat mich total motiviert. Ich hatte immer ein gutes Gefühl und alles hat super geklappt." Die Triathletin ist schon beim „Ironman" auf Hawaii gestartet. Sehr zufrieden war Judith Noll mit Platz 2 (39:44).
Bei den Männern hat Axel Meyer (22) gesiegt. Sein Streckenrekord: 33:01 Minuten. Viele Fans haben ihn am Ziel begeistert gefeiert.

b W-Fragen beantworten. Lesen Sie den Text in 1a und beantworten Sie die Fragen.

1. Wo war der Leonardo-Campus-Run? *In Münster.*
2. Woher kommt die Siegerin? ____________
3. In welcher Zeit hat die Siegerin die Strecke geschafft? ____________
4. Wer war die Zweite auf der Distanz von 10 km? ____________

DaF kompakt neu A1, S.46.

Material 23

C Silicon Saxony

1 Einen Text zusammenfassen: Textbauplan

a Lesen Sie den Artikel im Kursbuch C, Aufgabe 1a, noch einmal. Schreiben Sie dann die Aussagen in der richtigen Reihenfolge in den Textbauplan.

Kooperation mit Hochschule und Uni | ~~Freiberg: hochmoderne Werke für die Waferherstellung~~ | Mikroelektronik in Sachsen | weiterer Grund für den wirtschaftlichen Erfolg Dresdens | Firmen- und Beschäftigtenzahlen | ~~Verwendungsmöglichkeiten für Chips~~ | Dresden: wichtigster Standort für Mikroelektronik | Spitzname Dresdens | ~~Industrieregion Sachsen~~

Industrieregion Sachsen
↓
[ ] → *Verwendungsmöglichkeiten für Chips*
↓
[ ]
↓
[ ]
↓
[ ] → *Freiberg: hochmoderne Werke für die Waferherstellung*
↓
[ ]
↓
[ ]

DaF kompakt neu B1, S. 117.

Aufgabe 48

Sehen Sie sich die Arbeitsanweisungen zu den Aufgaben aus den fünf Lehrwerken (Material 19–23) an. Welche Lesestrategien sollen in den Aufgaben geübt werden? Kreuzen Sie an (pro Aufgabe können auch mehrere Strategien geübt werden).

1. Schlüsselwörter erkennen
2. Zwischenüberschriften zur Orientierung nutzen
3. Abgrenzung von wichtigen und unwichtigen Informationen
4. Vermutungen zum Textinhalt anstellen
5. Vermutungen überprüfen
6. Inhaltliche Struktur des Textes nachvollziehen und gegebenenfalls visualisieren
7. W-Fragen zum Text beantworten
8. Lesestrategien bewusst machen

	Strategien							
Material	**1**	**2**	**3**	**4**	**5**	**6**	**7**	**8**
19 *Netzwerk B1*, S. 46	☐	☐	☐	☐	☐	☐	☐	☐
20 *Schritt für Schritt A2.2*, S. 31	☐	☐	☐	☐	☐	☐	☐	☐
21 *Starten wir A1*, S. 90	☐	☐	☐	☐	☐	☐	☐	☐
22 *DaF kompakt neu A1*, S. 46	☐	☐	☐	☐	☐	☐	☐	☐
23 *DaF kompakt neu A1*, S. 117	☐	☐	☐	☐	☐	☐	☐	☐

Sie haben sich durch eine beachtliche Menge von Aufgaben gekämpft! Anders wäre es aber nicht möglich gewesen, Ihnen auch nur einen Eindruck von der Vielfalt der Aufgaben zu geben, die während des Lesens gestellt werden können. Bevor wir zum nächsten Aufgabentyp kommen, den weiterführenden und vertiefenden Aufgaben, möchten wir kurz zwei Aspekte ausführen, die uns im Zusammenhang mit den unterstützenden Aufgaben noch wichtig erscheinen: Das ist zum einen der häufig eingesetzte Aufgabentyp „Fragen zum Text" und das sind zum anderen die unterstützenden Aufgaben zum Hör- und Hör-Sehverstehen.

Aufgabentyp Fragen zum Text

Wie Sie bestimmt selbst wissen, ist einer der häufigsten Aufgabentypen das Stellen von Fragen zum Text. Leider werden mit den Fragen häufig eher Details abgefragt. Den Lernenden wird damit nicht geholfen, ein Gesamtverständnis des Textes zu entwickeln. Besser ist es, die Lesenden selbst Fragen an den Text stellen und diese beantworten zu lassen. Dies entspricht am ehesten dem Rezipieren in der Erstsprache und bereitet die Lernenden am besten auf authentische Situationen vor. In einer solchen Situation im wirklichen Leben müssen sie auch zunächst ihr Interesse festlegen, bevor sie dann den Text im Hinblick auf dieses Interesse lesen (siehe hierzu ausführlicher Westhoff 1997, S.19).

unterstützende Aufgaben zum Hör- und Hör-Sehverstehen

In unseren Beispielen stand meist die Förderung der Lesekompetenz im Mittelpunkt. Häufig werden aber die gleichen oder ähnlichen Aufgabentypen auch bei Hör- und Hör-Sehtexten angeboten, da man viele Strategien sowohl für das Verstehen von schriftlichen Texten als auch von Hörtexten und Hör-Sehtexten nutzen kann. Abweichungen finden Sie dort, wo die Aufgaben und Lernaktivitäten dem jeweiligen Medium und seinen Besonderheiten angepasst werden oder wo gezielt Hör- und Hör-Sehstrategien geübt werden sollen:

- Bei Hörtexten oder Hör-Sehtexten werden die Lernenden häufig aufgefordert, sich während des ersten Hörens Notizen zu machen. Bei diesen Notizen können die Lernenden auch näher spezifizieren: z.B. A. Bei dieser Information bin ich mir sicher, sie richtig verstanden zu haben. B. Das glaube ich, verstanden zu haben. C. Dieses Wort habe ich nicht verstanden, halte ich aber für wichtig.
- Vor dem zweiten Hören können unbekannte Wörter nachgeschlagen werden. Es kann anhand der Notizen geplant werden, auf welche Informationen die Aufmerksamkeit beim zweiten Hören gezielt gelenkt wird, um nun auch Informationen zu verstehen, die beim ersten Hören nicht richtig verstanden wurden.
- Häufig wird Lernenden auch die Aufgabe gestellt, während des Hörens eines Textes Bilder gemäß der im Text erzählten Geschichte anzuordnen oder einen Lückentext zu vervollständigen. Damit kann das Verstehen durch die visuellen Hilfen (Bilder) oder die Texthilfen (Lückentext) unterstützt oder auch überprüft werden.
- Bei der Arbeit mit Filmen bietet es sich z.B. an, die beiden Informationskanäle Bild und Ton in den Aufgaben didaktisch zu nutzen, indem man sie zuerst gesondert betrachten lässt: Lernende sehen den Film also zunächst ohne Ton oder ohne Bild und stellen Vermutungen über seinen Inhalt an. Gleichzeitig kann man sie auch über ihre jeweiligen Rezeptionsprozesse reflektieren lassen, um ihnen bewusst zu machen, dass die Kanäle Bild und Ton das Verstehen in unterschiedlicher Weise unterstützen.

www.

Eine schöne Möglichkeit, authentische Hör- und Hör-Sehtexte in den Unterricht zu integrieren, ist die Arbeit mit authentischen oder didaktisierten Audio- und Videopodcasts.

- Eine gute Auswahl qualitativ hochwertiger und informativer authentischer Podcasts bieten die deutschsprachigen Radio- und Fernsehsender an: Unter www.tagesschau.de/100sekunden zeigt z.B. die ARD ihre Tagesschau in komprimierter Form.
- Für jüngere Lernende kann man auch auf Kindernachrichten zurückgreifen, die viele Radio- und Fernsehsender anbieten, z.B. www.zdf.de/kinder/logo oder www.ndr.de/info/podcast4096.html.
- Die Deutsche Welle stellt zahlreiche Podcasts zum Deutschlernen zur Verfügung, darunter auch verlangsamt gesprochene Nachrichten www.dw.com/de/deutsch-lernen/nachrichten/s-8030.
- Auf ihrer Seite *Kostenlos Deutsch üben* stellt das Goethe-Institut verschiedene Audio- und Videobeiträge zum Deutschlernen zur Verfügung, zum Teil auch mit Übungen: www.goethe.de/de/spr/ueb.html
- Auf Instagram gibt es inzwischen auch Sprachlernangebote von Privatpersonen, die es wie z.B. *Learn German with Videos* mit Audio- und Video-Beiträgen zu ihrem Alltag in Deutschland schaffen, eine hohe Anzahl von Followern zu erreichen: www.instagram.com/learn_german_with_videos/.

weiterführende und vertiefende Aufgaben

Die weiterführenden und vertiefenden Aufgaben dienen streng genommen gar nicht mehr der Unterstützung des Verstehens von Texten, sondern verfolgen andere und/oder darüber hinausgehende Ziele. Man benutzt die neuen Informationen, die man durch das Lesen, Hören oder Hör-Sehen gewonnen hat, und auch die schon bekannten Informationen als Impuls für weiterführende Diskussionen, kreative Aufgaben usw. Wenn man neue Informationen aus dem Text mit dem eigenen Vorwissen verknüpft (Elaboration), geht es zwar zunächst um das Verstehen; diese Aufgaben dienen aber häufig dazu, die produktiven Fertigkeiten Sprechen und Schreiben zu fördern. Solche Formen der **Anschlusskommunikation** runden damit die Bearbeitung des Textes ab.

Ein Beispiel dafür ist die folgende Arbeitsanweisung zu einem Artikel zum Thema Ehrenamt:

> **6** **Und bei Ihnen?** Welche Bedeutung hat ein Ehrenamt im beruflichen Kontext?
>
> *Bei uns sehen Arbeitgeber das gern.*
>
> *studio d B2/2, S. 61.*

Sie haben nun anhand von konkreten Beispielen aus Lehrwerken eine Reihe von typischen Aufgaben kennengelernt, die das Verstehen vorbereiten und unterstützen. Außerdem kennen Sie auch weiterführende und vertiefende Aufgaben. Nicht immer werden Ihnen die in Ihrem Lehrwerk zu den Texten angebotenen Aufgaben für Ihre Lerngruppe ausreichend oder sinnvoll erscheinen. Dann müssen Sie selbst überlegen, wie sie z.B. den Text vorentlasten, Verstehensprozesse für reale Situationen trainieren oder eine Anschlusskommunikation anregen können.

Zu diesem Zweck und in Vorbereitung auf das nächste Teilkapitel, in dem es um das Didaktisieren von Texten geht, wollen wir Ihren Blick nun direkt auf die Lernaktivitäten lenken, mit denen man das Leseverstehen von Lernenden unterstützen kann. Wir möchten Sie bitten, einmal selbst Lernaktivitäten zu entwickeln. Dies kann Ihnen später helfen, zusätzlich zu dem Angebot in Ihrem Lehrwerk Lese-, Hör- oder Hör-Sehtexte zu suchen und diese zu didaktisieren. Dabei müssen Sie Ihren Lernenden auch durch Aufgaben bei ihrem Verständnis der Texte helfen. Achten Sie darauf, die Lernenden durch die Lernaktivitäten zur Verwendung von (bestimmten) Strategien zu veranlassen.

Aufgabe 49

Entwickeln Sie mögliche Lernaktivitäten für die verschiedenen Lernziele.

a) Vervollständigen Sie die nachfolgende Tabelle. Natürlich können Sie auch mehrere Lernaktivitäten für ein Lernziel eintragen.

Lernziel	mögliche Lernaktivität
Bedeutung von Textkonnektoren kennen	*einen zerschnittenen Text zum Ausgangstext zusammensetzen*
Vermutungen über den generellen Inhalt oder über Details eines Textes anstellen können	
wichtige Informationen im Text erkennen	
Vorwissen zum Thema aktivieren können	
dem Text selektiv Informationen entnehmen können	

b) Tauschen Sie sich mit Ihren Kolleginnen und Kollegen aus.

Zusammenfassung

In diesem Teilkapitel haben wir Ihnen Aufgaben vorgestellt, die Lernende dabei unterstützen sollen, Lese-, Hör- und Hör-Sehtexte auf Deutsch verstehen zu können. Für die Förderung der Rezeption von Texten gibt es viele verschiedene Aufgaben und Übungen, die häufig nach den Kriterien „vorher-während-nachher" eingeteilt werden. Sinnvoller als diese Einteilung nach dem Zeitpunkt, zu dem eine Aufgabe eingesetzt wird, ist es, Aufgaben nach ihren Zielen zu ordnen. In diesem Sinne kann man die Aufgaben einteilen in das Verstehen vorbereitende und unterstützende Aufgaben sowie in weiterführende und vertiefende Aufgaben.

In Lehrwerken kommt es häufig vor, dass Texte eher als Lerntexte eingesetzt werden. Sie haben dann das Ziel, sprachliche und grammatische Phänomene einzuführen. Die Vermittlung und Förderung grundlegender Verstehenskompetenzen kommt dabei zu kurz. Ein bewusstes Training von Strategien zum Leseverstehen ist deshalb sinnvoll, damit Lernende Texte auch außerhalb des Unterrichts lesen und verstehen können.

Literatur zum Weiterlesen

In Einheit 4 *Aufgaben, Übungen, Interaktion* von *Deutsch Lehren Lernen* (Funk u.a. 2014) können Sie mehr über das Potenzial lesen, das Aufgaben beim Sprachenlernen entfalten können. Am Beispiel der Fertigkeiten Sprechen und Schreiben werden dort Wege aufgezeigt, wie durch Aufgaben die Kompetenzen aufgebaut werden können, die Lernende für flüssiges Schreiben und Sprechen brauchen.

Wir kommen nun zum letzten Thema dieses Kapitels: zur Produktion von Texten durch Lernende.

5.3 Das Produzieren von Texten

Während es im vorangehenden Teilkapitel um die Rezeption von Texten ging, gehen wir nun der Frage nach, wie Sie als Lehrkraft Lernende bei der Produktion von Texten unterstützen können. In Kapitel 4 haben wir Ihnen eine ganze Reihe von Werkzeugen vorgestellt. Nun zeigen wir Ihnen, wie man Lernende didaktisch unterstützen kann, mit diesen Werkzeugen schriftliche und mündliche Texte zu produzieren. Dabei setzen wir zwei Schwerpunkte, nämlich das gemeinsame Verfassen von Texten in kooperativen Schreibaufgaben und die Dokumentation und Präsentation von Ergebnissen in Projekten.

Am Ende des Teilkapitels
- ist Ihnen bewusst, was Potenziale des kooperativen Schreibens sind,
- wissen Sie, wie man Lernende beim kooperativen Schreiben unterstützen kann,
- wissen Sie, welch vielfältige Möglichkeiten es gibt, im Rahmen von Projekten im Deutschunterricht Texte zu produzieren und zu präsentieren, und wie Sie Lernende dazu anregen können, diese Vielfalt zu nutzen.

5.3.1 Kooperatives Schreiben

Das Produzieren eigener Texte stellt Lernende vor große Herausforderungen. Eine Möglichkeit, die Lernenden bei der Produktion eigener schriftlicher Texte zu unterstützen, ist das kooperative Schreiben. Beim kooperativen Schreiben verfassen zwei oder mehrere Lernende gemeinsam einen schriftlichen Text. Kooperativ bzw. gemeinsam meint hier, dass die Lernenden beim Schreiben miteinander interagieren, Bedeutungen aushandeln und ihren Text wirklich gemeinsam verfassen und nicht nur Textteile additiv zusammensetzen.
Der für Fremdsprachenlernende sehr problemträchtige, kognitiv anstrengende und zeitaufwendige Prozess des Schreibens wird durch das gemeinsame Produzieren einfacher: Die Lernenden profitieren z.B. von dem in der Gruppe vorhandenen Wissen – die verschiedenen Lernenden können ihr jeweiliges Wissen zu Rechtschreibung, Grammatik, Wortbedeutung, Textsorte und/oder kulturelle Wissensbestände einbringen. Zudem ist

es für Lernende häufig entlastend, nicht allein für den gesamten Text verantwortlich zu sein. Stattdessen können sie die Verantwortung für positive wie negative Ergebnisse mit den anderen Gruppenmitgliedern teilen. Die Gefahr eines Gesichtsverlusts wird reduziert.
Ein weiterer Vorteil des kooperativen Schreibens ist, dass die Lernenden viele Handlungsschritte im gemeinsamen Schreibprozess explizit benennen müssen. Durch dieses explizite Benennen werden ihnen Teilprozesse sowie genutzte Schreibstrategien bewusst gemacht; sie können dadurch Prozesse besser steuern und Strategien gezielter einsetzen.
Schreiben Lernende gemeinsam, sind sie zudem nicht nur am Produzieren beteiligt: Sie sind auch Rezipienten der von anderen verfassten Textteile bzw. des ganzen Textes. Der erstellte Text wird dadurch im besten Fall adressatenbezogener: Die Lernenden können sich beim Schreiben gleich gegenseitig Rückmeldungen darüber geben, wie bestimmte Formulierungen auf Lesende wirken könnten, was diese eventuell nicht verständlich finden oder auch inhaltlich anders darstellen würden. Anschließend kann der erste Entwurf des Textes gemeinsam verbessert werden. Insgesamt ist es das Ziel des kooperativen Schreibens, bessere Texte zu verfassen und einen höheren Lerngewinn zu erzielen (Würffel 2008, S.7).

Digitale Werkzeuge haben ein großes Potenzial, das kooperative Schreiben zu unterstützen. In Kapitel 4 haben Sie Werkzeuge kennengelernt, die man beim kooperativen Schreiben einsetzen kann. Während es in Kapitel 4 vor allem um die technischen Eigenschaften der Werkzeuge ging, möchten wir Ihnen in diesem Teilkapitel anhand von drei Beispielen zeigen, wie das kooperative Schreiben mit digitalen Texteditoren didaktisch gestaltet werden kann.

Prinzipiell können kooperative Texteditoren dafür verwendet werden, Texte gemeinsam am Computer zu verfassen und dabei zu verändern, Textversionen zu vergleichen und Texte zu kommentieren. Die Lernenden können bei der Nutzung der kooperativen Editoren voneinander lernen (indem sie sich z.B. gegenseitig korrigieren), und die Produkte sollen besser werden. Gleichzeitig können die Texteditoren dazu genutzt werden, bei Gruppenarbeiten auch die Organisation der Gruppenarbeit zu unterstützen.

Diese sehr anspruchsvollen Ziele des kooperativen Schreibens werden von den Lehrenden auch in den folgenden Unterrichtsbeispielen angestrebt. Die beiden ersten Beispiele zeigen, wie kooperative Schreibprojekte mit Kindern und mit jugendlichen Lernenden mithilfe von Wikis didaktisch sinnvoll gestaltet werden können. Das erste Beispiel stammt aus der Grundschule; hier wird ein Wiki zur Unterstützung einer virtuellen Schreibkonferenz eingesetzt. Im zweiten Beispiel arbeiten jugendliche Lernende mit einem Wiki: Sie sollen in einer internationalen Community gemeinsam an einem Fortsetzungsmärchen arbeiten. Ein drittes Beispiel zeigt, wie erwachsene Lernende für ihre Mitlernenden Höraufgaben erstellen und dafür ein Etherpad nutzen.

Beispiel 1: Gemeinsam schreiben und Rückmeldung zu Texten geben
Es gibt sehr ermutigende Beispiele dafür, auch schon mit jüngeren Schülerinnen und Schülern interaktiv mit Wikis zu arbeiten. Ein Beispiel dafür ist die Durchführung einer virtuellen Schreibkonferenz, in der zwei 5. Klassen aus Partnerschulen kooperierten. Beide Klassen lernten zum Zeitpunkt des Projekts die Textsorte Beschreibung kennen, indem sie Zimmer und ihre Einrichtung beschrieben. Den Lehrkräften, die dieses Projekt initiiert haben, war wichtig, dass der Unterricht möglichst handlungsorientiert ablief und die Zusammenarbeit der Lernenden förderte (siehe Anskeit 2012):

- In beiden Partnerklassen bildeten sich zunächst Teams.
- Die Schülerinnen und Schüler verfassten in ihren Teams im Wiki gemeinsam eine Beschreibung eines Zimmers, das es wirklich gibt.
- Im nächsten Schritt las jedes Team die Zimmerbeschreibung eines Teams aus der Partnerklasse (und umgekehrt) und baute danach das Zimmer modellhaft nach. Dazu benutzte es verschiedene Bastelutensilien, wie z.B. Pappkartons, Figuren, Stoffreste, Zeitschriften usw.

ein Modellzimmer

(Foto: Nadine Anskeit 2012)

- Jedes Team fotografierte sein Zimmermodell und stellte das Foto zur Zimmerbeschreibung in das Wiki.
- Die Teams verglichen das Zimmermodell auf dem Foto mit dem realen Zimmer, das sie beschrieben hatten. Das Modell gab ihnen erste Hinweise darauf, an welchen Stellen ihre Zimmerbeschreibung gut und an welchen Stellen sie weniger konkret war.
- In einem nächsten Schritt fügten die Teams auch noch einen Kommentar mit Lob und Schreibtipps zum Text für das Partnerteam in das Wiki ein. Dabei orientierten sie sich an einer Liste mit Merkmalen für Zimmerbeschreibungen.
- Der Kommentar des anderen Teams lieferte den Schülerinnen und Schülern weitere Hinweise darauf, wie verständlich ihre Beschreibung war. Auf diese Weise bekam jedes Team mehrere Rückmeldungen zu seinem Text. Die Lernenden konnten sich außerdem gegenseitig als kompetente Ratgeber erleben.

Rückmeldung zur Beschreibung des Zimmers

Was sagt ihr zu der Zimmerbeschreibung?
Was gefällt euch gut?
Welche Tipps habt ihr?

Anzeigen | Bearbeiten | Kommentare | Versionen | Spezialseiten | Dateien

Druckversion

ZIMMERBESCHREIBUNG

Lob:

- Man weiß, von wo aus das Zimmer beschrieben wurde.
- Es ist klar, wo die Möbel und Gegenstände stehen.
- Wir kennen die Form und Farbe der Möbel und der anderen Gegenstände.
- Die Sätze kann man alle gut verstehen.
- Die Wörter sind richtig geschrieben.
- ...
- ...

Schreibtipp:

- Eine Einleitung wäre gut: Wem gehört das Zimmer? Ist es in einer Wohnung oder in einem Haus? Wo sind eigentlich Tür, Fenster und Ecken des Zimmers? Das ist nicht klar. Die müssen auch beschrieben sein.
- ...
- ...

(Aufgabenstellung nach Anskeit 2012, S. 38)

Literatur zum Weiterlesen

Bei einer Schreibkonferenz ist es wichtig, dass die Lernenden wirklich kooperieren. Dieser Gedanke sollte nicht verloren gehen, wenn man die Schreibkonferenz in den virtuellen Raum verlagert. Tatsächlich will man den Aspekt des kooperativen Arbeitens durch den Einsatz eines Wikis ja gerade unterstützen. In dem Projekt von Nadine Anskeit interagieren die Schülerinnen und Schüler der Partnerschulen, indem sie die Zimmerbeschreibungen austauschen und darauf mit Modellen und Rückmeldungen reagieren. Man könnte zusätzlich noch den Austausch unter den Schülerinnen und Schülern in der lokalen Lerngruppe fördern: Die Schülerinnen und Schüler sollten dazu angeregt werden, die Zimmerbeschreibungen wie auch die Rückmeldungen wirklich gemeinsam zu schreiben; sie sollten nicht von einem Lernenden allein verfasst und von den anderen nur akzeptiert werden.

Anskeit selbst macht in ihrer Projektbeschreibung den Vorschlag, dass man das Bauen des Zimmermodells auch durch das Erstellen einer Zeichnung ersetzen könnte, die ins Wiki eingefügt wird. Dies ist eine gute Alternative, wenn das Projekt weniger komplex sein soll.

Der Einsatz eines Wikis zur Unterstützung einer virtuellen Schreibkonferenz kann also folgende Potenziale bieten:

- Im Projekt kooperieren die Schülerinnen und Schüler sowohl in den lokalen Gruppen (beim gemeinsamen Verfassen der Zimmerbeschreibung und der Rückmeldungen) als auch zwischen den Partnerklassen (mit der jeweiligen Reaktion auf die Texte der Partner).
- Das Wiki macht die Kooperation erst möglich (direkter Austausch mit den Partnerinnen und Partnern) oder unterstützt sie (gemeinsames Verfassen von Texten).
- Das gemeinsame Verfassen, der Austausch und die Kommentierung von Texten lässt sich über das Wiki gut organisieren.

Beispiel 2: Texte weiterschreiben

Unser zweites Beispiel zeigt, wie Schülerinnen und Schüler (in der Schüler-Community von *PASCH-net*, der Initiative *Schulen: Partner der Zukunft*) gemeinsam ein Märchen mit dem Titel *Die zwölf Prüfungen* erfinden. Jede Schülerin / jeder Schüler ist verantwortlich für einen Teil des Märchens und kennzeichnet diesen auch mit ihrem/seinem Namen.

Die Ziele dieser Schreibaufgabe im Wiki sind, dass Schülerinnen und Schüler Merkmale von Märchen kennen und dieses Wissen nutzen können, um ihren Teil des Märchens an die bereits vorhandene Geschichte anzupassen. Sie sollen Textzusammenhänge herstellen, Elemente aufnehmen, die andere Schreibende eingeführt haben usw.

Aufgabe 50

Haben Sie Ihre Lernenden schon einmal eine Fortsetzungsgeschichte schreiben lassen? Mit welchen digitalen oder analogen Werkzeugen kann man eine solche Aufgabe unterstützen? Nennen Sie ein oder zwei Werkzeuge.

Im *PASCH-net*-Projekt haben die Lehrenden mit einem Wiki gearbeitet, in dem die Schülerinnen und Schüler das Märchen gemeinsam schreiben sollten. Sehen Sie sich das Beispiel in der nächsten Aufgabe an und rekapitulieren Sie, was Sie bisher über Wikis im Deutschunterricht gelesen haben. Welche Vorteile kann es haben, ein Märchen gemeinsam im Wiki zu schreiben? Welche Vorteile hat ein Wiki gegenüber anderen Medien?

Aufgabe 51

Sehen Sie sich das Wiki zum Märchen *Die zwölf Prüfungen* an und notieren Sie in der Tabelle Vor- und Nachteile, die die Nutzung eines Wikis für die Lösung dieser Aufgabe bieten kann.

Die zwölf Prüfungen

Apr
24
2019

Geschrieben von PASCH-Schulen weltweit in PASCH-Schulen weltweit, Sprache
Foto: Nicola Wells/pixabay.com (CC0 1.0)
Kommentare (0)

Schülerinnen und -Schüler haben in der PASCH-net-Community gemeinsam an einem Fortsetzungsmärchen geschrieben. Hier könnt ihr das Märchen lesen.

„Es war einmal ein König, der lebte mit seinem Sohn in einem Königreich hinter den sieben Bergen. Die Königin war vor Kurzem gestorben. Außer dem Sohn hatte der König nur noch eine Schwester, die eine Hexe war. Bei seiner Geburt hatte die Schwester den Königssohn mit einem Fluch belegt, weil sie eifersüchtig auf ihren Bruder war. An seinem 16. Geburtstag sollte sich der Königssohn in einen Stein verwandeln. Es gab nur eine Möglichkeit, diesen Fluch zu brechen: Vater und Sohn mussten zwölf Prüfungen bestehen, die sich die Hexe ausgedacht hatte. Der 16. Geburtstag rückte immer näher. Eines Tages klopfte es am Schlosstor …"

Ein Mann mit einem langen weißen Bart stand vor dem Tor. Er sah ein wenig gruselig aus. Er wollte, dass der König und sein Sohn mit ihm mitgingen. Er führte sie zur ersten Prüfung! (Emmi, München)

Der Mann war ein Zauberer, ein Freund der Hexe. Der König und sein Sohn nahmen ihre Pferde, und gingen mit dem Zauberer. Sie gingen zusammen in den Wald. Die Reise dauerte drei Stunde und sie gingen immer tiefer in den Wald. (Caitriona51213, Coláistí Eoin agus Íosagáin)

(https://blog.pasch-net.de/pasch-global/archives/1949-Die-zwoelf-Pruefungen.html)

Vorteile eines Wikis sind	Nachteile eines Wikis sind

Vielleicht haben Sie sich folgende Vorteile eines Wikis überlegt:

- Über das Wiki können auch zwischen lokal verteilten Gruppen Texte sehr einfach allen Beteiligten zugänglich gemacht werden.
- Ein Text ist nach seiner Speicherung in einem Wiki sofort für alle sichtbar, die Zugang zu dem Wiki haben. Die Schreibenden sind deshalb vielleicht motivierter und bemühen sich besonders, einen interessanten und sprachlich korrekten Textbeitrag zu leisten.
- Gleichzeitig können die Schreibenden aber auch andere Lernende um eine Korrektur oder Verbesserung ihrer Texte bitten.

Sehen Sie nun ein Beispiel für die Bitte um Verbesserung eines Textes in einem Wiki. Auch hier wurde von Jugendlichen weltweit zusammen an einer Geschichte geschrieben. Jasmine Lee aus China bittet in ihrem Wiki-Eintrag Lernende explizit um Mithilfe. Andere Lernende kommen dieser Bitte nach und korrigieren den Text von Jasmine Lee:

In Version B gelöschte Passagen sind rot markiert und unterstrichen.
Eingefügte Passagen sind blau markiert und fett

! Der Junger hatte einen Streit mit einem DJ und bekam dann **einen** heftigen Schlag. Ein Mädchen mit schönen blonden Harren sah ihn und half ihm aus Sympathie. Sie gingen zusammen nach Hause des Junges **Jungen** und hatten ein Gespräch im Badzimmer. Obwohl das Mädchen dem Junger sehr gefiel, hatte er etwas Angst, Verantwortungen zu tragen. Deshalb ging das Mädchen weg. Dann was **war** der Junger **Junge** sehr traurig, weil er ihre Nummer nicht hatte. Eines Tages stoßte **stieß** er zufällig **wieder** in einem Büro **wieder** auf das Mädchen wieder. . Beide waren begei tert und umarmten sich und küssten sich aufregent. **aufgeregt.**

von: Jasmine Lee, China

PS: Ich lerne Deutsch nicht lange, deshalb gibt es bestimmte grammatishce Fehler drin. Es wäre sehr freudlich von euch, wenn ihr solche Fehler korrigieren könntet. :)

Version A anzeigen | Version B anzeigen | Versionen | Abbrechen

(Platten 2008, S. 17)

Dieses Beispiel zeigt, dass die Arbeit mit Wikis in solchen Schreibprojekten dazu führen kann, dass die Lernenden nicht nur eigene Texte einstellen, sondern auch an den Texten von anderen Lernenden arbeiten, Fehler korrigieren, stilistische oder inhaltliche Verbesserungsvorschläge machen usw. Die Korrigierten wiederum können Änderungen, die ihnen nicht gefallen, rückgängig machen, indem sie eine ältere Textversion wiederherstellen. Texte können auf diese Weise tatsächlich gemeinsam verfasst und qualitativ besser werden.

gegenseitiges Korrigieren: keine Selbstverständlichkeit

Erfahrungen aus interaktiven Schreibwerkstätten zeigen, dass das gemeinsame Verfassen von Texten nicht immer in dem Maße funktioniert, wie man sich dies ursprünglich erhofft hatte. Vielleicht haben auch Sie im eigenen Unterricht schon beobachtet, dass das gemeinsame Verfassen von Texten zunächst eher chaotisch abläuft und dass es Lernenden nicht leicht fällt, in Texte ihrer Mitlernenden einzugreifen. Es erscheint deshalb sinnvoll, bei jedem kooperativen Schreiben mit den Lernenden Regeln aufzustellen, in welcher Form gegenseitig korrigiert werden darf bzw. sollte: Sollen nur orthografische, semantische, syntaktische und grammatische Fehler korrigiert werden; sollen auch stilistische Verbesserungsvorschläge gemacht werden; dürfen ganze Sätze oder ganze Absätze neu geschrieben werden?

Studien haben zudem gezeigt, dass die Vorsicht, die Lernende beim Korrigieren zeigen, unter anderem damit zu tun hat, dass wir alle es gewohnt sind, dass die von uns geschriebenen Texte „uns gehören". Man spricht hier vom Prinzip der individuellen Autorenschaft: Eingriffe von außen nehmen wir selbst häufig zunächst einmal als ungewohnt oder sogar bedrohlich wahr. Dies wiederum kann dazu führen, dass es uns auch schwer fällt, Texte anderer zu korrigieren oder zu erweitern (siehe hierzu ausführlicher Würffel 2008). Vor allem in Projekten, in denen sich die beteiligten Lernenden nicht persönlich kennen, kann es aber auch zum gegenteiligen Phänomen kommen: Lernende greifen aufgrund der Anonymität vielleicht manchmal auch zu stark in die Texte anderer ein oder nutzen die Kommentarfunktion für unangemessene oder verletzende Rückmeldungen.

Kooperatives Schreiben muss man immer wieder mit Lernenden trainieren, damit es in einer für alle Beteiligten zufriedenstellenden Art und Weise abläuft. Diese Tatsache gilt selbstverständlich auch für das kooperative Schreiben mit Wikis. Die gemeinsame, interaktive Arbeit an Texten muss erst zu etwas Gewohntem werden, dessen Vorteile auch die Lernenden klar erkennen können. Erst dann werden Lernende die Mühe auf sich nehmen, sich z.B. korrigieren zu lassen, andere zu korrigieren und Texte tatsächlich gemeinsam zu schreiben.

Beispiel 3: Lernende erstellen kooperativ Hörverstehens-Übungen für Mitlernende
Auch Übungen sind Texte, die in einem kooperativen Schreibprozess von Lernenden gemeinsam produziert werden können. Im Sinne der fremdsprachlichen Makromethode Lernen durch Lehren (siehe Martin 2018) kann man Lernende Übungen für ihre Mitlernenden verfassen lassen. Ein schönes Beispiel dafür findet sich bei Cornelia Brückner: Lernende haben hier mithilfe eines Etherpads zu einer Podcastserie, in der besondere Einwohner Berlins porträtiert wurden, Hörverstehensübungen für ihre Mitlernenden erstellt. Für die Bearbeitung der kooperativen Schreibaufgabe bekamen die Lernenden von ihrer Lehrkraft Etherpad-Seiten zur Verfügung gestellt, auf denen schon einige Bearbeitungshinweise und Leitfragen vermerkt waren. Anschließend konzipierten sie die Aufgaben für ihre Mitlernenden, die dann in einer Präsenzsitzung von diesen bearbeitet wurden. Ein Beispiel für eine Etherpad-Seite aus dem Projekt zeigt die folgende Abbildung.

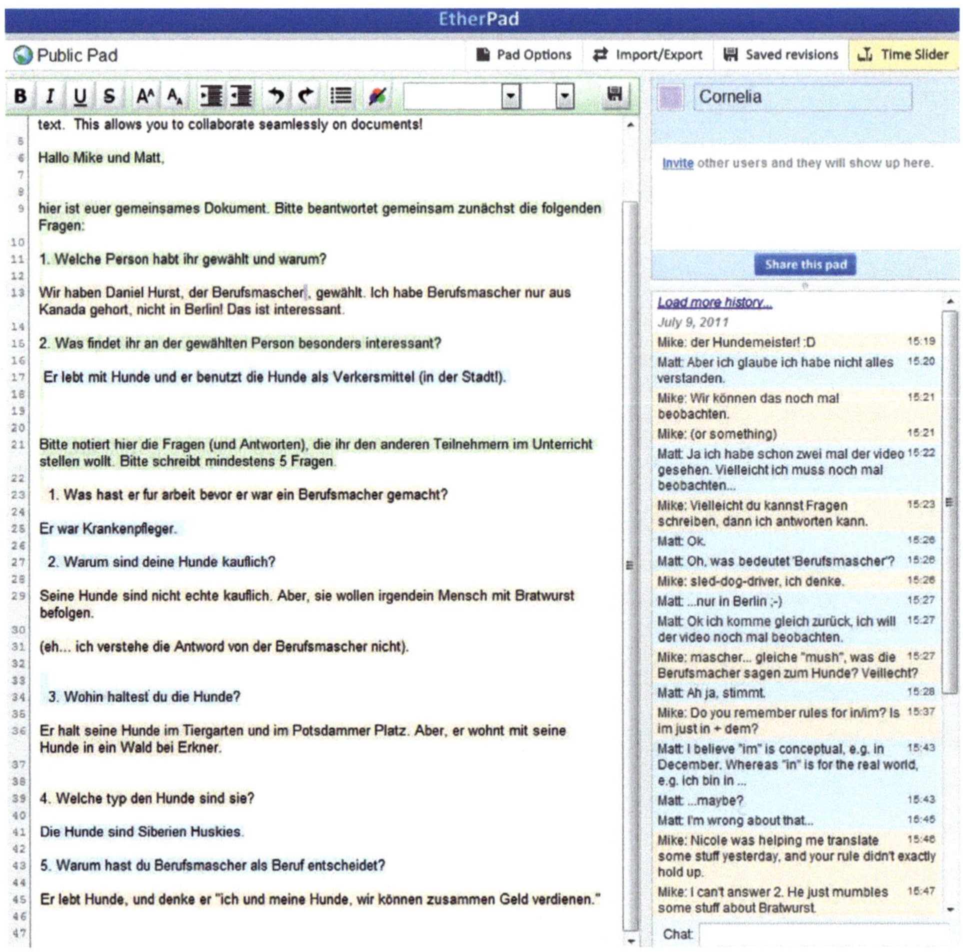

(Brückner 2012)

Die Vorteile einer Nutzung eines kooperativen Texteditors für eine solche kooperative Aufgabe fasst Brückner folgendermaßen zusammen:

- Die Planung der Unterrichtseinheit erfolgte eigenständig durch die Lernenden; durch die Zugriffsmöglichkeiten auf das Webdokument konnte die Lehrkraft den Arbeitsprozess der Gruppen einsehen und Fragen unmittelbar beantworten.
- Weil die Planung und Erstellung des Arbeitsblatts durch die Lernenden schriftlich erfolgte, konnten sowohl Schreibkompetenzen (in Bezug auf die Orthografie, Satzstruktur und Grammatik) als auch eine selbstständige Fehlerkorrektur gefördert werden.
- Die Nutzung der Chatfunktion ermöglichte es den Lernenden, Bedeutungen im Schreibprozess kommunikativ auszuhandeln. Das wurde zwar nur selten genutzt, es handelte sich hierbei aber um wichtige Lernprozesse im Spracherwerb;
- durch die Nutzung der kooperativen Editoren waren diese Aushandlungsprozesse zudem gespeichert und damit für Lehrende und Lernende auch nachträglich verfügbar (Brückner 2012, S. 45–46).

Voraussetzungen für das kooperative Schreiben (mit der Unterstützung kooperativer Texteditoren) im Sprachunterricht

Für ein erfolgreiches kooperatives Schreiben mithilfe digitaler Werkzeuge im Deutschunterricht müssen einige Vorbereitungen getroffen werden:

kooperieren lernen

Beim kooperativen Schreiben müssen die Gruppenmitglieder lernen, Verantwortung für das gemeinsame Produkt zu übernehmen. Sie müssen ihre Arbeitszeit kontrollieren und ihren eigenen Beitrag überprüfen können, bevor sie ihn für andere freigeben.

Folgende Punkte sind für das kooperative Schreiben mithilfe digitaler Werkzeuge im Unterricht deshalb wichtig:

- Das Lernen mit- und voneinander und das gleichberechtigte Übernehmen von Aufgaben muss geübt werden, damit es mit dem kooperativen Schreiben klappt.
- Die Arbeitsanweisungen müssen kooperatives Schreiben anregen: Wenn die Aufgabenstellung erlaubt, dass die Lernenden ihre Textteile einzeln verfassen und danach z.B. im Wiki einfach nur zusammenfügen, dann wird das Ergebnis kaum besser sein, als hätte man sie die Aufgabe einzeln bearbeiten lassen. Die Aufgabe sollte also so gestellt sein, dass der Text mehr sein muss als eine Summe von Einzelbeiträgen. Zum Beispiel könnte man die Lernenden auffordern, verschiedene Meinungen zu einem Thema darzustellen, diese aber anschließend auch noch miteinander zu vergleichen. Eine andere Möglichkeit ist, mit unterschiedlichen Erzählsträngen zu arbeiten: Beim Schreiben einer gemeinsamen Geschichte wird ein Wendepunkt eingebaut, ab dem jede Gruppe die Geschichte auf unterschiedliche Weise fortführt.
- Es sollte Schreib- oder Gesprächsimpulse geben, zu denen sich die Lernenden wirklich mit Interesse austauschen möchten und die eine gemeinsame Arbeit erfordern: Wenn es nur darum geht, gewissenhaft Antworten auf Lehrerfragen zu geben, kommt keine Kommunikation in Gang, an der alle interessiert teilnehmen.
- Dass Sie als Lehrkraft Lernertexte korrigieren und kommentieren, ist der Normalfall. Dass aber in kooperativen Texteditoren beim gemeinsamen Schreiben auch Mitlernende in Texte eingreifen, ist keine vertraute Praxis. Darüber sollte man im Unterricht miteinander sprechen.

schriftlich kommunizieren lernen mit digitalen Werkzeugen

Die Kommunikation per Internet geschieht vor allem auf der Basis von geschriebenem Deutsch. Dies kann für viele Lernende eine Hürde darstellen: Viele haben gelernt, dass geschriebene Texte in viel höherem Maße korrekt sein müssen als mündliche Texte. Sie haben deshalb mit spontanen, womöglich fehlerhaften Äußerungen häufig mehr Schwierigkeiten. Sie als Lehrkraft befürchten vielleicht auch, dass Ihre Lernenden durch das Kommunizieren via Chat, E-Mail, SMS usw. negativ beeinflusst sein könnten: Hier zählt nämlich, dass schnell geschrieben wird, weniger, dass orthografisch oder grammatisch korrekt geschrieben wird. Tatsächlich sollte das Kommunizieren per Internet mit den Lernenden geübt werden. Genauso wie in jeder direkten Kommunikationssituation im Klassenzimmer/Kursraum muss den Lernenden verdeutlicht werden, ob es gerade stärker um Verständlichkeit oder um Korrektheit geht, damit sie ihr Kommunikationsverhalten danach ausrichten können.
Zu den technischen Voraussetzungen kooperativer Texteditoren finden Sie mehr Informationen in Teilkapitel 4.4.

weitere Szenarien für das kooperative Schreiben

Selbstverständlich gibt es über unsere drei Beispiele hinaus noch eine Reihe anderer Möglichkeiten, kooperatives Schreiben sinnvoll im Deutschunterricht einzusetzen. So kann man die Lernenden auch

- Sachtexte jeder Art verfassen lassen, z.B. eine Sammlung von Buch- oder Filmrezensionen, Essays, Pro- und Kontra-Texten, landeskundlichen Informationstexten usw. Diese Texte können auch mithilfe kooperativer Texteditoren verfasst werden.
- Gruppen können sich auf einer Klassenseite im Internet vorstellen und Projekte präsentieren. Hierfür bieten sich digitale Werkzeuge wie Wikis oder Blogs an.
- Lernende können auch gemeinsam Kurstagebücher schreiben. Auch dies kann in der Form eines Blogs realisiert werden, es kann aber auch mit E-Portfolio-Werkzeugen wie *Mahara* gearbeitet werden.

Aufgabe 52

Postkarte schreiben

Sehen Sie sich die Lernziele und Lernaktivitäten Ihres Lehrplans oder Ihres Lehrwerks an. Wo könnte man kooperative Schreibaktivitäten einsetzen? Entwickeln Sie eine Idee für eine Aufgabe, bei der Ihre Lernenden kooperativ schreiben und dabei einen kooperativen Texteditor nutzen.

a) Notieren Sie sie in der Tabelle.

Lernziel	Inhalte / Thema der Aktivität	Arbeitsanweisung für die Lernenden

b) Vergleichen Sie Ihre Ideen mit denen Ihrer Kolleginnen und Kollegen und inspirieren Sie sich gegenseitig.

Zusammenfassung

Kooperatives Schreiben kann Lernenden helfen, die komplexe und anspruchsvolle Aufgabe des Produzierens von Texten in der Zielsprache leichter zu bewerkstelligen. Grundlage dafür ist, dass die Lernenden sich ihre unterschiedlichen Wissensbestände gegenseitig zugänglich machen und nicht einfach nur arbeitsteilig vorgehen.
Die Nutzung kooperativer Texteditoren kann das gemeinsame Produzieren von Texten unterstützen, da Lernende hier gleichzeitig Produzierende und Rezipierende sind. Jede/jeder kann alles korrigieren, verändern, erweitern; alle können beim Schreiben voneinander lernen. Die Erfahrung, dass gemeinsam erstellte Texte häufig qualitativ besser sind, kann zudem motivierend wirken.

5.3.2 Produzieren und Präsentieren im Deutschunterricht

Produzieren und Präsentieren sind regelmäßige Lerner-Aktivitäten in jedem Deutschunterricht. Spannend wird es vor allem dann, wenn Lernende nicht nur einen Satz produzieren und vortragen sollen, sondern wenn sie im Rahmen von komplexen Lernaufgaben umfangreichere Texte produzieren und präsentieren sollen. Das geschieht zum Beispiel bei der Durchführung von Projekten im Deutschunterricht: Bei dieser stellen das Herstellen von komplexen Lernerprodukten und ihre Präsentation wichtige Phasen dar. Überlegen Sie zunächst kurz, durch welche Aktivitäten Sie in Ihrem Deutschunterricht die Produktion und Präsentation der Lernenden in Projekt- und Gruppenarbeiten (auch medial) unterstützen.

Aufgabe 53

In welcher Form produzieren und präsentieren Lernende in Ihrem Deutschunterricht Ergebnisse in Projekt- oder Gruppenarbeiten? Welche Aktivitäten nutzen Sie und welche Werkzeuge haben Sie dafür schon eingesetzt, welche würden Sie gerne in Zukunft durchführen, welche eher nicht?

a) Notieren Sie sie in der Tabelle.

Aktivität	setze ich ein	würde ich gerne durchführen	kenne ich nicht	würde ich nicht einsetzen
Zusammenfassung von Ergebnissen auf einem Plakat	☐	☐	☐	☐
Mündlicher Vortrag mit *PowerPoint*-Präsentation o.Ä.	☐	☐	☐	☐
Darstellung von Ergebnissen als Comic, Zeitschrift, Video o.Ä.	☐	☐	☐	☐
Darstellung von Ergebnissen auf einer (digitalen) Pinnwand	☐	☐	☐	☐

Aktivität	setze ich ein	würde ich gerne durchführen	kenne ich nicht	würde ich nicht einsetzen
Erstellung eines Quiz für die Mitlernenden	☐	☐	☐	☐
Dokumentation der Projektarbeit in einem Blog	☐	☐	☐	☐
Darstellung von Ergebnissen als Theaterstück	☐	☐	☐	☐
Sammeln von Ideen in einer Mindmap (digital oder auf Papier oder an der Tafel)	☐	☐	☐	☐

b) Vergleichen Sie Ihre Ergebnisse mit denen Ihrer Kolleginnen und Kollegen. Stellen Sie sich gegenseitig Werkzeuge vor, die noch nicht alle kennen. Diskutieren Sie mögliche Vor- und Nachteile der einzelnen Werkzeuge.

Produzieren in Projekten am Beispiel eines eTwinning-Projektes

Wie vielfältig die Produktion innerhalb von Projekten gestaltet werden kann, wollen wir anhand eines Projekts aus der eTwinning-Initiative darstellen. eTwinning ist ein europäisches Projekt, in dem seit 2005 Schulpartnerschaften in Europa durch den Einsatz von Informations- und Kommunikationstechnologien gefördert werden. Das zugehörige Internet-Portal bietet Unterstützung, Werkzeuge und Dienste an. In den durchgeführten Projekten arbeiten zwei oder mehr Schulen bzw. Klassen in zum Teil interdisziplinären Settings zusammen. Im sogenannten Twin-Space, der Lernplattform des eTwinning-Projekts, erarbeiten und präsentieren sie gemeinsam ihre Produkte. Für die Zusammenarbeit und vor allem für die Projektpräsentation wurden in den letzten Jahren immer zahlreichere und immer unterschiedlichere digitale Werkzeuge genutzt.
Inzwischen bietet die Initiative auch sogenannte Kits an, in denen mögliche Projekte ausführlicher beschrieben werden. Eins dieser Projekt-Kits trägt den Titel *Ein Buch am Tag hält die Langeweile in Schach!* Das Projekt soll Lernenden die multikulturelle Qualität von Literatur und ihre Fähigkeit zur Überwindung von Grenzen bewusst machen. Es soll ihnen zudem verdeutlichen, dass sie viele Werte und Interessen gemeinsam haben. Es führt sie an verschiedene literarische Gattungen und deren Besonderheiten heran, rückt ihre persönlichen Interessen in den Vordergrund und fördert die individuellen Talente und kreativen Fähigkeiten. Schließlich sollen die Lernenden zum eigenständigen Lesen angeregt und zum kreativen Schreiben motiviert werden. Um diese Ziele zu erreichen, wird im Projekt die Veranstaltung einer Buchmesse simuliert, die von den Lernenden durch vielfältige Aktivitäten gemeinsam vorbereitet und durchgeführt wird.
Als Einstieg ins Projekt stellen sich die Lernenden kurz gegenseitig vor und machen sich dann mithilfe eines Fragebogens Gedanken darüber, ob sie gerne lesen und was sie als letztes gelesen haben. Die Ergebnisse der Umfrage werden (anonymisiert natürlich) veröffentlicht.
Anschließend wird die Buchmesse in einer Phase der Kommunikation und Kooperation vorbereitet.

Material 24

Kommunikation

Gründe einen Buchclub!
Die Schülerinnen und Schüler bilden Gruppen aus gemischten Nationalitäten (insgesamt nicht mehr als zehn Gruppen, damit die Lehrkräfte alle effektiv beaufsichtigen können). Für jede Gruppe wird ein Forum eingerichtet, in dem sich die Schülerinnen und Schüler online treffen können, um sich gegenseitig kennenzulernen und zusammenzuarbeiten. Jede der Gruppen wählt einen Namen für ihren Buchclub, entscheidet, wie oft sie sich online trifft, nominiert einen Vorsitzenden für den Buchclub, entwirft ein Logo und wählt ein Buch aus der Leseliste, das jedes Mitglied des Buchclubs lesen sollte. Alle Gruppen geben die Gründung ihres Buchclubs bekannt, indem sie einen kurzen Trailer erstellen, der alle oben genannten Informationen enthält.
Beispiel-Tool: Animoto

Führung des Buchclub-Journals
Der erste Monat des Projekts wird dem Lesen der Bücher gewidmet, ist jedoch auch der richtige Zeitpunkt für die Gruppenmitglieder, um sich auszutauschen und als Gruppe zusammenzuwachsen. Deshalb sollte jeder der Buchclubs ein eigenes Journal erstellen und führen, das beim Lesen der Bücher immer wieder aktualisiert wird. In diesem Journal können die Mitglieder jedes Teams ihre Gedanken und Eindrücke festhalten, ihre Reaktionen/Emotionen und Beziehungen zu den Charakteren aufschreiben, über ihre Lieblingsszenen schreiben oder etwas zeichnen und ihre Lieblingszitate teilen usw.
Beispiel-Tool: Google Docs

Kooperation

Bebildeter Zeitstrahl des Autorenlebens/Tagebucheinträge
Jüngere Schülerinnen und Schüler von Partnerschulen erstellen Bilder, die auf der Zeitachse des Lebens des Autors basieren, die sie von ihren Lehrkräften erhalten. Ältere Schülerinnen und Schüler geben vor, der Autor oder die Autorin selbst zu sein und schreiben Tagebucheinträge zu jedem Schlüsselereignis in seinem oder ihrem Leben.
Beispiel-Tool: Timetoast

Buchumschläge
Die Schülerinnen und Schüler lesen den Klappentext auf dem Buch und entwerfen das Titelbild. Alle Titelbilder werden im TwinSpace ausgestellt.
Beispiel-Tool: Twiddla

Biografische Gedichte und Portraits
Die Schülerinnen und Schüler schreiben „biografische Gedichte" (Gedichte, die eine Person beschreiben – für gewöhnlich einen fiktionalen Charakter oder eine berühmte Persönlichkeit – und einen bestimmten Aufbau haben: Arbeitsblatt biografische Gedichte) und zeichnen Skizzen von jeder Figur des Buchs. Anschließend wird ein E-Book mit einer Gedichtsammlung erstellt, das die Gedichte der Schülerinnen und Schüler enthält und von ihnen illustriert wird. Jüngere Schülerinnen und Schüler können Porträts der Hauptfiguren des Buches zeichnen oder 3D-Modelle von ihnen erstellen.
Beispiel-Tool: Flipsnack

Bücher-Mobile/Bücher-Mindmaps
Jüngere Schülerinnen und Schüler basteln ein Mobile (eine dekorative Konstruktion, die so aufgehängt wird, dass sie sich in der Luft frei drehen kann) unter Verwendung der folgenden vier Story-Elemente: Schauplatz, Charakter, Handlung, Thema. Sie können ihre Mobiles in ihrem Klassenzimmer oder an einer anderen Stelle in der Schule ausstellen. Ältere Schülerinnen und Schüler erstellen interaktive Mindmaps mit den wichtigsten Elementen des Buches, das sie gelesen haben, und konzentrieren sich dabei auf Autor, Thema, Schauplatz, Hauptfiguren, wichtigste Ereignisse, Bewertung des Buches usw.
Beispiel-Tool: Mindmup

Aktuelle Nachrichten
Für diese Aktivität werden die Schülerinnen und Schüler zu Zeitungsreportern. Sie schreiben für die Titelseite einer Zeitung einen Artikel über das wichtigste Ereignis aus ihrem Buch. Die Schülerinnen und Schüler können sich den Namen der Zeitung, für die sie arbeiten, aussuchen, die Titelseite erstellen und ihre Artikel veröffentlichen.
Beispiel-Tool: Fodey

Comicbücher: Wir erwecken unsere Bücher zum Leben!
Die Schülerinnen und Schüler verwandeln das Buch oder einen Teil des Buches, das sie gelesen haben, in einen Comic-Strip. Sie müssen zusammenarbeiten, um die Schlüsselszenen und passende Landschaften auszuwählen und einen angemessenen Dialog für die Hauptfiguren zu verfassen.
Beispiel-Tools: Storyboardthat, Makebeliefscomix

www.etwinning.net/files/kits/1404/kit_1404_de.pdf

Am Ende des Projekts steht die *Europäische Buchclub-Konferenz*, bei der die Lernenden dem Publikum (d.h. ihren Mitlernenden) ihre Arbeitsergebnisse präsentieren. Sie gehen dabei auf das Buch ein, das sie gelesen haben, zeigen ihre Endprodukte und beschreiben die Höhepunkte ihrer Zusammenarbeit. Sie haben dafür insgesamt nur 5 Minuten Zeit und können für die Präsentation textbasierte Medien (Plakate, Fotoalbum, Quiz), Audiomedien (Podcast), audiovisuelle Medien (Video) oder interaktive Formate (Podiumsdiskussion, Spiel) nutzen.

Das hier vorgestellte Projekt zielt darauf ab, Lernende Literatur nicht nur lesen zu lassen, sondern vielfältige Aktivitäten zu nutzen, um den Umgang mit dem literarischen Text zu vertiefen. Das ist natürlich nicht neu – schon immer wurden literarische Texte im Unterricht mündlich wiedergegeben, umgeschrieben, weitergeschrieben usw. Im vorgestellten Projekt besticht aus unserer Sicht aber die Vielfalt der Produktionsaktivitäten der Lernenden, die auch durch eine Vielfalt der genutzten (digitalen) Werkzeuge unterstützt wird. Diese Werkzeuge wiederum erlauben es, Produkte herzustellen, die einen professionellen Eindruck machen – so wirkt ein mithilfe einer App hergestellter Comic oder eine mit einer App hergestellte Online-Zeitung ganz anders als eine auf einem Plakat nachempfundene Zeitungsseite. Auch wenn man einwenden mag, dass durch das professionelle Layout das sprachliche Produkt der Lernenden nicht zwangsläufig besser wird, scheint es sich auf ihre Motivation positiv auszuwirken: In vielen eTwinning-Projekten präsentieren die Lernenden ihre Ergebnisse sehr stolz nach außen. Die Möglichkeit zur Veröffentlichung wiederum, darauf hatten wir schon in Teilkapitel 5.3.1 hingewiesen, führt häufig dazu, dass auch die sprachliche Qualität der Produkte steigt.
In dem vorgestellten Projekt gestalten die Lernenden eine ganze Reihe von Produkten, die sie anschließend auf der simulierten Buchclub-Konferenz auf vielfältige Weise präsentieren. Versuchen Sie, sich in der nächsten Aufgabe einen Überblick über die im Projekt verwendeten Werkzeuge zu verschaffen. Überlegen Sie, wie Ihre Lernenden mithilfe dieser Werkzeuge eigene Texte gemeinsam produzieren und präsentieren könnten.

Aufgabe 54

Überlegen Sie, wie Sie künftig Produktionen und Präsentationen in Ihrem Deutschunterricht anders gestalten könnten. Überlegen Sie sich dafür zwei Einsatzszenarien für die im Projekt-Kit in der Phase der Kommunikation und Kooperation angegebenen Werkzeuge.

1. Welche Werkzeuge werden in dem Projekt-Kit für die Bearbeitung der Aktivitäten vorgeschlagen (siehe dazu Material 24)?

 ______

2. Suchen Sie sich zwei Werkzeuge aus und recherchieren Sie, was man genau mit diesem Werkzeug (noch) machen kann. Überlegen Sie sich dann zu jedem Werkzeug ein Einsatzszenario für Ihren Deutschunterricht, in dem die Produktion und Präsentation von Lernenden gefördert werden.

 ______

3. Probieren Sie eins der Szenarien in Ihrem Unterricht aus. Berichten Sie anschließend Ihren Kollegen und Kolleginnen von dem Einsatz.

Erklärvideos

In Kapitel 4 haben Sie schon erfahren, was Erklärvideos sind. Wie aber kann man sie im Deutschunterricht einsetzen? Zum einen kann man natürlich mit Videos arbeiten, die man entweder selbst oder die andere Experten und Expertinnen hergestellt haben. Zum anderen kann man die Lernenden Erklärvideos für ihre Mitlernenden produzieren lassen. Ihren Platz können diese von Lernenden produzierten Videos im Unterricht finden; man kann sie aber auch zur Erweiterung der Hausaufgabenpraxis nutzen. In letzterem Fall kombiniert man die Methode Lernen durch Lehren mit der Methode des **Flipped Classrooms**. Lassen Sie uns dieses Szenario ausführlicher betrachten.

Lernende erstellen Erklärvideos

Die Methode Lernen durch Lehren geht davon aus, dass Lernende selbst nachhaltiger lernen, wenn sie anderen Lernenden etwas erklären. Deshalb übernimmt jeweils eine Gruppe von Lernenden weitgehend selbstständig und eigenverantwortlich die Planung und Durchführung von einzelnen Unterrichtseinheiten. Erklärvideos für die Mitlernenden herzustellen, kann Teil einer solchen selbst gestalteten Unterrichtseinheit sein. Beispiel: Eine Gruppe von Lernenden ist dafür verantwortlich, mit ihren Mitlernenden die zweite Lektion eines Lehrwerks zu erarbeiten; zur Unterstützung der Lehrwerkarbeit bereiten sie ein Erklärvideo zum Grammatikthema der Lektion vor.

Aber auch in einem stärker lehrerzentrierten Unterricht kann man Lernende Erklärvideos erstellen lassen und diese für den Unterricht nutzen. Beispiel: Das Lehrwerk beinhaltet eine Lektion zum Umweltschutz. Die Lehrkraft möchte die Lektion mit einer Stunde zum Thema *Fridays for Future* vertiefen (*Fridays for Future* ist eine weltweite Protestaktion von Schülerinnen und Schülern, die immer freitags für Maßnahmen gegen den Klimawandel auf die Straße gehen; inzwischen haben sich auch andere Gruppen diesen Protesten angeschlossen.) Sie bittet die Lernenden, in Gruppen Erklärvideos zu den Themen *Fridays for Future* – wie alles begann..., *Fridays for Future* – ein Generationskonflikt?, *Fridays for Future* in den Medien in Griechenland usw. zu erstellen. Diese baut sie dann in die Unterrichtsplanung für die Stunde ein (siehe in Teilkapitel 4.5 die Vorstellung der browserbasierten Anwendung *Voki Hangouts*, mit der man anschließend eine Diskussion zu den Erklärvideos gestalten könnte).

Egal, ob man die Methode Lernen durch Lehren komplett umsetzt oder nur stellenweise in den eigenen Unterricht integriert: Es ist immer wichtig sich klarzumachen, dass Lernende nicht automatisch gute Lehrende sind und/oder schon Erfahrung in der Erstellung von Erklärvideos haben. Damit die Produktion und der Einsatz von Erklärvideos funktioniert, müssen die Lernenden deshalb in (medien)didaktischen Grundkompetenzen trainiert werden. Dazu gehört zum einen eine grundlegende Einführung in die Produktion von Erklärvideos und eine Sensibilisierung für die (didaktischen wie mediendidaktischen) Gestaltungsmöglichkeiten. Darauf sind wir in Teilkapitel 4.5 schon eingegangen. Zum anderen ist die Auswahl der Gestaltungsmöglichkeiten für das Erklärvideo aber selbstverständlich auch abhängig vom zu erklärenden Gegenstand.

Bei der Erläuterung von Grammatikphänomenen kann es zum Beispiel wichtig sein, Visualisierungsstrategien einzusetzen, die das Verständnis des Phänomens unterstützen. Um die Lernenden hierbei zu unterstützen, kann man sich im Unterricht gemeinsam Erklärvideos zu Grammatikthemen anschauen, die mit didaktisch sinnvollen Visualisierungen arbeiten. Anhand dieser Beispiele kann man erarbeiten, welche Visualisierungen hilfreich sind und welche das Verständnis vielleicht eher behindern. Dass auch und vor allem Lernende bei Visualisierungen sehr kreativ sein können, zeigt das folgende Beispiel, das im Rahmen des L1-Unterrichts an einer deutschen Schule entstanden ist:

Luca erklärt anschaulich die Stellung der Satzglieder
(www.ers-karlsruhe.de/medienschule/#Erklärvideos)

Bei den Erklärvideos zum Thema *Fridays for Future* wiederum wird es für die Lernenden sehr wichtig sein, über gute Recherchestrategien sowie Strategien zur Reduktion der Komplexität des Phänomens zu verfügen, Wichtiges auszuwählen und Unwichtiges wegzulassen, gegebenenfalls mit geeigneten Bildern zu arbeiten und sich für ein Format von Erklärvideos zu entscheiden. Diese Kompetenzen benötigen die Lernenden selbstverständlich nicht nur, um Erklärvideos für ihre Mitlernenden produzieren zu können, sondern sie gehören zum methodischen Repertoire, über das Lernende für die Erarbeitung und Präsentation von Ergebnissen generell verfügen sollten. Es ist deshalb sinnvoll, für die Schulung dieser Kompetenzen Zeit einzuplanen und auf diese Weise nicht nur die Erstellung der Erklärvideos qualitativ zu verbessern. Ferner ist es hilfreich, wenn sich die Lernenden vergleichbare Erklärvideos über gesellschaftliche Gruppierungen und deren politische Forderungen anschauen, um ihr Wissen über Gestaltungsprinzipien und -möglichkeiten zu erweitern.

Damit Sie ein Gefühl dafür bekommen, welche Anforderungen das Erstellen von Erklärvideos an Ihre Lernenden stellt, sollten Sie selbst einmal ausprobieren, eins zu konzipieren. Da Sie sich in Teilkapitel 5.2 intensiv mit Lese-, Hör- und Sehstrategien beschäftigt haben und solche Strategien auch gut in Erklärvideos einführend vermittelt bzw. bewusst gemacht werden können, versuchen Sie sich in der nächsten Aufgabe selbst an der Erstellung eines Erklärvideos zu diesem Thema.

Aufgabe 55

In Teilkapitel 5.2 haben Sie sich mit Lese-, Hör- und Sehstrategien beschäftigt. Wie könnte man den Erwerb solcher Strategien durch ein Erklärvideo unterstützen? Überlegen Sie sich für ein Erklärvideo ein Thema, formulieren Sie Leitfragen und skizzieren Sie kurz, wie das Video aussehen könnte.

1. Thema

____

2. Leitfragen

____

3. Skizzenartige Beschreibung des Inhalts

____

4. Vorgeschlagenes Format

____

Arbeit mit Erklärvideos in der Hausaufgabenzeit

Die von Lernenden erstellten Erklärvideos können gemeinsam im Unterricht angeschaut und kommentiert werden. Eine andere Möglichkeit ist, von Lernenden erstellte Erklärvideos im Sinne des Flipped-Classroom-Ansatzes zu nutzen und zwar in einer Form, die auch für den Deutschunterricht in Schulen geeignet ist. Diese Ausrichtung des Flipped-Classroom-Ansatzes macht sich die Tatsache zunutze, dass in fast allen Schulformen weltweit Hausaufgaben gegeben werden können. Diese Hausaufgabenzeit wird allzu häufig aber nur zur (individuellen) übenden Vertiefung von Inhalten genutzt, die vorher im Unterricht bearbeitet worden sind. Forschung zu Hausaufgaben zeigt, dass damit das Lernpotenzial, die die zusätzliche Lernzeit bieten könnte, nicht ausreichend genutzt wird. Das liegt vor allem auch daran, dass Hausaufgaben noch immer viel zu selten als Vorbereitung des Unterrichts dienen, und dass Lernende in einer sinnvollen, d.h. selbstgesteuerten Bearbeitung von Hausaufgaben zu selten unterstützt werden. Für viele Lerninhalte ist es aber sinnvoll, dass die Lernenden sie zunächst einmal selbstständig und in ihrem eigenen Tempo erarbeiten und sie erst darauf aufbauend im Unterricht besprechen und dann vor allem anwenden und vertiefen.

Um die Hausaufgabenpraxis zu ändern, kann es hilfreich sein, sich Vorschläge des Flipped-Classroom-Ansatzes anzusehen (siehe Würffel 2018). Die Hausaufgabenzeit wird dann dafür genutzt, dass sich Lernende selbstständig und selbstkontrolliert über Erklärvideos wichtigen Input aneignen. Das sind entweder Erklärvideos, die von den eigenen Lehrkräften erstellt wurden, oder Videos von anderen Lehrenden oder Experten. Im Sinne des Ansatzes Lernen durch Lehren können die Lernenden in der Hausaufgabenzeit aber auch Erklärvideos nutzen, die Mitlernende für sie erstellt haben. In der Präsenzzeit werden dann noch bestehende Verständnisprobleme gelöst, der erarbeitete Input vertieft oder transferiert.
Lehrende haben die Erfahrung gemacht, dass die alleinige Bereitstellung eines Inputs über die Erklärvideos häufig nicht ausreicht, damit die Lernenden sich die Inhalte aneignen können. Die Bereitstellung des Inputs durch die Erklärvideos sollte deshalb durch Selbstlernaufgaben begleitet werden, die im besten Fall differenziert angelegt sind. D.h. je nach Leistungsvermögen bekommen die Lernenden zum Erklärvideo unterschiedlich komplexe Übungen und Aufgaben gestellt, die ihren individuell gesteuerten Erwerb des Inputs unterstützen. Diese Aufgaben können Sie als Lehrkraft zu Erklärvideos von Lernenden erstellen – oder aber Sie beauftragen die Lernenden, nicht nur das Erklärvideo zu drehen, sondern auch die dazugehörigen Aufgaben zu konzipieren (ein Beispiel zur Erstellung von Übungen und Aufgaben durch Lernende finden Sie in Teilkapitel 4.4).
Damit die Lernenden die Erklärvideos auch wirklich anschauen und mit den Selbstlernaufgaben arbeiten, ist es wichtig, dass Sie die Inhalte in der nachfolgenden Unterrichtsstunde nicht erneut vortragen. Stattdessen sollte es in der Stunde zwar eine kurze Phase der Verständnissicherung geben, dann sollte aber mit dem erarbeiteten Input direkt weitergearbeitet werden. Nur dann, das zeigt die Forschung, sind Lernende motiviert, vorbereitende Hausaufgaben tatsächlich sorgfältig zu machen.

Literatur zum Weiterlesen

Praktische Vorschläge für die Gestaltung von Erklärvideos im Fremdsprachenunterricht im Rahmen des Ansatzes Flipped Classroom in der Schule finden sich in dem Artikel: *Flipped Classroom – Zeit für deinen Unterricht. Praxisbeispiele, Erfahrungen und Handlungsempfehlungen* (Werner u.a. 2018). Der Band enthält neben zwei fremdsprachenspezifischen Beiträgen auch eine Reihe anderer Beiträge, deren Inhalte fachübergreifend interessant oder gut auf den Deutschunterricht übertragbar sind.

Aufgabe 56

Machen Sie sich kurz bewusst, wie Sie Hausaufgaben stellen: Dienen diese eher zur Nachbereitung von Unterrichtsinhalten oder geben Sie auch vorbereitende Hausaufgaben? Wie könnten vorbereitende Hausaufgaben aussehen?

1. Reflektieren Sie Ihre Hausaufgabenpraxis: Stellen Sie eher nachbereitende oder auch vorbereitende Hausaufgaben?

___

2. Schauen Sie sich Ihr Lehrwerk an. An welchen Stellen könnten Sie sich in der nächsten Lektion vorstellen, eine vorbereitende Hausaufgabe zu stellen? Nennen Sie drei Themen.

___

3. Überlegen Sie sich nun, bei welchem der drei Themen Sie das Erstellen von einem Erklärvideo durch die Lernenden einbauen könnten.

___

Zusammenfassung

Produzieren und Präsentieren sind wichtige Aktivitäten in jedem Deutschunterricht. Mit digitalen Werkzeugen lassen sich diese Produktionsprozesse vielfältiger gestalten. Die leicht zu bedienenden Werkzeuge ermöglichen es zudem, dass Produkte und Ergebnispräsentationen in ihrem Layout professioneller aussehen. Das führt häufig dazu, dass Lernende motivierter bei der Sache sind und sich im besten Fall auch stärker um eine bessere sprachliche und inhaltliche Qualität der Produkte wie auch der Präsentationen bemühen.

Wenn Lernende Erklärvideos selber erstellen, produzieren sie für einander wichtigen Input zum Erlernen des Deutschen. Dafür müssen sie sich intensiv mit den zu erklärenden Phänomenen auseinandersetzen, aber auch (medien)didaktische Kompetenzen erwerben. Von Lernenden hergestellte Erklärvideos erlauben es außerdem, Hausaufgaben anders und didaktisch sinnvoll(er) zu gestalten. Für den Einsatz in der außerunterrichtlichen Selbstlernzeit sollten sie durch passende Aufgaben begleitet und durch geeignete und differenzierende Aufgaben im Unterricht weitergeführt werden.

Lassen Sie am Ende dieses 5. Kapitels Ihre Eindrücke Revue passieren:

Aufgabe 57

Beantworten Sie abschließend die folgenden Fragen.

1. Was war für Sie besonders interessant?

   ___

2. Welche Fragestellung/en würden Sie gern weiter bearbeiten?

   ___

6 Wandel durch Digitalisierung

Die Digitalisierung schreitet überall auf der Welt fort. Auch das Fremdsprachenlernen und die dafür genutzten Lehr- und Lernmedien haben sich durch die Digitalisierung bereits gewandelt. In diesem Kapitel wollen wir anhand von zwei Beispielen zeigen, wie bestimmte Methoden und Werkzeuge dafür eingesetzt werden können, den Wandel im Fremdsprachenunterricht zu gestalten. Anschließend werden wir erklären, warum dieser Wandel sinnvoll ist oder sogar als notwendig bezeichnet werden kann.
In Teilkapitel 6.1 beschäftigen wir uns mit einer Unterrichtsmethode, die sich erst mit den digitalen Medien entwickelt hat: das Blended Learning. Diese Unterrichtsmethode bietet für Lernende wie auch Lehrende viele Vorteile und lässt sich auch niederschwellig im Unterricht einsetzen. Man versteht darunter ein hybrides Sprachenlehren und -lernen, bei dem der traditionelle Präsenzunterricht durch Phasen ergänzt wird, in denen die Lernenden computergestützt lernen. Das Ziel ist dabei, eine ausgewogene und für die Zielgruppe passende Kombination aus computergestützten und nicht-computergestützten Phasen herzustellen. In Teilkapitel 6.1 werden wir Ihnen die verschiedenen Bestandteile von Blended Learning sowie zwei Blended-Learning-Szenarien präsentieren, die Unterricht ein wenig oder etwas mehr verändern. Sie werden auf diese Weise nicht nur eine Vorstellung davon bekommen, wie Blended Learning aussehen kann, sondern wir hoffen, dass Sie vielleicht auch Lust bekommen, es selbst einmal auszuprobieren.
In Teilkapitel 6.2 beschäftigen wir uns dann mit dem Einsatz sozialer Medien im Deutschunterricht. Die Beschäftigung mit diesem Thema wird häufig damit begründet, dass soziale Medien inzwischen zur Lebenswelt der Lernenden dazugehören und dass ihr Einsatz im Deutschunterricht deshalb für Lernende motivierend sein könnte. Gleichzeitig sagen Lehrende aber auch, dass ihre erwachsenen Lernenden froh seien, wenn sie im Deutschunterricht ihre Smartphones einmal für eine Stunde ausschalten könnten. In Teilkapitel 6.2 werden wir deshalb auf die Frage eingehen, wie der Einsatz sozialer Medien im Deutschunterricht didaktisch begründet werden kann.

6.1 Sprachenlernen im Blended-Learning-Modus

Die verbreitete Nutzung der digitalen Medien beeinflusst das gesteuerte Sprachenlernen. So spielt die Nutzung digitaler Medien auch in der Neufassung des GER (Europarat 2020; siehe Teilkapitel 2.3) eine viel stärkere Rolle. Als neuer Kompetenzbereich ist u.a. die Fähigkeit zur Online-Kommunikation eingeführt worden. Neben dieser sehr sichtbaren Erweiterung finden sich aber auch viele Teilkompetenzen, die in Zusammenhang mit der Nutzung digitaler Medien und Werkzeuge stehen.
Eine Form, digitale Medien systematisch im eigenen Unterricht zu verankern und damit viele der geforderten Kompetenzen zu fördern, bietet das Blended Learning. Anhand einiger Beispiele werden wir Ihnen in diesem Teilkapitel zeigen, wie Sie diese Lernform auch in Ihren Unterricht integrieren können.

Am Ende dieses Teilkapitels
- wissen Sie, wie man nicht-computergestützte mit computergestützten Lernaktivitäten kombinieren kann,
- kennen Sie verschiedene Aspekte von Blended Learning und verschiedene Blended-Learning-Szenarien,
- wissen Sie, wie man durch Blended Learning das Lernen im Unterrichtsraum mit dem Lernen außerhalb verbinden kann.

In Kapitel 4 und 5 haben wir Ihnen erklärt, wie Wikis im Deutschunterricht genutzt werden können. Der Einsatz von Wikis mag im Unterricht noch nicht überall verbreitet sein. Dagegen ist es heutzutage in weiten Teilen der Welt schon selbstverständlich, das Internet für Recherchen im Deutschunterricht zu verwenden; eine solche Form des Blended Learning kann also schon als Normalfall von Unterricht angesehen werden.

Dies ist natürlich nur ein Beispiel für Blended Learning. Die Mischungen von traditionellem Präsenzlernen und Online-Lernen können ganz vielfältig aussehen.

Aufgabe 58

Haben Sie schon einmal Blended Learning in Ihrem Unterricht eingesetzt? Oder haben Sie selbst schon einmal in der Lernform Blended Learning gelernt? Notieren Sie die Situationen.

Definition von Blended Learning

Beim **Blended Learning** wird entweder individuell oder gemeinsam in der Lerngruppe, im Unterricht oder außerhalb des Unterrichts, mit dem Computer oder ohne, gleichzeitig oder zeitversetzt, mit vielen verschiedenen oder eher wenigen Medien Deutsch gelernt. Das englische Wort *blended* bedeutet vermischt oder vermengt und signalisiert, dass es bei Blended Learning um eine sinnvolle Verknüpfung verschiedener Aspekte geht.

Dies war natürlich auch schon vor dem verstärkten Einsatz digitaler Medien im Unterricht der Fall: Lehrende haben schon immer verschiedene Lehr-/Lernaktivitäten, Arbeits- und Sozialformen, Inhalte und auch Medien gemischt, damit ihre Lernenden die Lernziele erreichen. Jetzt sind durch die digitalen Medien noch weitere Variationsmöglichkeiten hinzugekommen: Die Anzahl der Aspekte, die Sie bei Ihrer Unterrichtsplanung bedenken müssen, hat sich erhöht. Bei der Planung eines Blended-Learning-Unterrichts entscheiden Sie nicht nur über Lernziele, Lehr-/Lernaktivitäten und Inhalte. Folgende Aspekte können Sie bei einem Blended-Learning-Unterricht mischen:

1. Sozialformen (individuelles Lernen oder Lernen in der Gruppe);
2. Lernorte (innerhalb oder außerhalb des Klassenzimmers/Kursraums, im Internet oder ohne Internet);
3. Phasen, in denen die Lernenden gleichzeitig und zeitversetzt arbeiten; man spricht vom Grad der **Synchronizität**;
4. virtuelle (computergestützte) und nicht-virtuelle Anteile (ohne Computerunterstützung); man spricht vom Grad der Virtualität, der hoch ist, wenn es viele computergestützte Anteile gibt;
5. verschiedene Medien; man spricht vom Grad der Medialität, der hoch ist, wenn Sie viele verschiedene Medien miteinander kombiniert einsetzen.

Verzahnung der verschiedenen Aspekte

Je nach Mischungsverhältnis gibt es sehr unterschiedliche Formen des Lehrens und Lernens, die sich hinsichtlich der Aspekte Sozialform, Lernort, Virtualität und Synchronizität unterscheiden können. Manchmal stehen diese eher additiv nebeneinander, manchmal sind sie eng miteinander verzahnt: So kann eine Internetrecherche, die Lernende individuell außerhalb des Klassenzimmers/Kursraums durchführen, anschließend als Grundlage für einen Chat dienen, den die Lernenden mit einer Partnerklasse im Unterricht führen. Beide Lernaktivitäten sind in diesem Fall eng miteinander verzahnt.

Die folgende Abbildung macht deutlich, wie vielfältige Auswahlmöglichkeiten Sie haben, wenn Sie Blended Learning einsetzen:

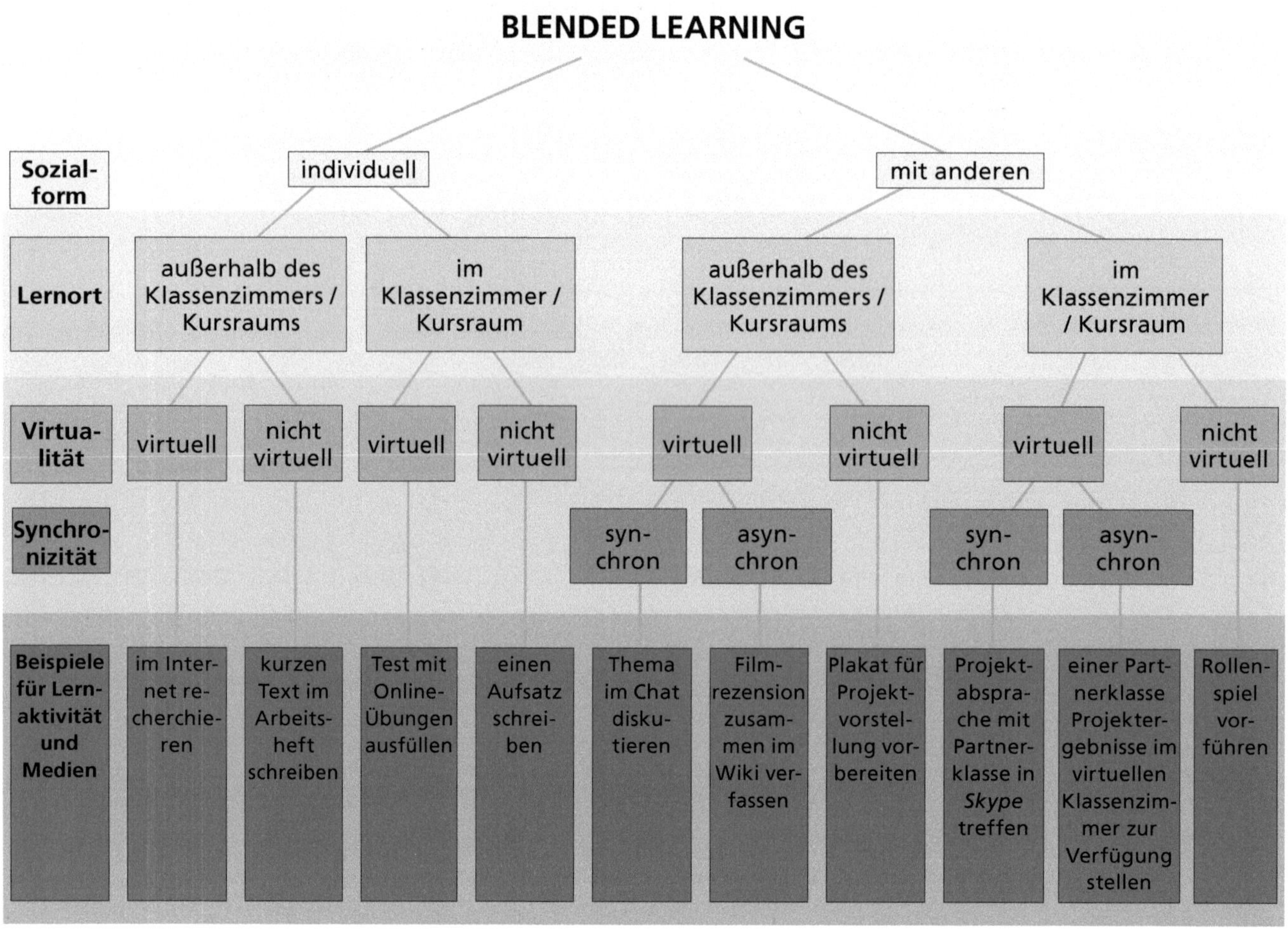

Anhand von zwei möglichen Blended-Learning-Szenarien möchten wir Ihnen nun zeigen, wie unterschiedlich man die Mischungsverhältnisse im Blended Learning gestalten kann. Die beiden Szenarien unterscheiden sich in der Verzahnung der einzelnen Aspekte. Natürlich sind auch noch viele andere Szenarien denkbar: So findet man häufig solche, die der zweiten Form ähneln, in denen aber keine Verzahnung verschiedener Aspekte stattfindet. Außerdem gibt es Blended-Learning-Szenarien, die fast vollständig online stattfinden – diese kann man dann gar nicht mehr als gemischte Formen bezeichnen (siehe dazu ausführlicher Rösler/Würffel 2010).

zwei Blended-Learning-Szenarien

Blended-Learning-Szenario 1

Stellen Sie sich einen Präsenzunterricht vor, in dem mit dem WWW gearbeitet wird. Folgende Lernaktivitäten sind denkbar:

1. In einer Gruppenarbeitsphase recherchieren die Lernenden im Internet Informationen zu einem landeskundlichen Thema, zu dem sie anschließend Aufgaben lösen.
2. Sie benutzen dabei Online-Grammatiken und -Wörterbücher.
3. Im Anschluss daran bearbeiten sie zu Hause individuell geschlossene Online-Übungen, zu denen sie ein direktes Feedback erhalten, und üben damit sprachliche Strukturen.

Die Lernaktivitäten 1 und 2 könnten die Lernenden auch zu Hause an ihrem eigenen Computer ausführen; dann werden im Unterricht keine Computer benötigt. Der Medialitätsgrad ist bei diesem Szenario ein mittlerer, die Verzahnung der einzelnen Elemente ist nicht sehr ausgeprägt.

Aufgabe 59

Markieren Sie die Lernaktivitäten 2 und 3 mit zwei unterschiedlichen Farben in der Grafik. Vergleichen Sie Ihr Ergebnis mit der Grafik im Lösungsschlüssel.

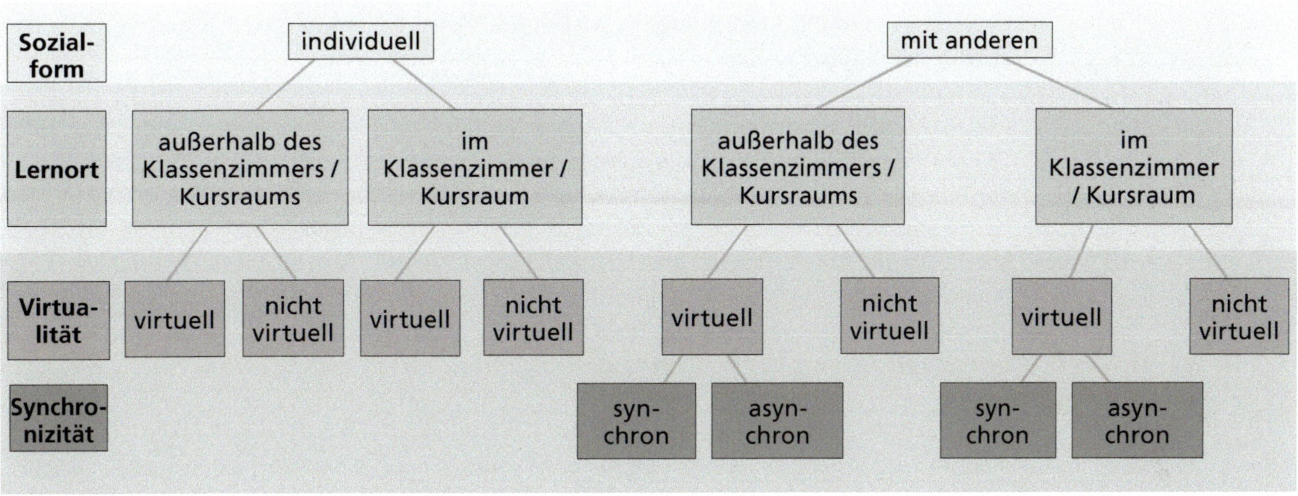

Blended-Learning-Szenario 2

In diesem Szenario wechseln sich virtuelle und nicht-virtuelle Lernaktivitäten am Lernort Klassenzimmer/Kursraum und virtuelle Lernaktivitäten außerhalb des Unterrichts ab. Sie sind inhaltlich eng miteinander verzahnt. Der Medialitätsgrad ist hoch. Hier beschreiben wir für dieses Blended-Learning-Szenario drei Varianten, die selbstverständlich auch zusammen in einem Unterricht auftreten können:

Variante 1: Die Lernenden bekommen per E-Mail oder *WhatsApp* ihre Hausaufgaben zugeschickt oder finden sie auf der Lernplattform, einem virtuellen Lernraum, den die Lehrkraft für die Klasse / den Kurs mit einer speziellen Software (z.B. Moodle) eingerichtet hat. Die Lernenden senden die Hausaufgaben per E-Mail an die Lehrkraft zurück oder stellen sie auf der Lernplattform ein, wo sie kommentiert und korrigiert werden. Danach macht die Lehrkraft diese Versionen den Lernenden wieder zugänglich.

Variante 2: Die Lerngruppe macht einen virtuellen Austausch mit einer oder mehreren Partnergruppe(n). Dies kann zum Beispiel im Rahmen eines Projekts der Fall sein, in dem sich die Lernenden zweier Partnerklassen zuerst kennenlernen und dann gemeinsam am selben Projekt arbeiten.
Die gemeinsame Arbeit und der Austausch werden im Präsenzunterricht vorbereitet. Die Gruppen lernen zum Beispiel, wie sie mit *SurveyMonkey* eine Online-Umfrage (siehe Teilkapitel 4.3) bei ihren Partnern durchführen können. Sie üben neuen Wortschatz oder

Redemittel, die sie in der Kommunikation mit den Partnerinnen und Partnern brauchen. Die Lernenden tauschen sich dann eigenständig außerhalb des Unterrichts aus. Die Ergebnisse können danach wieder mit in den Unterricht gebracht werden: Die Lehrkraft kann zum Beispiel die Umfrageergebnisse mit dem Beamer auf eine Leinwand projizieren oder über eine interaktive Tafel zeigen, sodass man im Unterricht gemeinsam darüber sprechen kann. Zahlreiche Realisierungen für dieses Beispiel finden Sie bei der in Teilkapitel 5.3.2 dargestellten eTwinning-Initiative.

Variante 3: Bei diesem Blended-Learning-Szenario werden mobile Technologien genutzt, um das Lernen im Unterrichtsraum mit dem Lernen an einem anderen Lernort zu verbinden. Das kann ein situiertes Lernen ermöglichen, also ein Lernen, bei dem der Kontext bzw. die Umgebung des Lernenden für das Lernen genutzt werden kann (siehe Teilkapitel 4.1). Diese Variante eignet sich besonders gut für ein Lernen der Fremdsprache im Zielsprachenland, also wenn Deutschlernende in Deutschland einen Sprachkurs besuchen. Durch mobile Anwendungen werden Lernende hier z.B. auf Gesprächssituationen im Supermarkt vorbereitet und müssen dann im Supermarkt verschiedene Aufgaben durchführen, bei denen sie nicht nur bestimmte Produkte finden, sondern auch kleine Dialoge mit Supermarktmitarbeitenden führen müssen. Die Variante kann aber auch im eigenen Land durchgeführt werden. Ein Beispiel hierfür sind die Lernangebote für ein situiertes Lernen in Bibliotheken von Goethe-Instituten weltweit, die wir weiter unten ausführlicher beschreiben.

Variante 4: Der Unterricht findet für einen Teil der Gruppe nur virtuell, für einen anderen Teil in Präsenz statt: Die nicht anwesenden Gruppenmitglieder werden über eine Videokonferenzsoftware dazu geschaltet und nehmen virtuell synchron am Unterricht teil. Die synchronen Phasen werden häufig zusätzlich durch eine asynchrone virtuelle Arbeit für alle begleitet. Die Variante setzt voraus, dass entweder das Lernmaterial oder das Lehrbuch als digitales Lehrwerk in einer Lernplattform zur Verfügung stehen (wie BlinkLearning, siehe Kapitel 2) und dass das asynchrone Arbeiten auf der Plattform durch Aufgaben angeleitet und von der Lehrkraft durch Feedback unterstützt wird.

Bevor wir Ihnen nun zwei Beispiele von Blended Learning im Deutschunterricht zeigen, möchten wir von Ihnen wissen, ob Sie gern selbst einmal eine Form von Blended Learning ausprobieren würden. Welches Blended-Learning-Szenario könnten Sie sich für Ihren Unterricht vorstellen? Wie würden Sie gern arbeiten? Welchen Grad der Medialität würden Sie wählen? Wie würden Sie verzahnen?

Aufgabe 60

Vorausgesetzt, Ihnen stehen/stünden die technischen Möglichkeiten zur Verfügung: Was würden Sie gern einmal mit Ihren Lernenden ausprobieren?

a) Notieren Sie Ihre Ideen.

Blended-Learning-Szenario Nr.	Ihre Ideen

b) Welche Ideen haben Ihre Kolleginnen und Kollegen?

Blended Learning in der Grundschule

In unserem Beispiel zeigen wir, dass Blended Learning nicht nur mit Erwachsenen funktioniert. In Aufgabe 61 sehen Sie eine Unterrichtsstunde in der Grundschule. Die Mischung entspricht in vielen Aspekten unserem Szenario 1. Besonders hervorzuheben ist hier die gute Verzahnung der Elemente mit und ohne Computernutzung. Der hohe Grad an Medialität wird in diesem Unterricht durch den Einsatz eines interaktiven Whiteboards (siehe Teilkapitel 4.2) erreicht. Dies sind die Lernziele der Unterrichtsstunde, aus der die folgenden Unterrichtsmitschnitte stammen:

- Die Kinder können das Lied *Ich sammle, ich sammle...* aus dem Lehrwerk *Tamburin* 2 verstehen.
- Sie können den Liedtext in Kleingruppenarbeit mit neuem Vokabular variieren.
- Sie können den eigenen Liedtext mithilfe der Karaoke-Version des Liedes auf der CD zum Lehrwerk präsentieren.
- Sie kennen wichtige Funktionen der IWB-Software und können sie selbst nutzen (z.B. Sprechblasen einfügen und beschriften).

Hier die Informationen zur Unterrichtssituation:

Ort, Jahr	Deutsche Schule Sevilla, 2011
Zielgruppe	Kinder der 3. Klasse auf Niveau A2
Lehrkraft	Michael Priesterroth
Lehr- /Lernaktivität	Zunächst hören die Kinder das Lied *Ich sammle, ich sammle...* Dann singen sie es gemeinsam, während der Lehrer nur die Melodie einspielt. Danach ergänzen die Kinder den Text in Gruppenarbeit und machen damit das Lied zu ihrem Lied. Auch diese Liedversion präsentieren sie als Karaoke, der Lehrer nimmt sie mit einer digitalen Kamera auf und projiziert sie auf das IWB.
Lehr-/Lernmedium	*Tamburin 2.* Deutsch für Kinder, CD zum Lehrbuch, interaktives Whiteboard

Sehen Sie nun drei Sequenzen dieses Unterrichts, die zeigen, wie die Gruppen ihre Ergebnisse präsentieren, wie der Lehrer sie dabei unterstützt und welche Lehr- und Lernmedien er dabei einsetzt.

Aufgabe 61

Sehen Sie die Sequenzen 4, 5 und 6 aus *Deutsche Schule Sevilla.*

a) Kreuzen Sie an, welche Lehr- und Lernmedien verwendet werden.

Lehr-/Lernmedien	wird verwendet	Lehr-/Lernmedien	wird verwendet
IWB	✗	Internet	☐
boardeigene Software	✗	Fotoapparat	☐
IWB-Stifte	☐	Computer	☐
Fotos	☐	Handy	☐
Videos	☐	digitale Videokamera	☐
Arbeitsblätter	☐	Plakate	☐
Lehrbuch	☐	Papier/Hefte	☐
DVDs	☐		

b) Wer führt in diesem Unterricht welche Handlungen aus?

Handlungen	Schülerinnen und Schüler	Lehrer
1. singt/singen eigene Liedstrophe vor	☐	☐
2. startet/starten Karaoke-Funktion am IWB	☐	☐
3. nimmt/nehmen Präsentationen mit einem Fotoapparat mit Videofunktion auf	☐	☐
4. überträgt/übertragen Videos mithilfe eines USB-Kabels auf den Computer	☐	☐
5. öffnet/öffnen die Videos am IWB	☐	☐
6. nimmt/nehmen aus dem Video ein Foto mithilfe der IWB-Software auf	☐	☐
7. zeichnet/zeichnen Sprechblasen am IWB	☐	☐
8. schreibt/schreiben Wörter der Objekte, die im Liedtext gesammelt werden, in die Sprechblasen	☐	☐

c) Sehen Sie die Sequenzen noch einmal und ergänzen Sie in der Lehrskizze die Informationen zu Lehr- und Lernmedien und zu Lehraktivität.

Klasse: Schülerinnen und Schüler der 3. Klasse (*Deutsche Schule Sevilla*)
Sprachniveau: A2
Globales Lernziel: ein Lied auf Deutsch präsentieren können

Teillernziel	Lernaktivität	Arbeits- und Sozialform	Lehr-/Lernmedien	Lehraktivität
1. Kinder kennen neuen Wortschatz.	K* nennen gemeinsam Dinge, die man sammeln kann.	Plenum	*Zuordnungsübung am IWB*	*Lehrer erklärt die neuen Wörter kurz.*
2. K können das Lied *Ich sammle* global verstehen.	K hören das Lied mit geschlossenen Augen.	Einzelarbeit		
3. K können das Lied detailliert verstehen.	K hören das Lied und lesen den Text mit.	Plenum		
4. K können selbst eine Liedstrophe schreiben.	K schreiben in Gruppen eine neue Liedstrophe. Sie notieren neue Vokabeln am IWB.	Gruppenarbeit		
5. K können vor Publikum ihre eigene Liedstrophe vortragen.	K singen in der Kleingruppe ihre Liedstrophe. Die Gruppe wird jeweils von einem anderen Kind angekündigt.	Gruppenarbeit (3 Kleingruppen à 5 Kinder)		
6. K können die Liedstrophen der anderen verstehen.	K hören die Liedstrophen der Mitschülerinnen und Mitschüler, die auf das IWB projiziert wurden.	Plenum		
7. K kennen den Wortschatz, den die anderen Kinder in ihren Liedstrophen benutzt haben.	K sehen die Vokabeln, die die Kinder jeweils in Sprechblasen am IWB festgehalten haben.	Plenum		

K*= Kinder

Sicherlich sind auch Sie beeindruckt davon, was in dieser Unterrichtseinheit alles passiert, wie eng die verschiedenen Lernaktivitäten des Unterrichts miteinander verzahnt und wie sinnvoll die verschiedenen Aspekte gemischt sind. Beim Anschauen der Unterrichtssequenzen konnten Sie die verschiedenen Medien identifizieren, die die Medienkombination in diesem Unterricht ausmachen (unterschiedliche Software-Anwendungen und zusätzliche Peripheriegeräte wie z.B. eine digitale Kamera). Sie haben außerdem gesehen, wie die Aktivitäten zwischen Lehrenden und Lernenden in diesem Unterricht verteilt sind, und wie gut es dem Lehrer gelingt, seine kleinen Medienexperten und -expertinnen zu aktivieren.
Wir haben die Filme auch deshalb für Sie ausgesucht, um Ihnen zu zeigen, wie mithilfe eines IWB in einem Blended-Learning-Unterricht ein hoher Grad an Medialität erreicht werden kann. Wenn Sie gerade damit beginnen, das IWB zu benutzen, werden Sie sich sicherlich erst nach und nach mit den vielfältigen Möglichkeiten vertraut machen und anfänglich nur einen Teil der Funktionen nutzen. Das ist normal, so haben Sie sich vielleicht auch Ihrem Mobiltelefon oder Ihrer digitalen Kamera angenähert.

Sie haben gesehen, dass dieser Lehrer sehr erfahren im Gebrauch des IWB ist. Er setzt das IWB in vorbildhafter Weise so ein, dass die Schülerinnen und Schüler aktiv werden, selbst etwas produzieren und dieses präsentieren. Ein solcher Unterricht setzt das didaktisch-methodische Prinzip der **Handlungsorientierung** gut um.

Bei dem Beispiel, das wir Ihnen präsentiert haben, finden die computergestützten Lernphasen im Klassenzimmer/Kursraum statt: Virtuelle Phasen, bei denen die Lernenden an Lernorten außerhalb des Klassenzimmers/Kursraums computergestützt arbeiten, gibt es hier nicht.

Wir wollen Ihnen deshalb noch ein zweites Beispiel präsentieren, bei dem mithilfe mobiler Geräte (wie einem Smartphone oder einem Tablet) ein situiertes Lernen ermöglicht wird.

situiertes Lernen in der Bibliothek

Sinvolle Lernorte außerhalb des Unterrichtsraums können Bibliotheken oder Museen sein. Lernziel ist dabei u.a., auf spielerische Weise (unter Verwendung des Deutschen) Bibliotheksangebote oder Ausstellungen zu erkunden. Wie ein solches situiertes Deutschlernen in einer Bibliothek gestaltet werden kann, zeigen die interaktiven Schnitzeljagden, die inzwischen für die Bibliotheken von vielen Goethe-Instituten weltweit angeboten werden (siehe z.B. https://de.actionbound.com/bound/alemania). Mithilfe der kostenlosen App *Actionbound* werden hierbei Rallyes genutzt, bei denen Aufgaben den Lernenden einen vorbestimmten Weg durch die Bibliothek weisen. Auf ihrem Weg bearbeiten die Lernenden verschiedene Aufgabentypen; zur Lösung gelangen sie durch Informationen, die sie an verschiedenen Orten in der Bibliothek finden können. Es gibt geschlossene Aufgaben, bei der die Lernenden die korrekte Lösung auf eine Frage finden müssen. Dazu müssen sie zum Teil Zahlen finden, aber auch sprachliche Informationen. Und es werden offene Aufgaben gestellt, bei denen eine Gruppe einen Text schriftlich, als Audioaufnahme oder als Video anfertigen und als Lösung einfügen kann. Nach Abschluss der Rallye wertet *Actionbound* die Ergebnisse nach Punktestand aus. Die Teilnehmenden haben die Möglichkeit, sich ihre Ergebnisse per E-Mail zuschicken zu lassen.
Fragen der Lernenden zur Nutzung der Bibliothek oder der Ausstellung im Museum (und auch sprachliche Probleme) können im Anschluss im Unterricht besprochen werden. Hierzu stehen die hochgeladenen Ergebnisse (Beantwortung von Fragen, kreative Lösungen wie Bilder, Audio, Texte) zur Verfügung. Je nach Formulierung sind die Aufgaben auch für Lernende ab A1 durchführbar.

Zusammenfassung

Mit dem Begriff des Blended Learning werden verschiedene Mischungen von Sozialformen, Lernorten, virtuellen und nicht-virtuellen Lernphasen, von zeitversetztem und gleichzeitigem Lernen sowie von verschiedenen Medien bezeichnet. Die verschiedenen Elemente können in unterschiedlichem Maße miteinander verzahnt sein. Durch Blended-Learning-Szenarien können über den Einsatz mobiler Geräte auch außerschulische Lernorte miteinbezogen und ein situiertes Lernen ermöglicht werden.

6.2 Wandel durch soziale Medien

Das im Kapitel 1 angesprochene Primat des Didaktischen birgt auch eine Gefahr: Nämlich die, die digitalen Medien nur in ihrer dienenden Funktion für den Deutschunterricht, wie man ihn „schon immer gemacht hat" (d.h. etwa ab den 1990er Jahren), zu sehen. Damit versäumt man, in Zusammenhang mit der weltweit voranschreitenden Digitalisierung auch darüber nachzudenken, wie diese den Fremdsprachenunterricht verändert hat, verändern kann und verändern wird. Wichtige Fragen in diesem Zusammenhang sind u.a.: Wieso reagiert der Fremdsprachenunterricht immer noch unzureichend darauf, dass Lernende ganz einfach mit Zielsprachensprechenden in Kontakt treten können – ganz egal, wo auf der Welt sie sich gerade aufhalten? Wieso lernen Deutschlernende nicht, wie man in sozialen Netzwerken in deutschsprachigen Ländern kommuniziert – obwohl das für ihr kommunikatives und soziales Überleben bei einem längeren Aufenthalt, aber auch schon bei einer Woche in einer Gastfamilie extrem wichtig wäre? Es erscheint dringend notwendig, technische Entwicklungen auch unter dem Gesichtspunkt wahrzunehmen, wie sie die Ziele des Fremdsprachenunterrichts verändern, und nicht nur unter dem Gesichtspunkt, wie sie helfen, bisherige Ziele besser zu erreichen.

Für viele Menschen weltweit ist es inzwischen Normalität, sich über digitale Medien mitzuteilen und auszutauschen; diese Funktion vor allem der sozialen Medien kann man auch im Sprachunterricht nutzen. Die Lernenden können einzeln oder in der Gruppe mithilfe sozialer Medien untereinander und mit der Lehrkraft kommunizieren. In Unterrichtsprojekten ist es denkbar, dass die Lerngruppe mit einer Lerngruppe an einer anderen Schule oder in einem anderen Land über soziale Medien kooperiert. Zudem gibt es die Möglichkeit, dass Lernende informell beim Gebrauch sozialer Medien Deutsch lernen, indem sie z.B. nach einem Austausch über soziale Netzwerke mit ihren neugewonnenen Freunden in Kontakt bleiben. Auch dieses informelle Lernen kann man für das formale Lernen im Unterricht nutzbar machen.

Am Ende dieses Teilkapitels
- kennen Sie verschiedene soziale Medien,
- können Sie Vorteile und Schwierigkeiten benennen, die die Arbeit mit sozialen Medien im Unterricht hat,
- wissen Sie auch, aus welchen Gründen und wie man soziale Medien im Deutschunterricht nicht einsetzen sollte.

Das WWW wird häufig auch als Mitmach-Netz bezeichnet. Das liegt vor allem an den vielen sozialen Medien, die im Netz zur Verfügung stehen. Mit Hilfe dieser Software-Anwendungen kann man kommunizieren. Kommunikation meint hier zum einen die Veröffentlichung von Informationen (also die Publikation von Fotos, Audio- oder Videodateien, Webseiten oder Nachrichten in vielen Formen) und zum anderen die Möglichkeit, die veröffentlichten Informationen zu kommentieren, mit denen, die sie veröffentlicht haben, Kontakt aufzunehmen, und über sie zu kommunizieren. Soziale Medien werden damit nicht nur für individuelle Zwecke eingesetzt, sondern sie ermöglichen es Menschen, miteinander in Beziehung zu treten.

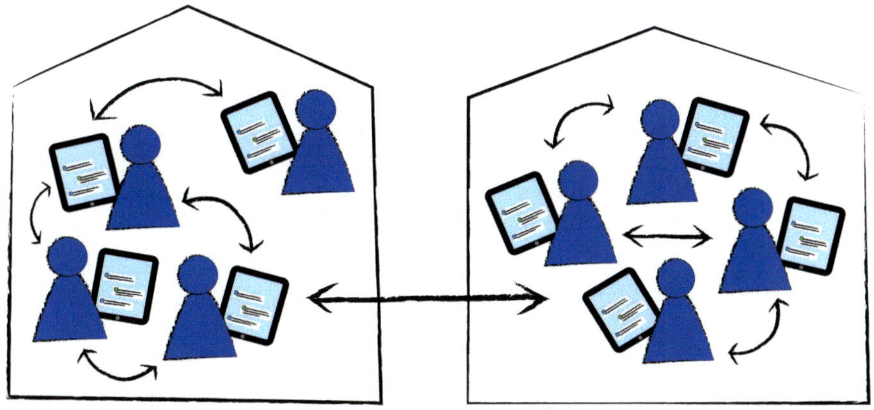

Aufgabe 62

Welche sozialen Medien nutzen Sie und mit welchem Ziel?

a) Notieren Sie in der Tabelle und ergänzen Sie eigene Ideen.

E-Mail – Forum – Chat – *Wikipedia* – Blog – Podcast – *Google* – Internet-Telefonie (z.B. *Skype*) – virtuelles Klassenzimmer – *YouTube* – *Twitter* – *Facebook* – *WhatsApp* – *Instagram* – *Snapchat* – Bewertungsportale

Ich nutze	mit dem Ziel
	mich zu informieren.
	mit anderen in Kontakt zu bleiben und zu kommunizieren.
	Texte zu publizieren.

b) Vergleichen Sie Ihre Antworten mit denen Ihrer Kolleginnen und Kollegen.

Übersicht über verschiedene soziale Medien

Bei den **sozialen Medien** kann man zwei Formen unterscheiden. Die einen erfüllen vor allem den Zweck, Kontakte zu unterstützen und das eigene (digitale) Profil zu gestalten. Man bezeichnet diese sozialen Medien auch als soziale Netzwerke. Dazu gehören bekannte soziale Netzwerke wie *Facebook* oder Kommunikationsanwendungen wie *WhatsApp*. Die anderen sind stärker informationsorientiert; dazu gehören Foren, Blogs, Podcasts, Chats sowie Foto-, Video- und Audiotauschplattformen. Eine andere Möglichkeit, soziale Medien zu unterscheiden, ist ihre Kodierungsform: Unterstützen sie eher einen schriftlichen Austausch (wie *Facebook* o.ä.), einen mündlichen (wie *Voki Hangouts*, siehe Teilkapitel 4.5) oder den Austausch von Bildern (wie z.B. *Instagram*)? Da soziale Medien immer komplexer werden, wird auch die Abgrenzung zwischen unterschiedlichen Formen immer schwieriger (siehe Würffel 2020).

Inzwischen gibt es zu vielen Webseiten im Netz integrierte soziale Medien, so dass die Nutzenden entweder leicht Inhalte selbst hinzufügen, angebotene Inhalte verändern oder Kommentare zu Inhalten abgeben können. Rezipierende werden zu Produzierenden und alle können mit allen in Kontakt treten.

Vielleicht haben Sie ja auch schon mal auf Videoportalen wie *YouTube* Ihre selbstgedrehten Videoclips oder auf Fotogalerien wie *Flickr* Ihre Fotos der Welt zur Verfügung gestellt (oder andere kommentiert)? Oder Sie haben Freunde oder Kinder, die das getan haben oder regelmäßig tun? Vielleicht haben Sie auch ein *Facebook*-Konto oder nutzen ein ähnliches soziales Netzwerk, um mit ihren Freunden in Kontakt zu bleiben? Vielleicht kennen Sie jemanden, der/die einen Blog schreibt oder regelmäßig Tweets (maximal 280 Zeichen lange Nachrichten) bei *Twitter* (einem sozialen Netzwerk im Internet) abschickt?

Wir möchten im Folgenden diskutieren, aus welchen Gründen es sinnvoll erscheint, soziale Medien im Deutschunterricht einzusetzen. Und dann aber auch thematisieren, aus welchen Gründen man es vielleicht auch nicht tun sollte bzw. wie man es besser nicht tut. Fassen Sie in der nächsten Aufgabe zunächst die Vorteile der sozialen Medien zusammen; überlegen Sie dann auch, welche Schwierigkeiten ihr Einsatz im Unterricht mit sich bringen kann.

Aufgabe 63

Welche Vorteile und welche Schwierigkeiten sehen Sie bei der Nutzung von sozialen Medien im Unterricht?

a) Notieren Sie Ihre Ergebnisse in Stichpunkten.

Vorteile bei der Nutzung von sozialen Medien im Unterricht	mögliche Schwierigkeiten bei der Nutzung von sozialen Medien im Unterricht
Der Einsatz sozialer Medien knüpft an die Lebenswelt der Lernenden an.	Für den Umgang mit sozialen Medien benötigen die Lehrenden und Lernenden zum Teil neue Kompetenzen.

b) Diskutieren Sie mit Ihren Kolleginnen und Kollegen, inwieweit Sie als Lehrkraft Möglichkeiten haben, mit den Schwierigkeiten umzugehen.

Sie haben in Aufgabe 62 sicherlich eine ganze Reihe von Vorteilen und möglichen Schwierigkeiten beim Einsatz sozialer Medien im Unterricht zusammengetragen. Vermutlich ist die Spalte mit den Vorteilen etwas ausführlicher ausgefallen als die Spalte mit den Schwierigkeiten.

Wir wollen im Folgenden ausführlicher auf einen der erhofften Vorteile eingehen: auf die Hoffnung, dass soziale Medien ein informelles Lernen unterstützen können, und dass die Ergebnisse dieses informellen Lernens wiederum in den Deutschunterricht eingespeist werden können. Unter informellem Lernen versteht man ein Lernen, das ungesteuert von einer Lehrkraft bzw. Institution vom Lernenden außerhalb des institutionellen Lernens ausgeübt wird (wie z.B. die selbstgesteuerte Nutzung von Erklärvideos zur Klimakatastrophe).

Die Forschung zeigt, dass Lernende ihr zielsprachiges Interagieren in sozialen Netzwerken als Möglichkeit zum informellen und unstrukturierten Lernen ansehen. Allerdings dient ein Kommunizieren über z.B. *Facebook* nicht primär dem Deutschlernen; die Lernenden nutzen es vielmehr für soziale oder identitätsbildende Zwecke. Lernenden ist zudem die Möglichkeit bewusst, dass sie sich über soziale Netzwerke leicht mit Sprechenden der Zielsprache vernetzen und dabei wichtige interkulturelle und sprachliche Erfahrungen machen können – und zwar sowohl schriftlich als auch mündlich. (Siehe den Überblick über die entsprechenden Ergebnisse in Würffel 2020)

Wie kann man die Aktivitäten so vieler Menschen in sozialen Netzwerken für das Deutschlernen nutzbar machen? Um es gleich vorwegzunehmen: Nicht, indem man die Lernenden zur Gründung einer *Facebook*-Gruppe oder zum Beitritt in eine *WhatsApp*-Gruppe zwingt und darüber dann die Einsetzübungen zur Grammatik verteilt. Das führt bei den Lernenden mit hoher Sicherheit zu Frustration, weil ein Medium aus ihrer Lebenswelt hier für das Deutschlernen „missbraucht" wird – in einer Weise, die ihrem Gebrauch dieses Werkzeugs in keiner Weise entspricht. Sinnvoller erscheint es, die Lernenden z.B. bei ihrer Nutzung sozialer Netzwerke im außerschulischen Gebrauch (und für ihr Deutschlernen) zu unterstützen.

Das kann z.B. dadurch erreicht werden, dass man sich mit Lernenden anschaut, wie sie in ihren eigenen sozialen Medien in ihrer Ausgangssprache kommunizieren. Dabei können sich alle gemeinsam die Funktionsweisen von Diskursen in diesen bewusst machen. Anschließend kann man analysieren, wie Diskurse in sozialen Medien in Deutschland aussehen und über Ähnlichkeiten und Unterschiede in sprachlichen Strukturen, pragmatischen Aspekten usw. sprechen. Schließlich kann man Lernende auch darin unterstützen, über soziale Netzwerke Kontakte zu Sprechenden der Zielsprache zu finden und zu pflegen (z.B. auch in Zusammenhang mit virtuellen Austauschen, siehe dazu Teilkapitel 5.3.2).
Sie haben sich nun mit den Möglichkeiten beschäftigt, wie Sie die sozialen Medien in Ihrem Unterricht nutzen können. Fassen Sie noch einmal für sich selbst zusammen:

Aufgabe 64

Was ist für Sie persönlich in Teilkapitel 6.2 so wichtig, dass Sie es in Ihrem Unterricht ausprobieren oder berücksichtigen möchten?

Zusammenfassung

Soziale Medien spielen im Leben von vielen Lernenden eine immer größere Rolle. Auch im Deutschunterricht bietet der Einsatz sozialer Medien viele Vorteile. Gerade wenn man die sozialen Medien wegen ihres Lebensweltbezugs für die Lernenden einsetzt, sollte man aber darauf achten, sie nicht für Unterrichtszwecke zu missbrauchen, die man mit traditionellen Lehr- und Lernmedien genauso gut oder sogar besser erreichen kann. Stattdessen sollte der Umgang mit sozialen Medien im Deutschunterricht dafür genutzt werden, die Lernenden auf die Kommunikation in diesen Medien vorzubereiten bzw. sie dabei zu unterstützen, und damit neue Lernziele für den Deutschunterricht zu formulieren. Zudem kann der Einbezug sozialer Medien eine größere Wertschätzung der informellen Lernerfolge der Lernenden zur Folge haben.

6.3 Herausforderungen für Lehrende und Lernende

Ein Unterricht, in dem Blended Learning und soziale Medien eingesetzt werden, braucht nicht nur eine gewisse technische Ausstattung. Er stellt auch besondere Anforderungen an seine Lernenden und an Sie als Lehrkraft. Mit diesen Anforderungen, die noch etwas anspruchsvoller ausfallen können, wenn mit einer Mischung gearbeitet wird, die unserem Blended-Learning-Szenario 2 entspricht, werden Sie sich nun genauer beschäftigen.

Anforderungen an die Lernenden

Den Lehrer aus Sevilla haben Sie in Teilkapitel 6.1 kennengelernt. Dass ihm ein Unterricht wichtig ist, der sich an den Bedürfnissen und Interessen seiner Schülerinnen und Schüler orientiert, haben Sie schon erkannt.
In einem Interview nach seiner Unterrichtsstunde wird dieser Lehrer dazu befragt, welche Rolle die Schülerinnen und Schüler in einem Unterricht haben, in dem digitale Medien so präsent sind, und wie er sie in einem kompetenten Umgang mit Medien (inner- und außerhalb des Unterrichts) fördert. Bevor Sie seine Antworten und Tipps dazu hören, machen Sie sich bewusst, was für Sie selbst ein kompetenter Umgang mit Medien bedeutet.

Aufgabe 65

Was bedeutet es für Sie, kompetent mit Medien umgehen zu können? Vervollständigen Sie das folgende Assoziogramm.

Sehen Sie jetzt, was der Lehrer Michael Priesterroth über die Arbeit mit digitalen Medien im Unterricht mit Kindern sagt.

Aufgabe 66

Sehen Sie das *Gespräch über Vermittlung von Medienkompetenz* und kreuzen Sie diejenigen Aussagen an, die der Lehrer macht.

Aussagen	Das sagt der Lehrer
1. Die Kinder werden mit Medien groß und verfügen deshalb schon über eine hohe Medienkompetenz.	☐
2. Lehrkräfte sind *digital natives* und können den Kindern deshalb gut helfen.	☐
3. Für die Kinder ist es schwierig, sich an die digitalen Medien zu gewöhnen. Sie brauchen die Hilfe der Lehrkräfte.	☐
4. Die Kinder finden es normal, in einem Unterricht zu lernen, der digitale Medien einbezieht.	☐
5. Lehrkräfte müssen dafür offen sein, sich von den Kindern helfen zu lassen, da diese mit digitalen Medien im Klassenzimmer häufig schneller vertraut sind als ihre Lehrerinnen und Lehrer.	☐
6. Lehrkräfte müssen den Kindern Platz und Zeit dafür lassen, die digitalen Medien im Unterricht auszuprobieren und ihre Medienkompetenz zu entwickeln. Sie ermöglichen den Kindern auf diese Weise das *learning by doing* (Lernen durch Ausprobieren und Einüben).	☐

Von **Medienkompetenz** spricht man nicht erst seit der Zeit der digitalen Medien; der Begriff wurde in einer Zeit geprägt, als Radio und Fernsehen vermehrt in die Lebenswelt von Kindern und Jugendlichen, aber auch in die Klassenzimmer/Kursräume Einzug hielten. Schon damals wurde diskutiert, welche Kompetenzen Lernende benötigen, um sowohl im Unterricht als auch außerhalb mit den Medien verantwortungsvoll und kritisch umgehen zu können. Wird heute über Medienkompetenz (oder digitale Kompetenz) gesprochen, so meinen manche damit leider nur eine technische Kompetenz zur Bedienung der Geräte, das heißt im Falle der Computer den Umgang mit der Hard- und Software. Auch der Lehrer aus Sevilla konzentriert sich bei der Frage der Medienkompetenz etwas zu stark auf die technischen Kompetenzen seiner Lernenden.

Aufgabe 67

P

Wie reagieren nach Ansicht des Lehrers aus Sevilla die Kinder auf Medien und wie sollten Lehrkräfte damit umgehen?

a) Lassen Sie sich das *Gespräch über Vermittlung von Medienkompetenz* noch einmal durch den Kopf gehen und fassen Sie in eigenen Worten zusammen, was der Lehrer zu folgenden Themen sagt.

1. Wie Kinder auf Medien reagieren:

___

2. Wie Lehrkräfte damit umgehen sollten:

___

b) Was sagen Sie selbst dazu?

___

Medienkompetenz

Vielleicht haben Sie selbst in der Aufgabe 65 auch noch an andere Fähigkeiten gedacht, die eine Medienkompetenz ausmachen. Medienkompetenz brauchen die Lernenden nicht nur, um im Unterricht die angebotenen Medien(-kombinationen) für ihr Lernen nutzen zu können; sie ist eine Schlüsselkompetenz zur Teilhabe an der Gesellschaft und umfasst weitere wichtige Aspekte. Im *Europäischen Rahmen für die digitale Kompetenz Lehrender* der Europäischen Kommission von 2017, dem sogenannten DigCompEdu, werden u.a. fünf wichtige Bereiche für digitale Teilkompetenzen von Lernenden voneinander abgegrenzt:

Informations- und Medienkompetenz
- Lernende nutzen digitale Medien, um Informationen und Ressourcen zu finden, zu organisieren, zu verarbeiten, zu analysieren und zu interpretieren.
- Sie bewerten Glaubwürdigkeit und Zuverlässigkeit der Informationen und ihrer Quellen kritisch.

Digitale Kommunikation und Zusammenarbeit
- Lernende nutzen digitale Medien effektiv und verantwortungsbewusst für die Kommunikation, Kooperation und politische Partizipation.

Erstellung digitaler Inhalte
- Lernende drücken sich durch digitale Medien aus und bearbeiten und erstellen digitale Inhalte in verschiedenen Formaten.
- Lernende wissen, welche Lizenzen und Urheberrechtsbestimmungen für digitale Inhalte gelten und wie man diese berücksichtigt und verwendet.

Verantwortungsvoller Umgang mit digitalen Medien
- Lernende sorgen für ihr physisches, psychisches und soziales Wohlergehen bei der Nutzung digitaler Medien.
- Lernende können Risiken bewältigen und digitale Medien sicher und verantwortungsvoll nutzen.

Digitales Problemlösen
- Lernende können technische Probleme identifizieren sowie lösen oder technisches Wissen kreativ auf neue Situationen übertragen.

(nach Redecker/Punie 2019, S. 19)

Kindern und Jugendlichen wird oft eine hohe Medienkompetenz zugeschrieben, weil viele von ihnen schon ab dem Kleinkindalter einen Computer anschalten und bedienen können. Das stimmt auf der technischen Ebene in den meisten Fällen.
Problematisch kann aber der Umgang mit den Inhalten sein, die Medien wie das Internet präsentieren: Manchmal übernehmen Kinder und Jugendliche, wie auch viele Erwachsene, ungeprüft, was sie im Netz zu einem Thema finden, ohne sich zu fragen, wie vertrauenswürdig die Quelle ist, von der die Informationen stammen. Für den Fremdsprachenunterricht bedeutet dies, dass eine Recherche im Netz z.B. leicht dazu führen kann, dass Vorurteile verstärkt werden, weil die Lernenden noch nicht einschätzen können, wie Medien funktionieren, und ihnen nicht kritisch genug gegenüber stehen. Wenn Sie also im Deutschunterricht mit Medien arbeiten, sollten Sie dabei auch die Medienkompetenz Ihrer Lernenden fördern.

Rolle der Lehrkraft bei einem digitalisierten Unterricht

Unterricht, in dem digitale Lehr- und Lernmedien eingesetzt werden, stellt nicht nur besondere Anforderungen an die Lernenden, auch die Lehrkräfte müssen sich umstellen. So wird zum einen die Unterrichtsplanung nicht einfacher, wenn man z.B. zusätzlich entscheiden muss, welche Medien in welcher Kombination eingesetzt werden. Zum anderen kann sich auch die Rolle der Lehrkraft verändern.

Aufgabe 68

Sehen Sie das *Gespräch über Lehrende als Moderatoren*. Ergänzen Sie dann im Lückentext die Aussagen des Lehrers zu seiner Rolle.

Wenn die Kinder über eine hohe __________ verfügen, dann sollte der Lehrende eine stärker __________ Rolle übernehmen.

In dieser ____________________ Rolle verbleibt er im Unterricht und lässt ____________________ Teile des Unterrichts ______________.

Für den Lehrenden bedeutet das auch, dass nicht er die große __________ macht, sondern dass die Lernenden am IWB __________. Das IWB führt bei den Lernenden zu einer hohen ________________. Der Lehrende muss den Kindern ____________________, mit dem IWB selbst zu arbeiten, und auf diese Weise die Motivation __________.

Man kann häufig lesen, dass sich die Rolle der Lehrkraft durch den zunehmenden Einsatz von digitalen Medien verändert und dass die Lehrenden stärker zu Lernhelferinnen und -helfern oder Beraterinnen und Beratern werden. Der Einsatz von digitalen Lehr- und Lernmedien im Deutschunterricht führt aber keineswegs dazu, dass Lehrkräfte weniger Arbeit haben. Der oben angesprochene *DigCompEdu* der Europäischen Kommission benennt vier zentrale Handlungsfelder von Lehrenden im digitalen Zeitalter: Digitale Ressourcen, Lehren und Lernen, Evaluation und Lernerorientierung (Redecker/Punie 2019, S. 12). Im Rahmen unseres Themas erscheinen folgende der im *DigCompEdu* genannten Teilkompetenzen besonders relevant:

- Lehrende sollten digitale Ressourcen auswählen können sowie solche Ressourcen auch selbst erstellen oder vorhandene anpassen können (siehe Kapitel 3). Sie sollten die digitalen Ressourcen, mit denen sie im Unterricht arbeiten wollen, zudem organisieren, schützen und teilen können (z.B. in einer Lernplattform wie Moodle).
- Lehrende sollten digitale Lehr- und Lernmedien didaktisch sinnvoll einsetzen können. Dafür müssen sie nicht nur das richtige Lehr- und Lernmedium aussuchen, sondern sie sollten die Lehr- und Lernmedien auch methodisch reflektiert einsetzen, wobei sie bestehende Methoden gegebenenfalls weiterentwickeln (siehe Kapitel 4, 5 und 6).
- Lehrende sollten digitale Werkzeuge nutzen, um die Interaktion mit den Lernenden auf individueller Ebene und als Gruppe, innerhalb und außerhalb des Unterrichts, zu verbessern. Sie sollten digitale Medien zudem nutzen können, um rechtzeitig und gezielt Beratung und Unterstützung anbieten zu können. Ihre Lernenden sollten sie mithilfe digitaler Medien sowohl beim selbstgesteuerten als auch beim **kooperativen Lernen** unterstützen können (siehe Kapitel 4 und 5).
- Lehrende sollten eine digitale Teilhabe ermöglichen. Das bedeutet, dass die Lehrenden Vorkenntnisse und Fähigkeiten der Lernenden berücksichtigen sowie kontextbezogene, physische oder kognitive Einschränkungen bei der Mediennutzung ihrer Lernenden bedenken (siehe Kapitel 6).
- Lehrende sollten digitale Medien nutzen, um das aktive und kreative Engagement der Lernenden mit einem Thema zu fördern (siehe Redecker/Punie 2019, S. 16-19).

Zum Abschluss dieses Teilkapitels wollen wir noch zwei Rahmenbedingungen thematisieren, die maßgeblich zu einer hohen Qualität eines digital unterstützten Unterrichts beitragen können: die Gestaltung der virtuellen Aufgaben und die Auswahl und Kombination der Lehr- und Lernmedien.

virtuelle Aufgaben gestalten

Für die Gestaltung von virtuellen Aufgaben und Übungen sollte man sich immer genau überlegen, wie man die digitalen Medien, mit denen man arbeiten möchte, didaktisch sinnvoll nutzen kann. Auf keinen Fall sollte man sich nur vom technisch Möglichen leiten lassen: So haben wir sie schon an mehreren Stellen in diesem Band darauf hingewiesen, dass man sich von den verschiedenen Anwendungen, mit denen man einfach Aufgaben und vor allem Übungen für den Deutschunterricht erstellen kann, nicht verführen lassen sollte, vorwiegend Einsetz- oder Zuordnungsübungen zu erstellen, weil das so schön einfach zu machen ist. Die kritische Bestandsaufnahme von Aufgaben und Übungen mit digitalen Medien in Biechele u.a. (2003) und Rösler (2007) ist hier immer noch eine lohnenswerte Lektüre.

Darüber hinaus gilt für Aufgaben und Übungen, die Lernende selbstständig online bearbeiten, grundsätzlich dasselbe wie für solche, die sie im Präsenzunterricht und in Ihrer Gegenwart bearbeiten. Es gilt eigentlich sogar noch stärker: Wenn Sie als Lehrkraft physisch nicht anwesend sind, um Hilfestellung leisten zu können, ist es noch wichtiger, dass die Aufgaben und Übungen gut gemacht sind.

Die Aufgaben und Übungen sollten
- eine sehr gut verständliche Arbeitsanweisung haben,
- Hinweise enthalten zu den Lernformen und zu Hilfsmitteln (z.B. eine Grammatik, ein Wörterbuch),
- angeben, in welcher medialen Form die Arbeitsergebnisse abgegeben werden sollen und welcher Art die Rückmeldung zur Aufgabe sein wird,
- nichts voraussetzen, was vorher nicht eingeführt wurde, also gut mit den vorherigen Unterrichtsinhalten verzahnt sein,
- kein Werkzeug nutzen (z.B. Textverarbeitungsprogramm, Browser, Plattform usw.), das die Lernenden nicht haben oder kennen,
- das Potenzial ausschöpfen, das in dem gewählten Lehr- und Lernmedium oder Werkzeug steckt (siehe auch die Hinweise zu Auswahl und Kombination der Medien unten).

Literatur zum Weiterlesen

Aufgaben, Übungen, Interaktion sind das Thema der Einheit 4 von *Deutsch Lehren Lernen* (Funk u.a. 2014). Hier können Sie sich noch gründlicher mit Qualitätsmerkmalen von Aufgaben und Übungen beschäftigen, als wir es an dieser Stelle anbieten können.

Medien auswählen

Welche Lehr- und Lernmedien sowie Werkzeuge Sie in welcher Kombination nutzen, hängt ab

- von der Ausstattung der Räume vor Ort,
- von der Medienkompetenz der Lehrenden und Lernenden und vor allem
- von dem Lernziel, das für die jeweilige Unterrichtsphase vorgesehen ist.

Wenn Ihre Lernenden z.B. in Einzelarbeit eine neue sprachliche Struktur üben sollen, eignet sich vielleicht eine geschlossene Übung, wie Sie sie im digitalen Lehrwerk auf Blink-Learning vorfinden, oder auch eine frei zugängliche Online-Übung im Internet.
Wenn Ihre Lernenden wissen sollen, welche Meinungen die Bürgerinnen und Bürger aktuell zum Thema Europa haben, eignet sich die Nutzung einer Nachrichtensendung; besonders dann, wenn gerade eine Bürgerbefragung in einem europäischen Land stattgefunden hat. Ein solcher Einsatz fördert sowohl aktuelle landeskundliche Kenntnisse als auch das Hör-Sehverstehen.

Offene oder geschlossene Aufgaben und Übungen, Strukturen üben oder sich mitteilen, Arbeit mit nicht-didaktisierten Texten oder mit didaktisierten Lehr- und Lernmedien: Wie Sie vorgehen, mit welchen Lehr- und Lernmedien bzw. Werkzeugen Sie arbeiten und wie viele Sie in Ihrem Unterricht kombinieren, hängt also von den Lernzielen ab und nicht von Merkmalen der Medien und Werkzeuge.

Persönlichkeitsrechte bewahren

Ein Sprachunterricht, der mit Medien arbeitet, sollte die Lernenden auch in einem kompetenten Umgang mit den Medien fördern. Die Lernenden müssen wissen, dass sie im Internet Spuren hinterlassen, die nicht immer vollständig gelöscht werden können. Wenn Informationen über die Lernenden aus dem geschützten Unterrichtsraum an die Öffentlichkeit gelangen, so sollte die Lehrkraft den Lernenden die Folgen, die sich daraus ergeben können, bewusst machen. Bei der Veröffentlichung in sozialen Medien aller Art im Netz muss man Folgendes beachten:

- Die Persönlichkeitsrechte der Lernenden und ihr Recht am eigenen Bild müssen gewahrt werden.
- Man muss darauf achten, dass die Privatsphäre der Kinder geschützt bleibt.
- Es dürfen keine urheberrechtlich geschützten Materialien (Fotos, Texte, Musikstücke usw.) ins Netz gestellt werden, sonst kann es nachträglich teuer werden.
- Man muss darauf achten, dass das Bild, das durch ein öffentlich gemachtes Podcast-Projekt von einer Schule/Einrichtung entsteht, für diese nicht schädlich ist.

(nach Quandt 2010, S. 52)

Bei den Aufgaben gilt es noch einen weiteren Punkt zu bedenken: Wenn man Lernertexte oder Podcasts frei zugänglich publiziert, bieten sich zum einen Aufgaben an, bei denen ein Blick von außen die Lernenden voranbringen kann, z.B. indem ihre Texte in einem Blog von Fremden kommentiert werden. Zum anderen sollte man Aufgaben stellen, bei denen die Lernenden nichts Persönliches preisgeben. So kann man z.B. Sachtexte verfassen lassen. Private Texte, wie z.B. Lesetagebücher, in denen die Lernenden ihre Eindrücke und Gefühle schildern sollen, gehören dagegen an einen geschützten Publikationsort, wie z.B. ein durch ein Passwort geschütztes Wiki. Der Schutz, den das Klassenzimmer / der Kursraum bietet, muss auch virtuell gesichert bleiben. Für Veröffentlichungen von Werken, an denen Kinder gearbeitet haben, empfehlen wir generell den geschützten Raum einer Lernplattform. Zu dieser kann der Zugang geregelt werden.

Zusammenfassung

Lernende müssen die Benutzung von und den Umgang mit digitalen Lehr- und Lernmedien und Werkzeugen im Sprachunterricht wie in anderen Fächern lernen. Für Lehrkräfte gilt dasselbe. Dabei müssen natürlich die Persönlichkeitsrechte der Lernenden und der Datenschutz berücksichtigt werden. Die Gestaltung von digitalen Aufgaben und Übungen sowie die Auswahl der geeigneten Lehr- und Lernmedien bzw. Werkzeuge bedarf einer besonderen Sorgfalt, da ein Lernen mit diesen Lehr- und Lernmedien bzw. Aufgaben häufig auch ohne (physische oder auch virtuelle) Anwesenheit des Lehrenden vollzogen wird und auf Schwierigkeiten deshalb nicht unmittelbar von der Lehrkraft reagiert werden kann.

7 Praxiserkundungsprojekte planen

In diesem letzten Kapitel möchten wir Sie darin unterstützen, ein Praxiserkundungsprojekt zu planen und durchzuführen.

Das **Praxiserkundungsprojekt** ist ein wichtiges Instrument für Ihre Professionalisierung als Lehrkraft. Mit dem Praxiserkundungsprojekt können Sie einem für Sie persönlich wichtigen oder interessanten Aspekt Ihrer eigenen Praxis nachgehen.

Ein Praxiserkundungsprojekt wird in der Regel durch einen Impuls, z.B. eine neue Idee, einen Vorschlag, etwas zu verändern, oder auch durch ein Video von einer Unterrichtsstunde angestoßen und ist von einer Erkundungsfrage bestimmt. Auf diese Frage suchen Sie entweder allein oder gemeinsam mit Kolleginnen und Kollegen Antworten in Ihrem Unterricht / für Ihren Unterricht. Sie sammeln Daten (z.B. durch Interviews mit Ihren Lernenden oder durch Beobachtungen in Form von Notizen), die Ihnen dabei helfen zu verstehen, was genau im Unterricht geschieht, und Ihr eigenes Handeln zu bewerten und möglicherweise zu verändern.

Ziel der Praxiserkundung ist, dass Sie
- sich diejenigen Fragen, die Sie in dieser Einheit mit Blick auf Lehr- und Lernmedien besonders beschäftigt haben, bewusst machen,
- durch die Beschäftigung mit einer dieser Fragen neue Wege und Ideen für die Einbindung von Lehr- und Lernmedien und damit die Gestaltung Ihres Unterrichts entwickeln können.

Erinnern Sie sich, was Sie in dieser Einheit kennengelernt haben, was Folgen haben könnte für Ihre Art und Weise, mit Lehr- und Lernmedien umzugehen.

Sie haben erfahren, wie vielfältig Lehr- und Lernmedien sind und wie ihre Entwicklung Ihren Unterricht verändern kann. Sie sind als Lehrkraft vielleicht auf die Arbeit mit einem Lehrwerk festgelegt, weil Ihre Schule/Institution dies so bestimmt hat, aber Sie wissen nun, dass es eine Reihe von weiteren Lernmaterialien gibt, auf die Sie zurückgreifen können. Sie haben gelernt, wie Sie diese adaptieren und selbst didaktisieren können, sodass Sie sie gut in Ihrem Unterricht einsetzen können.

Außerdem haben Sie Kriterien kennengelernt, die Ihnen helfen, Lehr- und Lernmedien einzuschätzen. Dadurch können Sie konkret sagen,
- in Bezug auf welche Aspekte Ihr Lehrwerk gut zu Ihrer Zielgruppe passt,
- was das Lehrwerk nicht ausreichend abdeckt,
- warum Sie wann auf was für Zusatzmaterialien zugreifen möchten.

Sie haben sich in dieser Einheit damit beschäftigt, wie Sie den Umgang von Lernenden mit Texten aller Art auf eine stärker rezeptive und auf eine eher produktive Weise fördern können. Sie wissen jetzt, dass das Lesen, Hören und Verstehen von Texten sprachliche Aktivitäten sind, die man im Unterricht gezielt weiterentwickeln kann, und zwar dadurch, dass man Texte sorgfältig und lerngruppenorientiert auswählt und das Lese-, Hör- und Hör-Sehverstehen durch Aufgaben fördert. Sie kennen zudem verschiedene Möglichkeiten, die Produktion der Lernenden zu unterstützen, zum Beispiel, indem Sie durch verschiedene Aktivitäten ein kooperatives Schreiben sowie die Produktion und Präsentation von Arbeitsergebnissen gezielt fördern.
Sie haben verschiedene digitale Werkzeuge kennengelernt und sich mit der Frage auseinandergesetzt, wie diese Werkzeuge und bestimmte Methoden dafür eingesetzt werden können, den Wandel im Fremdsprachenunterricht zu gestalten. Genauer haben Sie sich angeschaut, wie die Unterrichtsmethode des Blended Learning funktioniert und wie man den Einsatz sozialer Medien im Deutschunterricht didaktisch begründen kann. Sie haben

dabei unter anderem erfahren, wie Sie durch digitale Kommunikationswerkzeuge wie Wikis motivierende kooperative Schreibaktivitäten schaffen können, mit Audio-/Video-Podcasts das Hör- und Hör-Sehverstehen Ihrer Lernenden trainieren und mit von Lernenden selbst erstellten Erklärvideos Lernende zu Lehrenden machen können.
Bevor wir Ihnen einige Vorschläge für Praxiserkundungsprojekte machen, rekapitulieren Sie bitte, welche Fragestellungen dieser Fortbildungseinheit für Sie persönlich besonders interessant waren und welche Sie vielleicht irritiert haben.

Aufgabe 69

P

Sehen Sie sich noch einmal Ihre Notizen und Arbeitsblätter an und erinnern Sie sich an die Gespräche mit Ihren Kolleginnen und Kollegen. Notieren Sie.

Für mich war in dieser Einheit neu:

Besonders interessant finde ich:

Nicht zustimmen kann ich:

Ich möchte mehr wissen über:

Impulse für Praxiserkundungsprojekte

Wir machen Ihnen nun einige Vorschläge für Praxiserkundungsprojekte, von denen wir uns vorstellen können, dass sie zu interessanten Ergebnissen führen könnten. Mit diesen Vorschlägen wollen wir Ihre eigenen Ideen für ein Praxiserkundungsprojekt jedoch nicht einschränken. Da Sie ja von einem solchen Projekt profitieren sollen, versteht es sich von selbst, dass Ihre Entscheidung für ein Thema oder eine Fragestellung Priorität hat.
Denken Sie vor allem daran: Klein, aber fein sollte Ihr Projekt sein. Nehmen Sie sich nicht zu viel vor. Entscheiden Sie sich für ein Projekt, das sich im Rahmen Ihres Unterrichtsalltags gut planen und durchführen lässt.

das eigene Lehrwerk aus der Sicht der Lernenden (siehe Kapitel 2)

Sie haben sich in Kapitel 2 ausgiebig mit dem Lehrwerk beschäftigt, mit dem Sie gerade unterrichten. Möchten Sie vielleicht die Meinungen und Erwartungen Ihrer Lernenden an das Lehrwerk erkunden? Diese können Ihnen Hinweise geben, in Bezug auf welche Aspekte Sie Ihr Lehrwerk ergänzen können.
Falls Sie diese Frage interessiert, überlegen Sie, wie Sie Ihre Lernenden am besten befragen können. Durch Interviews, die Sie nur mit einigen Lernenden führen? Oder durch einen Fragebogen, den Sie (z.B. mit der Anwendung *Surveymonkey*) an alle Lernenden verteilen? Am Ende von Teilkapitel 2.4 finden Sie in Aufgabe 20 ein Raster zur Einschätzung von Lehrwerken, vielleicht liefern einige der Kriterien Anregungen für mögliche Fragen an die Lernenden. Werten Sie Ihre Daten aus und berichten Sie danach in der Klasse / im Kurs darüber.

authentische Texte auf den Niveaustufen A1 oder A2 (siehe Teilkapitel 3.3)

Kann man schon auf den A-Niveaustufen mit authentischen Texten arbeiten? Ihre Frage zu so einem Praxiserkundungsprojekt könnte lauten: Wie muss ein Text beschaffen sein, den ich zu einer bestimmten Lektion hinzuziehen kann? Überlegen Sie, welche Themen/Inhalte für die Lernenden im Rahmen des Lektionsthemas interessant sind oder welche sprachlichen Besonderheiten der Text enthalten darf. Dann suchen Sie einige Texte, die Ihrer Meinung nach gut für Ihre Lernenden geeignet sein könnten. Achten Sie darauf, dass Ihre Lernenden mit dem Text die jeweiligen Lernziele erreichen können. Was Sie beim Suchen und Finden alles beachten müssen, haben Sie in Teilkapitel 3.3 kennengelernt.

gefundene Texte didaktisieren (siehe Teilkapitel 3.4)

Wahrscheinlich müssen Sie die gefundenen Texte dann auch noch didaktisieren. In Teilkapitel 3.4 haben Sie das an einem Beispiel ausführlich durchgespielt. Wenn Ihnen die Arbeit an Aufgabe 31 viel Spaß gemacht hat, wäre das Didaktisieren eines gefundenen Textes wahrscheinlich ein interessantes Praxiserkundungsprojekt für Sie.
Dabei stellt sich dann die Frage: Wie verändert sich die Arbeit mit den Texten für Ihre Lernenden, wenn Sie sich die Mühe machen und die Texte didaktisieren? Arbeiten Sie mit diesem von Ihnen erstellten Lernmaterial mit Ihren Lernenden, dokumentieren Sie den Unterricht und befragen Sie Ihre Lernenden dazu, wie ihnen die Arbeit mit den Texten gefallen hat und was sie schwierig fanden.

Lehrwerke für bestimmte Zielgruppen recherchieren (siehe Teilkapitel 2.3 und 2.4)

Möchten Sie sich über aktuelle Lehrwerke informieren und eventuell auch eine Vorauswahl für Ihre Institution treffen? Dann legen Sie als erstes die Eigenschaften der Zielgruppe(n) Ihrer Institution fest, die für Sie wichtig sind. In den Teilkapiteln 2.3 und 2.4 haben Sie ja einiges darüber gelesen, nach welchen Kriterien man Lehrwerke für eine Zielgruppe auswählen kann.
Überlegen Sie dann, woher Sie Informationen über Ihnen unbekannte Lehrwerke bekommen können? Sind die Bibliotheken in Ihrer Nähe gut bestückt? Gibt es Treffen mit Kolleginnen und Kollegen, Fortbildungsveranstaltungen, Werbeveranstaltungen von Verlagen, die Ihnen Anhaltspunkte liefern können? Wie hilfreich sind die Seiten der Verlage im Netz? Kennen Sie Zeitschriften oder Seiten im Netz, in denen regelmäßig neue Lehrwerke rezensiert werden, wie z.B. in fast jedem Heft der Fachzeitschrift *Deutsch als Fremdsprache* oder einmal im Jahr gesammelt im Heft *Für Sie gelesen* der Fachzeitschrift *InfoDaF*?
Wählen Sie ein Lehrwerk, das Ihnen gut gefällt bzw. passend erscheint und besorgen Sie es sich. Im Raster zur Einschätzung von Lehrwerken in Aufgabe 20 in Teilkapitel 2.4 finden Sie Hinweise darauf, wie Sie den Zuschnitt des Lehrwerks und die Funktion seiner verschiedenen Komponenten untersuchen können. Nehmen Sie nicht alle 27 Kriterien von der Liste – wählen Sie erst einmal aus, welche dieser Kriterien für Ihre Situation wichtig sind.
Stellen Sie das Lehrwerk anschließend einigen Kolleginnen und Kollegen an Ihrer Institution vor. Führen Sie eine Expertendiskussion durch, in der sie Ihre Kolleginnen und Kollegen die Vor- und Nachteile des Lehrwerks für Ihre Institution diskutieren lassen. Nehmen Sie diese Diskussion auf, fassen Sie die Ergebnisse zusammen und vergleichen Sie sie mit Ihrer Einschätzung.

Ihre Lernenden produzieren ein Erklärvideo (siehe Teilkapitel 4.5 und 5.3.2)

In Teilkapitel 4.5 haben Sie sich über Werkzeuge zur Erstellung von Audios und Videos informiert und am Ende von Teilkapitel 5.3.2 haben Sie erfahren, dass Erklärvideos nicht nur von Lehrkräften oder Experten produziert werden können; auch die Lernenden selbst können Erklärvideos herstellen. Wie aber lernen Lernende mit von Lernenden produzierten Videos? Probieren Sie es aus. Lassen Sie Ihre Lernenden nicht nur ein Video produzieren, sondern lassen Sie sie auch beschreiben, was sie sich bei der Produktion des Videos gedacht haben (vielleicht dokumentieren die Lernenden den Produktionsprozess sogar gern selbst). Beobachten Sie in einem nächsten Schritt, wie die Mitlernenden auf die Erklärvideos reagieren. Und führen Sie abschließend vielleicht eine Befragung durch, ob es für die Lernenden einen Unterschied macht, mit den Erklärvideos ihrer Mitlernenden zu lernen oder mit Informationen, die Sie in gewohnter Form von Ihnen oder dem Lehrwerk bekommen.

soziale Medien nutzen (siehe Teilkapitel 6.2)

Möchten Sie mit Ihren Lernenden ausprobieren, wie sich soziale Medien in Ihren Unterricht integrieren lassen? Wenn Sie z.B. im Rahmen der Erkundung in Aufgabe 61 herausgefunden haben, dass Ihre Lernenden besonders gern und häufig über einen Messengerdienst wie *WhatsApp* oder *Signal* kommunizieren, bietet es sich an, dieses Werkzeug auch einmal für das Deutschlernen auszuprobieren (und es dabei aber in dem Sinne zu nutzen, wie es die Lernenden auch außerhalb des Unterrichts tun).

Sie könnten z.B. ein erstes Unterrichtsprojekt mit einer befreundeten Partnerklasse ausprobieren. Die Praxiserkundungsfrage könnte lauten: Wie verändert sich die Kommunikation zwischen den Lernenden durch die Nutzung eines Messengerdiensts? Tauschen sich die Lernenden dort nur auf Deutsch aus oder verwenden sie auch andere Sprachen? Welche Spracheinstellung nutzen sie in der App? Wird vor allen Dingen inhaltlich kommuniziert (wie im „richtigen" Leben) oder werden auch sprachliche Rückmeldungen gegeben, sprachbezogene Rückfragen gestellt usw. Lassen Sie Ihre Lernenden Kommunikationsverläufe speichern und schauen Sie sich diese unter diesen und anderen Fragen an. Befragen Sie Ihre Lernenden außerdem, wie ihnen die Arbeit mit dem sozialen Medium gefallen hat und was sie schwierig fanden. Die Arbeit mit z.B. *WhatsApp* ist hier nur ein Beispiel. Welche sozialen Medien Sie ausprobieren, hängt nur davon ab, was für Sie und Ihre Lernenden zum jeweiligen Zeitpunkt eine reizvolle Herausforderung, aber keine Überforderung darstellt.

Blended-Learning-Szenarien planen, durchführen und analysieren (siehe Teilkapitel 6.1)

Nutzen Sie und/oder Ihre Lernenden einige der Anwendungen, die wir in Kapitel 4 und 5 vorgestellt haben? Dann wandeln Sie doch einmal eine Unterrichtseinheit, die Sie sonst nur mit Ihrem Lehrwerk gestalten würden, zu einer Blended-Learning-Einheit um. Planen Sie sowohl Phasen mit digitalen Medien als auch Phasen ohne Computereinsatz. Sehen Sie z.B. die Produktion von Texten vor und nutzen Sie dafür kooperative Texteditoren (siehe Teilkapitel 4.4). Vielleicht nutzen Sie aber auch einmal einen Audio- oder Video-Podcast (siehe Teilkapitel 4.5), um mit Ihren Lernenden neue Redemittel oder die Aussprache zu trainieren.

Führen Sie danach die von Ihnen geplante Blended-Learning-Einheit oder zumindest Teile davon durch. Bitten Sie einige Lernende, ein Lerntagebuch zu führen und notieren auch Sie Ihre Erfahrungen/Beobachtungen. Werten Sie Ihre Daten anschließend aus: Wie empfinden Ihre Lernenden das gemeinsame Schreiben von Texten mithilfe sozialer Medien? Was verändert sich für Sie als Lehrkraft, wenn Sie Blended Learning in Ihren Unterricht integrieren?

Aufgabe 70

P

Formulieren Sie eine Leitfrage zu Ihrer Praxiserkundung und notieren Sie Ihre Aktivitäten zur Erkundung der Frage.

Was ich erkunden möchte ist:

Dies weiß ich bereits zu dieser Frage:

Ich möchte dabei so vorgehen:

Meine Ergebnisse sammle ich so:

Die Ergebnisse meiner Erkundung stelle ich so dar:

---

zum Abschluss

Mit diesen Vorschlägen und Anregungen zu Praxiserkundungsprojekten schließen wir die Einheit ab. Wir hoffen, dass wir Ihr Interesse geweckt haben, sich auch weiterhin intensiv mit Lehr- und Lernmedien zu beschäftigen.

Lösungsschlüssel

Für Aufgaben, die Ihre Erfahrungen ansprechen oder die nach Ihren Vorstellungen fragen, geben wir keine Lösungen an. Bei Aufgaben, die nach Vermutungen usw. fragen, wird eine mögliche Lösung angeboten.

Aufgabe 2

Quellen in erster Linie im Unterricht vorhanden	Quellen auch außerhalb des Unterrichts vorhanden
Lehrwerk	Internetkomponente des Lehrwerks
CD/DVD	Radio
	Fernsehen
	Buch (Sachbuch/Belletristik)
	Internet
	Muttersprachlerinnen/Muttersprachler des Deutschen
	Zeitung (online/Papier)
	Chat
	Videos
	soziale Medien
	Apps
	Realien

Aufgabe 3

a) Kärtchen, Mobiltelefon, Arbeitsblatt

b) **Kärtchen**: An der 2. Lernstation sollen die Lernenden Kärtchen und ein Mobiltelefon benutzen. Die drei Lernenden ziehen Kärtchen, auf denen eine Frage steht, lesen sie laut vor und beantworten die Frage. Über die Kärtchen wird in dieser Gruppenarbeit gesteuert, welche/r Lerner/in welche Frage zugeteilt bekommt.

Mobiltelefon mit Aufnahmefunktion: Damit nehmen die Lernenden ihre Antworten auf und hören sie danach ab. Sie haben so die Möglichkeit, sich selbst zu korrigieren.

Arbeitsblatt: Auf dem Arbeitsblatt – Sie sehen es gut, wenn Sie das Video bei 00:48 anhalten – ist eine Tabelle, in der die Nummer der Station, das jeweilige Lernziel und die Lernaktivität angegeben sind. Es gibt noch zwei weitere Spalten, in denen die Lernenden abschließend notieren sollen, wie gut sie mit der Lernaktivität zurechtkamen. Dieses Arbeitsblatt, das die Lehrkraft vermutlich selbst gestaltet hat, unterstützt die Lernenden also bei ihrer Arbeit an den verschiedenen Lernstationen.

Aufgabe 5

Einsatz von	Ziele	Vorteile
Videos im Internet	*Lernende hören die deutsche Aussprache.*	*Die Lernenden haben Aussprache-Vorbilder von Muttersprachlerinnen und Muttersprachlern.*
soziale Medien	Die Lernenden können sich schriftlich mit anderen austauschen.	Die Lernenden haben authentische Kommunikationspartnerinnen und -partner, mit denen sie sich auf Deutsch schreiben.
Online-Schülerzeitschrift	Die Lernenden können journalistische Texte von anderen Deutschsprachigen lesen und verstehen.	Eine Online-Zeitschrift hat eine große Reichweite. Auf diese Weise werden viele Informationen von Gleichaltrigen aus aller Welt zugänglich.

Aufgabe 10

Die Zahl der Lektionen pro Band eines Lehrwerks auf dem Weg von A1 bis B1 variiert sehr stark. Hier sind zwei extreme Beispiele: Im Lehrwerk *DaF kompakt* stehen für den ganzen Bereich von A1 bis B1 30 Lektionen zur Verfügung. Das Lehrwerk richtet sich an Lernende, die schon andere Fremdsprachen gelernt haben. Im Vorwort heißt es: „In 30 Lektionen à drei inhaltlichen Doppelseiten und einer weiteren Doppelseite Überblick über den Lektionswortschatz, über wichtige Redemittel und über die in der jeweiligen Lektion behandelte Grammatik finden Sie den Lernstoff von A1 bis B1 in konzentrierter Form" (Seite 3).

Wenn Sie mit dem Lehrwerk *Lagune* die ersten 30 Lektionen durchgearbeitet haben, sind sie gerade am Ende von A1 angekommen. Im Vorwort heißt es: „*Lagune* unterstützt ein kleinschrittiges und kommunikatives Lernen: die Progression von Grammatik und Wortschatz in *Lagune* ist sorgfältig durchdacht und verzahnt" (Seite 3). Die Zahl der Lektionen selbst sagt also nichts darüber aus, wie weit man vorangekommen ist. Als Lehrkraft muss man entscheiden, wie kleinschrittig man mit seinen Lernenden vorgehen möchte oder muss, wie wichtig es ist, dass die einzelnen Komponenten des Lehrwerks miteinander verzahnt sind usw.

Aufgabe 14

Sicherlich ist es Ihnen leichter gefallen, die sprachlichen/kommunikativen Aktivitäten zu bestimmen, als sie den Niveaustufen und Kann-Beschreibungen des GER zuzuordnen. Das Beispiel ist aus dem A2.2-Band des Lehrwerks. In den Lernaktivitäten werden die folgenden Kann-Beschreibungen geübt:
1c: Die Lernenden stellen nach einer Ideensammlung ihre Ideen in einem kurzen Monolog vor.
Kann Gedanken und Informationen zu vertrauten Themen austauschen.
3a: Die Lernenden antworten auf Fragen, die sich auf einen vorgegebenen Text beziehen.
Kann Fragen beantworten.
3b: Die Lernenden stellen sich gegenseitig Fragen und beantworten sie.
Kann einen direkten Austausch von Informationen über vertraute Routineangelegenheiten durchführen.
4: Die Lernenden bereiten eine Collage aus Text und Bildern vor und präsentieren sie.
Kann sich in strukturierten Situationen verständigen.

Aufgabe 15

Je nach Wahl des Lehrwerks wird es hier sehr unterschiedliche Lösungen geben. Ein Beispiel: Im Lehrwerk *Netzwerk* A2 Lektion 4 schreiben die Lernenden eine Glückwunschkarte, nachdem ihnen zuvor verschiedene Arten von Glückwunschkarten präsentiert wurden. Hier können die Lernenden eng an der Vorlage orientiert schreiben. Etwas später im Lehrwerk arbeiten die Lernenden zunächst einen längeren Blog-Eintrag durch. Dabei machen sie Überschriften für die Textteile, um ihr Verständnis zu überprüfen. Im Anschluss daran werden sie aufgefordert, selbst einen Blog über ihre Erlebnisse bei einem Aufenthalt im Ausland oder einem anderen Ort zu schreiben.
Diese Aufgaben sind unterschiedlich stark gelenkt: Bei der Glückwunschkarte steht die Übernahme von Textroutinen im Vordergrund, beim Blog das Versprachlichen der eigenen Eindrücke. In beiden Fällen wird jedoch versucht, alltagsbezogenes Schreiben in unterschiedlichen Medien zu üben.

Aufgabe 16

Material	A1	A2	B1
3: *Passwort Deutsch* 1. Kurs- und Übungsbuch, S. 62.	✘	☐	☐
4: *deutsch.com* A2. Deutsch als Fremdsprache. Kursbuch, S. 40.	☐	✘	☐
5: *studio d* B 1. Kurs- und Übungsbuch, S. 23.	☐	☐	✘
6: *Optimal* B1. Lehrwerk für Deutsch als Fremdsprache, S. 51.	☐	☐	✘
7: *studio d* A2. Deutsch als Fremdsprache. Kurs- und Übungsbuch, S.180.	☐	✘	☐
8: *Lagune* 1. Niveaustufe A 1. Kursbuch, S.122.	✘	☐	☐

Diese Aufgabe kann und soll zu Diskussionen führen. In Erprobungen in der Fortbildung von Deutschlehrkräften und in Seminaren mit DaF-Studierenden zeigte sich, dass es fast immer große Unterschiede zwischen der Einschätzung der Teilnehmenden und der tatsächlichen Zuordnung gab. Material 6, der Ausdruck der Gefühle, wird fast immer der Niveaustufe A1 oder höchstens A2 zugeordnet. Material 7, der etwas längere Text zu einem Spielfilm mit dem schwierigen Titel, wird fast immer der Niveaustufe B1 zugeordnet. Hier weichen also Einschätzung und Vorkommen im Lehrwerk stark voneinander ab. Material 8 hingegen, die Wegbeschreibung, wird überwiegend der Niveaustufe A1 zugeordnet, was dem Vorkommen im Lehrwerk entspricht. So ähnlich kann das auch in Ihrer

Gruppe gewesen sein. Vergleichen Sie Ihre Lösungen und begründen Sie, nach welchen Kriterien Sie Zuordnungen zu Niveaustufen vorgenommen haben. Ein Sinn dieser Aufgabe: der Glaube daran, dass Zuordnungen von Texten zu Niveaustufen immer eindeutig vornehmbar sind, wird erschüttert.

Aufgabe 18

Material	passt zu Alterstufe
9: *Paul, Lisa & Co.* Deutsch für Kinder. Kursbuch. S. 10.	Kinder
10: *DaF leicht.* Kurs- und Übungsbuch B1.1. S. 36.	Erwachsene
11: *Klasse!* A1. Deutsch für Jugendliche. S. 43.	Jugendliche

Woran Sie erkennen können, warum ein Material zu welcher Zielgruppe passt, erfahren Sie im Text unter Aufgabe 18.

Aufgabe 27

Hier finden Sie zu jedem Material einige Hinweise; Schwierigkeiten, die bei der Arbeit mit diesen Zusatzmaterialien auftauchen könnten, werden ebenfalls angesprochen.
Material 12: Die *Interaktiven Grammatikanimationen Deutsch* sind eine neue Art, grammatische Phänomene darzustellen und die Lernenden zum Verstehen zu motivieren. Sie sind mit einer Hilfsfunktion ausgestattet, sodass die Nutzerinnen und Nutzer lernen können, mit ihnen zu arbeiten. Sie halten überraschende Darstellungen und Aktivitäten bereit, die motivierend wirken. Wenn man mit den *Interaktiven Grammatikanimationen Deutsch* auch im Unterricht arbeiten möchte, muss man sich überlegen, wie man sie einbaut: Es ist möglich, ein oder mehrere Kapitel Schritt für Schritt gemeinsam mit den Lernenden zu bearbeiten. Dadurch können sie die Funktionsweise kennenlernen. Man kann aber auch entscheiden, z.B. den jeweils ersten Schritt, die Entdeckung der Regel, gemeinsam mit den Lernenden an einer interaktiven Tafel vorzunehmen; üben könnten die Lernenden dann selbstständig an ihrem Tablet/PC.
Voraussetzung für die Arbeit mit den *Interaktiven Grammatikanimationen Deutsch* ist auf jeden Fall, dass man die Benutzung dieser Online-Grammatikkapitel ausprobiert und dass man sich in den Kapiteln orientiert. Dafür muss man sich etwas Zeit nehmen.

Material 13: Das Spiel ist für Primarschülerinnen und Primarschüler gut geeignet, kann ohne große Vorbereitung und Erklärungen gespielt werden und entspricht dem Sprachniveau A1. Der Wortschatz ist zum Teil vielleicht noch unbekannt, aber die Illustrationen auf den Karten und dem Faltposter klären die Bedeutung der unbekannten Wörter. Es gibt verschiedene Spielvarianten. Es bietet Gelegenheit zum Üben, wie sie in Lehrwerken für Kinder sonst nicht angeboten wird.
Da das Spiel immer nur von wenigen Schülerinnen und Schülern gespielt werden kann, weil alle Mitspielerinnen und Mitspieler das Faltposter gut sehen können müssen und weil die Kinder sonst auch zu selten an der Reihe sind, sollte man es kleineren Lerngruppen anbieten. Die Lehrkraft könnte in einer Unterrichtseinheit auch Lernstationen organisieren, an denen die Lernenden unterschiedliche Spiele in kleinen Gruppen spielen.

Material 14: Das Arbeitsblatt, das Sie hier sehen, liegt im Buch zweimal als Kopiervorlage vor: eins für jede/n Partner/in in diesem Frage- und Antwortspiel. Abwechslung bietet diese Lernaktivität dadurch, dass die Partner die Zimmereinrichtung des jeweils anderen nicht kennen und deshalb erfragen müssen. Dabei können sie sie mit ihrer eigenen Einrichtung vergleichen. Auch viele Lehrwerke arbeiten mit solchen Übungen zur Einrichtung von Zimmern, haben aber dieses Spannungsmoment nicht, dass man nicht weiß, wie der andere eingerichtet ist. Diese Partnerübung kann man gegen eine der bekannten Übungen aus dem Lehrwerk austauschen. In Teilkapitel 5.3 finden Sie diese Idee in einem kooperativen Wiki umgesetzt.

Material 15: Diese Übungsgrammatik zeigt immer eine Präposition mit ihrer Bedeutung, die sie durch jugendgerechte Illustrationen und Beispielsätze verdeutlicht. Daneben bietet sie geschlossene Einsetz- oder Ergänzungsübungen an, wie man sie auch in vielen Arbeitsbüchern zu Lehrwerken finden kann. Die jugendlichen Lernenden können diese Übungsgrammatik zur Wiederholung einzelner Präpositionen einsetzen.

Die Beispielsätze sind Einzelsätze, die nicht in einen kommunikativen Kontext eingebunden sind.
Die Art und Weise, Fragen zu bilden, um den entsprechenden Kasus zu erkennen, muss den Lernenden als Strategie bereits bekannt sein.

Aufgabe 30

a)
Didaktisierung bedeutet, einen Text für den Lernprozess so aufzubereiten, dass eine bestimmte Zielgruppe in der Lage ist, den Text zu bearbeiten, zu verstehen, ihm inhaltliche und sprachliche Informationen zu entnehmen und über den Text zu kommunizieren.
Die Aufgaben sollten ein konkretes Lernziel verfolgen – wenn vorhanden, in Abstimmung mit einem vorgegebenen Curriculum –, und so gestellt sein, dass die Lernenden weder über- noch unterfordert sind. Außerdem sollten sie verschiedene Arbeits- und Sozialformen berücksichtigen und idealerweise ein binnendifferenzierendes Vorgehen für langsamere oder schnellere Lernende ermöglichen.

Aufgabe 41

	Lesekompetenz Erstsprache	**Lesekompetenz Fremdsprache Anfängerniveau (A1, A2)**	**Lesekompetenz gut beherrschte Fremdsprache (B2, C1)**
1. Man liest den Text Wort für Wort.		✘ Diese Leseweise ist typisch für Fremdsprachenlernende auf dem Anfängerniveau. Sie verlangsamt den Leseprozess sehr und ist häufig nicht einmal sehr effektiv.	
2. Man hat ein Ziel beim Lesen des Textes.	✘	✘	✘
3. Das Wissen über die Textsorte hilft einem beim Lesen des Textes.	✘	✘	✘ Dieses Charakteristikum trifft allerdings nur zu, wenn mit dem Fremdsprachenerwerb auch Wissen über fremdsprachenspezifische Textsorten mit erworben werden. Natürlich können Lernende auch das Textsortenwissen bezüglich der Erstsprache übertragen – dies trifft allerdings nicht immer zu, sodass es auch zu falschen Erwartungen führen kann.
4. Sehr viele Wörter versteht man durch den Kontext.	✘ Die weitgehende Automatisierung vieler Prozesse beim Lesen macht das Lesen schneller und effektiver.		✘
5. Man muss beim Lesen häufig zurückspringen, um Bezüge zu verstehen.		✘	✘ Das Herstellen bestimmter Bezüge ist auch noch für fortgeschrittene Fremdsprachenlesende schwierig.
6. Wissen über Land und Kultur hilft einem beim Verstehen des Textes.	✘		✘ Dieses Wissen kann natürlich auch unabhängig von den Fremdsprachenkenntnissen vorliegen – meist wird es aber wohl zusammen mit der Fremdsprache erworben, sodass dieses Charakteristikum meist in Teilen auch auf fortgeschrittene Fremdsprachenlesende zutrifft.

Aufgabe 42

b) Absatz 1: Sprachbezogene Prozesse beim (erst- und fremdsprachlichen) Lesen
Absatz 2: Verstehensprozesse beim (erst- und fremdsprachlichen) Lesen

c) Unsere Musterlösung zeigt Ihnen eine mögliche Visualisierung für das Teilkapitel. Lassen Sie sich nicht irritieren, wenn Ihre ganz anders aussieht: Selbstverständlich gibt es sehr viele verschiedene Möglichkeiten, die Struktur eines Textes visuell abzubilden

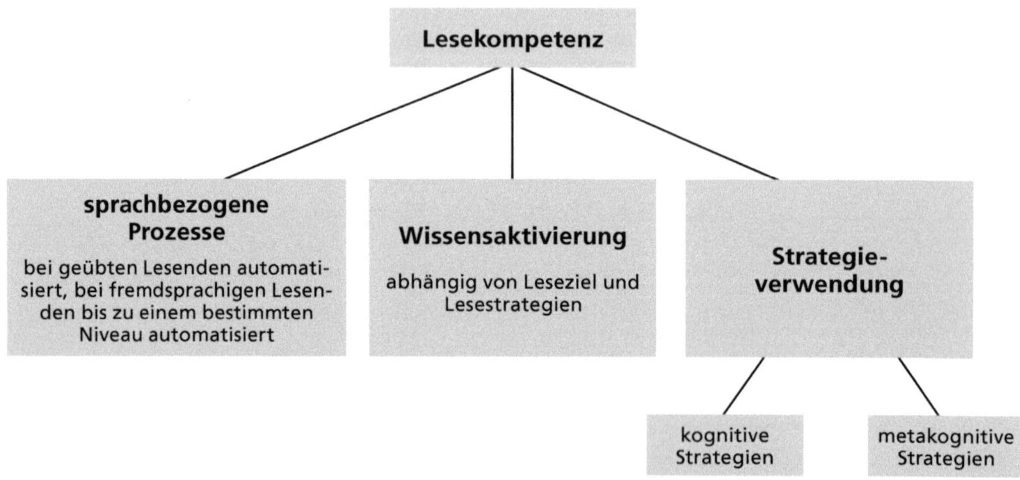

Natürlich kann man bei der Visualisierung des Textes sehr unterschiedliche Layouts wählen. Man kann mit Grafiken arbeiten, mit Diagrammen, mit Textformaten mit Pfeilen usw. Die formalen Unterschiede geben keinen Hinweis darauf, ob der Text tatsächlich unterschiedlich oder womöglich auch nicht völlig korrekt verstanden wurde. Inhaltlich dürften sich die Visualisierungen aber nicht sehr stark voneinander unterscheiden, denn bei dem vorliegenden Text gibt es klare Oberpunkte (sprachbezogene Prozesse, Wissensaktivierung und Strategieverwendung), denen verschiedene Unterpunkte zugeordnet werden. Diese Struktur müsste in allen Darstellungen abgebildet sein. Wenn sich hier Unterschiede zeigen, kann man tatsächlich vermuten, dass die Struktur des Textes von der Verfasserin / vom Verfasser der Visualisierung nicht völlig korrekt verstanden wurde.

Aufgabe 43

Beim Lösen der Aufgabe 42 c) sollten Sie die Hauptinformationen des Textes erkennen und diese gemäß der argumentativen Struktur des Textes ordnen. Dann sollten Sie diese Struktur visuell z.B. in einer Grafik darstellen. Vielleicht haben Sie zum Lösen der Aufgabe auch den Kontext genutzt, um unbekannte Wörter besser zu verstehen; das war aber nicht expliziter Teil der Aufgabe.

Aufgabe 45

Lernaktivität	Lesestrategie, die geübt wird
1. Die Lernenden sollen deutsche Fernsehsender nennen, die sie kennen.	Die Lernenden sollen ihr Vorwissen zum Thema aktivieren, indem sie sich überlegen, welche deutschen Fernsehsender sie kennen.
2. Die Lernenden sollen das Fernsehprogramm (den Text) lesen.	Die Lernenden lesen den Text des Fernsehprogramms und fokussieren dabei die verschiedenen Typen von Sendungen (selektives Lesen).
3. Sie sollen Bilder von Sendungen und Titel von Sendungen zuordnen.	Beim Zuordnen der Bilder zu den Sendungstiteln sollen sie Bildinformationen nutzen, um die Titel der Sendungen zu verstehen und gegebenenfalls unbekannte Wörter in den Titeln zu entschlüsseln.
4. Sie sollen sich überlegen und notieren, welche Inhalte die Sendungen haben.	Bild- wie Textinformationen sollen sie nutzen, um Hypothesen über den Inhalt der Sendungen aufzustellen.

Aufgabe 46

a) Sequenz 2: Hörstil 2 (kursorisch)
Sequenz 3: Hörstil 1 (detailliert)
Sequenz 4: Hörstil 3 (selektiv)

b) Reale Situationen für Hörstil 1 (detailliert): Eine Dokumentation über ein Thema hören, das sehr interessant ist (z.B. einen Bericht über ein Land, wohin die nächste Reise geht). Man möchte deshalb kein Detail verpassen, hört ganz genau hin und versucht, alles zu verstehen. Vielleicht macht man sich sogar Notizen.
Reale Situation für Hörstil 2 (kursorisch): In der Küche nebenbei Radio hören, während man kocht. Während die Nachrichten laufen, versucht man, die wichtigsten Neuigkeiten mitzubekommen. Wenn man merkt, dass über etwas Interessantes berichtet wird, wechselt man direkt zu Hörstil 1 oder wendet ihn bei den nächsten Nachrichten an.
Reale Situation für Hörstil 3 (selektiv): Auf der Autobahn von Stuttgart nach Frankfurt fahren und dabei konzentriert die Verkehrsnachrichten hören, wenn sie kommen, um die Staumeldungen für den Autobahnabschnitt mitzubekommen. Nachdem die Meldung zum Autobahnabschnitt gehört wurden, wechselt man wieder zu Hörstil 2.

Aufgabe 47

Aufgabe	Funktionen der Aufgaben
2 aus *Starten wir*, Kursbuch A2, S.124 (Material 17)	Die Lernenden werden dazu angeregt, gemeinsam unbekannte Wörter vor dem Lesen des Textes zu entschlüsseln.
12b aus *Team Deutsch*, S. 55 (Material 18)	Die Lernenden werden dazu angeregt, auf der Grundlage der Informationen aus der Einleitung und des Bildes Vermutungen zum Hörtext anzustellen.

Aufgabe 48

	Strategien							
Material	**1**	**2**	**3**	**4**	**5**	**6**	**7**	**8**
19 *Netzwerk B1*, S. 46	✘		✘					
20 *Schritt für Schritt A 2.2*, S. 31				✘				
21 *Starten wir A1*, S. 90		✘						✘
22 *DaF kompakt neu A1*, S. 46				✘			✘	
23 *DaF kompakt neu B1*, S. 117						✘		

Aufgabe 49

a)

Lernziel	mögliche Lernaktivität
Bedeutung von Textkonnektoren kennen	*einen zerschnittenen Text zum Ausgangstext zusammensetzen*
Vermutungen über den generellen Inhalt oder über Details eines Textes anstellen können	anhand der Überschrift oder von Bildern Vermutungen zum Textinhalt anstellen lassen
wichtige Informationen im Text erkennen	Schlüsselwörter unterstreichen lassen: Was ist wichtig, was kann zusammengefasst werden?
Vorwissen zum Thema aktivieren können	eigene Meinung/Erfahrungen zu einem Thema vor dem Lesen abfragen; Gepflogenheiten im eigenen Land zu einem Thema vor dem Lesen abfragen
dem Text selektiv Informationen entnehmen können	Tabelle ausfüllen lassen; gezielte Fragen zum Inhalt stellen

Aufgabe 50

Man könnte an den Wänden des Klassenzimmers/Kursraums Plakate aufhängen und auf diesen das Märchen nach und nach von verschiedenen Kleingruppen weiterschreiben lassen. Es könnte auch ein Märchenbuch geben, in das jede/r einen Beitrag zum Text hineinschreibt und das in der Klasse / im Kurs weitergereicht wird. Neben Papierwerkzeugen könnten natürlich auch digitale Werkzeuge eingesetzt werden: Neben einem Wiki könnte das Märchen auch in einem Blog oder einem Forum verfasst werden. Denkbar wäre auch, das Märchen in Form von Podcasts, also als Audio- oder Videotext, verfassen zu lassen. Im Netz gibt es außerdem vermehrt kostenlose Software-Anwendungen, mit denen sich leicht Comics erstellen lassen – auch in dieser Form könnte man die Lernenden ein Fortsetzungsmärchen erstellen lassen.

Aufgabe 54

Es werden folgende Werkzeuge vorgeschlagen:

Animoto
Beschreibung: Erstellen kurzer Videos, Bereitstellung von Stock-Fotos und -Videos und lizensierter Musik. Storyboard-Vorlagen bieten eine Auswahl an Designs, aus denen man auswählen kann. Mit dem Voice-Over können Kommentare zu dem Video und zu zukünftigen Projekten aufgenommen werden.
Einsatz im DaF-Unterricht: Erstellen von Erklärvideos, Erstellung eines eigenen Musikvideos mit Lyrics oder das Einsprechen eines eigenen Gedichts.

Google Docs
Beschreibung: Erstellen von Dokumenten, Möglichkeit der gemeinsamen Bearbeitung von Dokumenten und Nachverfolgung der einzelnen Bearbeitungsschritte.
Einsatz im DaF-Unterricht: Gemeinsames Arbeiten an Texten.

Timetoast
Beschreibung: Erstellen eines Zeitstrahls, Ereignisse und Zeiträume können mit mehreren Daten versehen und automatisch auf der Zeitskala platziert werden. Zu den Ereignissen können Bilder hochgeladen und hinzugefügt werden, die dann auf dem Zeitstrahl abgebildet sind.
Einsatz im DaF-Unterricht: Darstellung geschichtlicher Ereignisse, Darstellung von Familienverhältnissen (wann wer geboren ist usw.), Darstellung des eigenen Lebenslaufs (mit Bildern), Darstellung der Arbeitsfortschritte in Projekten.

Twiddla
Beschreibung: Online Whiteboard. Mehrere Teilnehmer können in Echtzeit daran arbeiten.
Einsatz im DaF-Unterricht: Zusammenfassung und Präsentation von Arbeitsergebnissen von Kleingruppen.

Flipsnack
Beschreibung: Online-Design-Tool zum Erstellen von Handzetteln, Zeitschriften und Katalogen, Drag & Drop-Oberfläche. Datei kann nach Fertigstellung als PDF runtergeladen oder online veröffentlicht werden. *Flipsnack* stellt kostenlose Vorlagen zur Verfügung. In die PDF können MP3-Audiodateien zum Text hochgeladen werden.
Einsatz im DaF-Unterricht: Zusammenstellung von Texten mehrerer Teilnehmender zu einer eigenen kleinen Zeitschrift, Gestaltung von Katalogen (in Kontexten wie Reisen, Eindrücke von Deutschland usw.).

Mindmup
Beschreibung: Erstellen und Teilen von Mindmaps, Export von Mindmaps in PDF oder *PowerPoint*.
Einsatz im DaF-Unterricht: Sammlung erster Ideen zu einem Thema, Planung von Projekten.

Fodey
Beschreibung: Einfaches Erstellen eines Zeitungsartikels mit eigener Überschrift und Geschichte, Einbettung in Lernplattform, einen Blog oder eine Website möglich. Zeitungsartikel sieht wie aus einer echten Zeitung ausgeschnitten aus.
Einsatz im DaF-Unterricht: Aufmacher für eine Präsentation oder ein Arbeitsblatt. Lernende arbeiten als Journalistinnen und Journalisten, die beispielsweise Reiseerfahrungen in einem Zeitungsartikel darstellen. Festigung des Verständnisses der Textsorte Zeitungsartikel.

Storyboardthat
Beschreibung: Digitales Geschichtenerzählen. Panels mit Bildern können aus einer Bilddatenbank befüllt werden, dann können Charaktere und Requisiten in eine Szene gezogen/abgelegt und Dialogblasen mit Text hinzugefügt werden (alles per Drag & Drop). Speicherung als *PowerPoint*-Datei möglich.
Einsatz im DaF-Unterricht: Erstellen von Geschichten. Durch die Sprechblasen-Darstellung auch schon auf A1 nutzbar. Kombination von Wörtern und Bildern zum Festigen des Wortschatzes. Unterstützung eines strukturierten Schreibens, indem Informationen strategisch geplant und organisiert werden (beispielsweise eine Personenbeschreibung von Kopf bis Fuß). Erstellen von Erklärvideos.

Makebeliefscomix
Beschreibung: Erstellung eigener Comics mit kurzen Dialogen in Sprechblasen. Bilder können aus einer Vorlage ausgewählt und mit Sprechblasen versehen werden.
Einsatz im DaF-Unterricht: Siehe *Storyboardthat.*

Aufgabe 55

1. Thema: Lesestrategien „Vorwissen aktivieren" und „Vermutungen zum Text aufstellen" bewusst machen

2. Leifragen: Welche Strategien kann man einsetzen, wenn man einen ersten Blick auf einen neuen Text wirft? Und wie kann man diese Strategien in einem Erklärvideo erklären?

3. Skizzenartige Beschreibung des Inhalts: Im Erklärvideo soll es um die beiden Strategien „Vorwissen aktivieren" und „Vermutungen zum Text anstellen" gehen. Die Anwendung der Strategien soll dabei nicht explizit erklärt werden, sondern die Lernenden sollen jemanden beobachten, der die Strategien anwendet. Dafür wird mit der Methode des Lauten Denkens gearbeitet: Der Moderator / die Moderatorin erklärt zunächst, worum es im Video gehen wird. Dann beginnt die „Live-Schaltung": Der Moderator / die Moderatorin nimmt sich den zu lesenden Text vor und fängt an, laut zu denken. Er/sie verbalisiert dabei, was er/sie schon zum Text weiß, was er/sie anhand des Titels und begleitender Bilder für Vermutungen zum Inhalt anstellt usw. Abschließend beendet der Moderator / die Moderatorin das laute Denken und fasst noch einmal zusammen, welche Strategien er/sie angewendet hat.

4. Vorgeschlagenes Format: Persönliches Video, der Moderator ist beim Lesen des Textes nur von hinten zu sehen; zusätzlich ist das Buch / der Text zu sehen. Mit dem Finger zeigt der/die Lesende, worauf sich das verbalisierte Vorwissen und die Vermutungen im Text beziehen.

Aufgabe 59

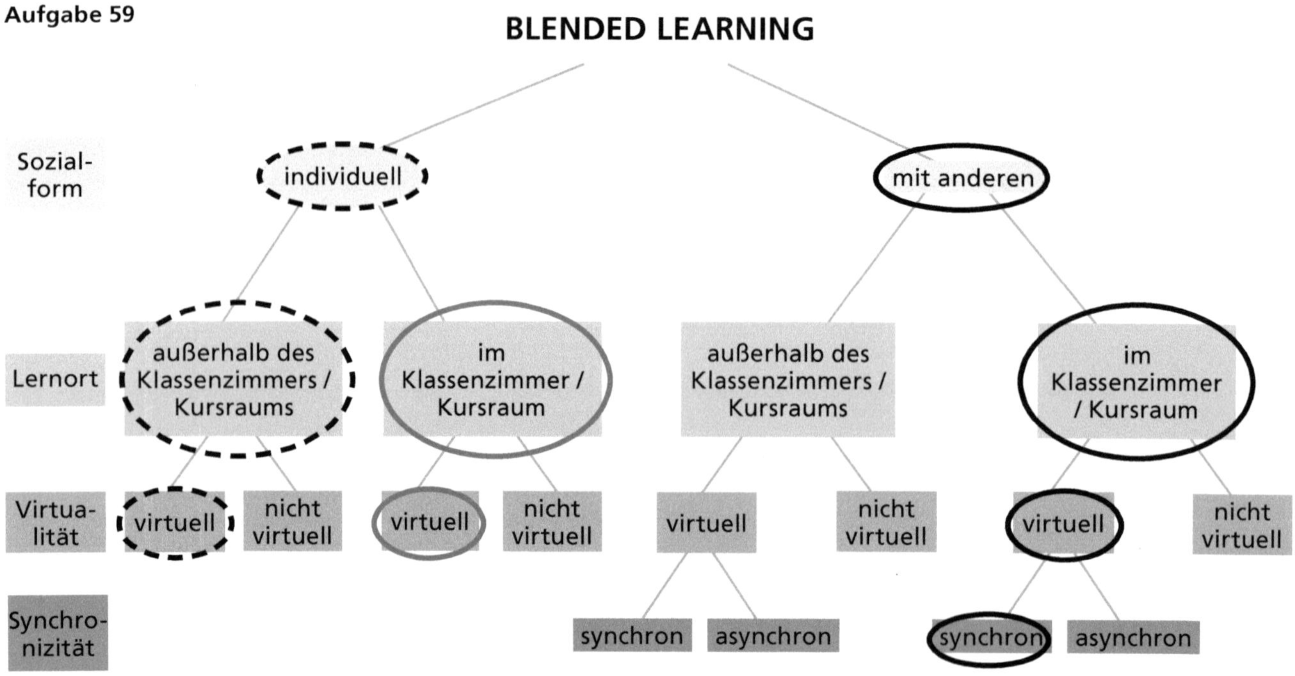

Lernaktivität 1: Die relevanten Aspekte sind schwarz gekennzeichnet.

Lernaktivität 2: Die relevanten Aspekte sind grau gekennzeichnet (individuell, im Klassenzimmer, virtuell). Diese Aktivität kann individuell (GA mit verteilten Aufgaben) oder quasi in der Gruppe durchgeführt werden, nämlich dann, wenn sich die TN während der GA die Texte gemeinschaftlich erschließen

Lernaktivität 3: Die relevanten Aspekte sind schwarz gestrichelt gekennzeichnet (individuell, außerhalb des Klassenzimmers, virtuell).

Aufgabe 61

a)

Lehr-/Lernmedien	wird verwendet	Lehr-/Lernmedien	wird verwendet
IWB	✘	Internet	
boardeigene Software	✘	Fotoapparat	✘
IWB-Stifte	✘	Computer	✘
Fotos	✘	Handy	
Videos	✘	Videokamera	
Arbeitsblätter		Plakate	
Lehrbuch	✘	Papier/Hefte	✘
DVDs			

b) Schülerinnen und Schüler: 1, 2, 6, 7, 8
Lehrer: 3, 4, 5

c)

Lehr-/Lernmedien	Lehraktivität
1. *Zuordnungsübung am IWB*	*Lehrer erklärt die neuen Wörter kurz.*
2. Lied als Audio	Lehrer bedient den CD-Player.
3. Liedtext als Audio, Text im Lehrwerk	–
4. Deutschheft/IWB	Lehrer unterstützt die Kinder.
5. IWB, Fotoapparat mit Aufnahmefunktion	Lehrer filmt die Liedpräsentation.
6. IWB	Lehrer hört ebenfalls zu.
7. IWB	Lehrer unterstützt die Wortschatzarbeit der Kinder und die Arbeit am IWB.

Aufgabe 63

Vorteile bei der Nutzung von sozialen Medien im Unterricht	mögliche Schwierigkeiten bei der Nutzung von sozialen Medien im Unterricht
Der Einsatz sozialer Medien knüpft an die Lebenswelt der Lernenden an.	*Für den Umgang mit sozialen Medien benötigen die Lehrenden und Lernenden zum Teil neue Kompetenzen.*
Lernende können sich über soziale Medien gut informieren und landeskundliche Information erhalten.	Soziale Medien arbeiten häufig mit schriftlichen Texten. Die dazu nötige Schreibkompetenz kann für bestimmte Lernende eine Hürde darstellen.
Soziale Medien vervielfachen und vereinfachen die Möglichkeiten zur Interaktion, Produktion und Publikation.	Sowohl kooperatives als auch selbstgesteuertes Lernen mit sozialen Medien gehen nicht von alleine, sondern stellen an alle Beteiligten hohe Anforderungen. Die Lernformen müssen deshalb mit den Lernenden trainiert werden.
Lernende können mit Menschen in aller Welt kommunizieren und kooperieren.	Bei der Nutzung sozialer Medien außerhalb des Unterrichts ist sprachliche Korrektheit häufig nicht so wichtig. Lernende übertragen diese Gewohnheit eventuell auf den Gebrauch der Medien im Unterricht.
Soziale Medien eröffnen viele authentische Kommunikationsmöglichkeiten. Die Lernenden können so vielfältige authentische Einblicke ins Leben anderer erhalten.	Wenn Lernende weltweit über soziale Medien zusammenarbeiten und sich nicht kennen, kann die Anonymität dazu verleiten, sich unangemessen zu verhalten.
Lernende können selbst leicht Informationen veröffentlichen. Sie können Relevantes mitteilen und gemäß ihren Interessen arbeiten.	Wenn man soziale Medien nur dazu einsetzt, um Lernende an diesem Ort Übungen machen zu lassen, dann besteht die Gefahr, dass Lernende schnell frustriert sind und soziale Medien nicht mehr für ihr Lernen nutzen wollen.
Soziale Medien eröffnen neue Möglichkeiten, das gemeinsame Schreiben zu fördern, das Hör- und Hör-Sehverstehen sowie die mündliche Kommunikation zu trainieren.	Wenn man Lernende nicht auf den Gebrauch sozialer Medien in der Zielsprachenkultur vorbereitet, kann es zu interkulturellen Missverständnissen und damit zu einer Demotivierung der Lernenden kommen.
Soziale Medien können durch ihre Publikationsmöglichkeiten Lernende dazu motivieren, sprachlich verständliche und interessante Texte zu verfassen. Die Qualität der Texte wird dadurch im besten Fall erhöht.	
Soziale Medien können eine Verbindung zwischen formalem und informellem Lernen herstellen. Das informelle Lernen kann dadurch auch für formales Lernen genutzt werden.	
Soziale Medien können ein kooperatives, aber auch ein selbstgesteuertes Lernen fördern.	
Soziale Medien können ein mobiles Lernen unterstützen.	

Aufgabe 66

Der Lehrer trifft die Aussagen 1, 4, 5, 6.

Aufgabe 67

a) 1. Wie Kinder auf Medien reagieren: Kinder werden mit Medien groß und finden es deshalb völlig normal, wenn diese ihnen auch im Unterricht zum Lernen zur Verfügung gestellt werden. Handelt es sich um Geräte oder um Funktionen von Geräten, die sie aus ihrem privaten Umfeld noch nicht kennen, so werden sie damit sehr schnell vertraut.
2. Wie Lehrkräfte damit umgehen sollten: Die Lehrenden wiederum sollten den Kindern den Raum geben, die Geräte und Funktionen auszuprobieren und sich im Umgang damit vertraut zu machen. Da das den Kindern häufig sogar schneller gelingt als den Lehrenden, sollten diese dafür offen sein, sich von Lernenden helfen zu lassen.

Aufgabe 68

Wenn die Kinder über eine hohe **Medienkompetenz** verfügen, dann sollte der Lehrende eine stärker **moderierende** Rolle übernehmen.
In dieser **moderierenden** Rolle verbleibt er im Unterricht und lässt **die Lernenden** Teile des Unterrichts **übernehmen/ausführen**.
Für den Lehrenden bedeutet das auch, dass nicht er die große **Show/Schau** macht, sondern dass die Lernenden am IWB **arbeiten/Aufgaben ausführen**. Das IWB führt bei den Lernenden zu einer hohen **Motivation**. Der Lehrende muss den Kindern **den Platz/Raum geben**, mit dem IWB selbst zu arbeiten, und auf diese Weise die Motivation **fördern/erhalten**.

Glossar

A ... **Adaption**

Man adaptiert ein → **Lehrwerk**, wenn man es in Teilen an die Bedürfnisse der Lernenden anpasst. Dies tut man zumeist, wenn das vorhandene Material im Hinblick auf bestimmte Eigenschaften nicht oder nicht gut genug zur → **Zielgruppe** passt. Es gibt unterschiedliche Formen der Adaption: Beibehaltung des Inhalts eines Textes bei Änderung der Textsorte, Aktualisierung des Inhalts, sprachliche Vereinfachung, Änderung der Sozialformen. Für eine gute Adaption bedarf es einiger Übung und Erfahrung.

Anschlusskommunikation

Mit Anschlusskommunikation ist die Verständigung mit anderen Lernenden über einen Text und seine Bedeutungen nach der Rezeption gemeint. Dabei erweitert und korrigiert man das eigene Textverständnis und durchdringt den Text auf diese Weise neu. Gleichzeitig wird geübt, andere Verstehensweisen nachzuvollziehen und unterschiedliche Interpretationen zum Text gemeinsam auszuhandeln.

App

App ist eine Kurzform des englischen Begriffs application und bezeichnet Anwendungssoftware für internetfähige mobile Endgeräte wie Handys oder Tablets.

Arbeitsbuch

Komponente eines → **Lehrwerks**. Das Arbeitsbuch liefert Material zum Üben und Wiederholen. Es kann für die Einzelarbeit zu Hause eingesetzt oder in den Unterricht integriert werden. Es folgt in seiner Struktur dem Lehrbuch und führt meist keine neuen Phänomene in den Unterricht ein.

Aufgaben

Aufgaben sind Angebote im Deutschunterricht, durch die die Lernenden angeregt werden, die deutsche Sprache zu verwenden. Aufgaben bringen die Lernenden dazu, Deutsch zu verstehen, zu produzieren und auf Deutsch zu interagieren.

Augmented Reality

Unter Augmented Reality versteht man Informationen, die man sich auf einem (meist) mobilen Gerät in einer spezifischen Situation anzeigen lassen kann, um notwendige bzw. hilfreiche zusätzliche Hinweise zu erhalten. In der Welt außerhalb des Klassenzimmers lässt man sich mit diesen Anwendungen z.B. Sehenswürdigkeiten einer unbekannten Stadt erklären: Man öffnet die Anwendung, nimmt mit der Kamera des Smartphones die Sehenswürdigkeit in den Fokus und erhält dann direkt Informationen zu der Sehenswürdigkeit. Im Bereich des Deutschlernens kann zu inzwischen fast jedem Lehrwerk eine Augmented Reality App genutzt werden, über die die Audio- und Videotexte des Lehrwerks direkt abgespielt werden, wenn man das Trigger-Bild im Lehrwerk mit der App einscannt.

Authentizität

Ein Begriff, der in der Fremdsprachendidaktik unterschiedlich verwendet wird. In einer Bedeutung bezieht er sich nur auf Originaltexte der Zielsprache, die unverändert in den Unterricht hineingebracht werden. Dadurch, dass sie von realen Sprecherinnen und Sprechern einer Sprache außerhalb des Unterrichtskontextes produziert wurden, sind sie sozusagen auf ihre Echtheit beglaubigt worden. Dadurch können sie ein angemessenes Sprachvorbild sein. In einer zweiten Bedeutung bezieht sich der Begriff auf die Eigenschaften von Texten und zieht in Betracht, dass diese didaktisch auf den Sprachstand der Lernenden bezogen werden können.

B ... **Blended Learning**

Beim Blended Learning werden verschiedene Lernformen gemischt: Dazu gehört zum einen die Kombination aus computergestützten Lernformen mit Präsenzlernformen. Hinzu kommen zum anderen aber auch Mischungen auf der Ebene des gleichzeitigen und zeitversetzten Lernens, der individuellen Lernphasen und des kooperativen Lernens, des Lernens im Unterrichtsraum und an anderen Lernorten usw. Die Entscheidung für das beste Mischungsverhältnis auf den verschiedenen Ebenen treffen die Lehrenden in Abhängigkeit vom jeweiligen Kontext.

Blog
Ein Blog (oder Weblog) ist eine Webseite, auf der die Beiträge umgekehrt chronologisch aufgelistet sind. Viele Blogs sind untereinander verlinkt; die Gesamtheit aller Blogs im WWW nennt man deshalb auch Blogosphäre. Von einer normalen Webseite unterscheidet sich der Blog durch die Kommentarfunktion, mit denen Lesende Blogbeiträge kommentieren können. Blogs können abonniert werden: Man erhält eine kurze Benachrichtigung, wenn ein neuer Eintrag im abonnierten Weblog hinzugefügt wurde.

BYOD (Bring Your Own Device)
Von BYOD spricht man, wenn das computergestützte Lernen in Institutionen nicht mithilfe von Geräten durchgeführt wird, die die Institution stellt, sondern mithilfe der eigenen mobilen Geräte von Lernenden. Um das Lehren mit dem Prinzip BYOD zu erleichtern, schreiben manche Institutionen vor, welche Geräte mitgebracht werden dürfen oder welche Anwendungen auf den mitgebrachten Geräten installiert sein müssen. Häufig müssen Lehrende sich aber darauf einstellen, damit die von ihnen geplanten Aktivitäten auf den unterschiedlichen mobilen Geräten der Lernenden durchgeführt werden können.

C

Chat
Oberbegriff für die Möglichkeit, sich im Internet direkt und in Echtzeit miteinander per Tastatur, über das Mikrofon oder die Kamera zu unterhalten: Beim Textchat sieht jede Chatterin / jeder Chatter auf dem Bildschirm die Eingaben der anderen Teilnehmenden und kann über ihre/seine Tastatur eigene Beiträge senden. Voice-Chats funktionieren ähnlich wie ein Telefongespräch, der Computer wird mit Mikrofon und Lautsprecher benutzt. Beim Video-Chat sieht man sich zudem noch (z.B. mit Skype).

D

didaktische Grammatik
Im Gegensatz zu einer wissenschaftlichen Grammatik, die das System einer Sprache umfassend, klar und systematisch darstellt, muss eine didaktische Grammatik eine Auswahl der Phänomene vorstellen, und auf das Sprachniveau der Lernenden eingehen. Damit ist sie auf die Lernenden und den Lernprozess bezogen.

E

Elaboration
Unter Elaboration wird die Verknüpfung von eigenem, bereits vorhandenen Wissen (z.B. eigenen Urteilen, Weltwissen, Sprachwissen usw.) mit neuen Informationen verstanden, die man z.B. durch einen Text erhält. Elaboration ist damit eine kognitive Strategie, die man zum Teil bewusst einsetzt, um Texte zu verstehen, und die man im Sprachunterricht fördern kann.

F

Flipped Classroom
Der Kerngedanke ist, dass die Lernaktivitäten zwischen Klassenzimmer (Präsenzphase) und dem außerunterrichtlichen Lernen vertauscht werden: Der Input (häufig in Form von Erklärvideos, aber auch in Form von aufgabengesteuertem Material) erfolgt in der selbstgesteuerten, häufig individuellen Phase und die gemeinsame Zeit im Unterrichtsraum wird für die Verständnissicherung, die Vertiefung und ggf. auch den Transfer genutzt.

Forum
Ein Forum funktioniert ähnlich wie eine E-Mail. Der Unterschied besteht darin, dass man seine Mitteilung nicht an eine Person sendet, sondern an einen Server. Der Text wird dann vom Server so veröffentlicht, dass er von allen Berechtigten zu einem beliebigen Zeitpunkt an beliebiger Stelle eingesehen und kommentiert werden kann. Man kann dann einen neuen Beitrag platzieren oder zu einem der vorhandenen Beiträge eine Bemerkung machen. Alle eingesendeten Mitteilungen sind im Forum für alle sichtbar und bleiben dort gespeichert.

G

Gemeinsamer europäischer Referenzrahmen für Sprachen
Der *Gemeinsame europäische Referenzrahmen* (GER) ist ein Instrument, mit dessen Hilfe Prüfungen, Lehrwerke und Curricula miteinander vergleichbar werden. Er wurde mit dem Ziel entwickelt, die gesellschaftliche Mehrsprachigkeit und die Sprachen von Lernenden abzubilden und zu fördern.
Besonders bekannt geworden sind die Niveaus und ihre Skalierungen, die die erreichte sprachliche Kompetenz abbilden und benennen. Die meisten Lehrwerke, Tests und Portfolios orientieren sich am GER. 2018 ist eine Neufassung des GER erschienen, die deutsche Übersetzung erschien 2020.

H ...

Handlungsorientierung
Handlungsorientierung ist das Prinzip eines Sprachunterrichts, nach dem die Lernenden darauf vorbereitet werden, sprachlich handeln zu können. Dies wird auch in der Klasse / im Kurs simuliert.

I ...

informelles Lernen
Informelles Lernen wird von formalem Lernen abgegrenzt. Unter informellem Lernen versteht man ein Lernen, das selbstgesteuert durch die Lernenden (und d.h. ungesteuert von einer Lehrkraft bzw. Institution) außerhalb des institutionellen formalen Lernens stattfindet.

Input
Als Input bezeichnet man jede Art von sprachlichem Material, das Lernende im Sprachunterricht oder außerhalb des Sprachunterrichts erreicht. Dies kann eine mündliche Äußerung der Lehrkraft oder anderer Lernender sein, eine Übung aus dem Lehrbuch, ein Lied, ein literarischer Text, eine Werbeanzeige usw.

interaktive Tafeln
Interaktive Tafeln sind interaktive Whiteboards oder interaktive Panels. Ein interaktives Whiteboard ist eine elektronische Projektionswand oder auch Weißwandtafel, die in Verbindung mit einem Computer und einem Projektor/Beamer funktioniert. Interaktive Panels sind tafelgroße Computerdisplays, die mit einem eingebauten Rechner oder einem externen Rechner betrieben werden. Interaktive Tafeln kombinieren damit die klassische Funktion der Wandtafel mit den Möglichkeiten digitaler Technologie. Tafelbilder können Schritt für Schritt entwickelt, fertige Präsentationen abgerufen werden.

interkulturelle Kompetenz
Interkulturell kompetente Lernende können zunehmend mehr interkulturelle Kommunikationssituationen analysieren, deuten und sprachlich bewältigen. Empathie und kritische Toleranz gegenüber der fremden Kultur, aber auch Wissen sind weitere wichtige Teilkompetenzen einer interkulturellen Kompetenz.

K ...

Kontrastivität
Kontrastivität meint im Kontext dieser Einheit die Tatsache, dass Lehrwerkautorinnen und Lehrwerkautoren bewusst damit umgehen, dass es Gemeinsamkeiten und Unterschiede zwischen Erstsprache und Zielsprache sowie Herkunftskultur und Zielsprachenkultur gibt. Kontrastiv ausgerichtete Lehrwerke beziehen die Erstsprachen und die bereits erlernten Fremdsprachen der Lernenden in den Lernprozess ein. Das bedeutet, dass sie, wo immer das möglich ist, Deutsch im Vergleich zu den bereits gelernten Sprachen der Lernenden thematisieren und den Sprach- und Kulturvergleich anregen.

kooperatives Lernen
Kooperatives Lernen nennt man eine Form der Zusammenarbeit im Unterricht, für die bestimmte Regeln verabredet werden (z.B. wer arbeitet wie lange mit wem usw.). Ziel des kooperativen Lernens im Deutschunterricht ist, dass sich Lernende Inhalte und sprachliche Strukturen erarbeiten und dass sie lernen, dies gemeinsam zu tun, dabei also voneinander zu profitieren.

kooperative Texteditoren
Unter kooperativen Texteditoren werden Programme verstanden, mit denen man gemeinsam zeitversetzt oder zeitgleich Texte erstellen und bearbeiten kann. Dabei können – technisch gesehen – beliebig viele Nutzende an unterschiedlichen Rechnern am Text schreiben. Ein Beispiel für kooperative Texteditoren sind → **Wikis**.

L ...

Lehrbuch
Teil eines → **Lehrwerks**. Das Lehrbuch bildet zusammen mit dem → **Arbeitsbuch** und dem → **Lehrerhandbuch** den Kern des Lehrwerks. Das Lehrbuch soll alle für ein bestimmtes Lernziel wesentlichen sprachlichen und landeskundlichen Phänomene didaktisch gut aufbereitet einführen.

Lehr- und Lernmedien
Der Begriff Lehr- und Lernmedien bezeichnet alle Medien, mit denen Inhalte, Aufgaben usw. transportiert werden, um so den Erwerb von Wissen und Fertigkeiten zu fördern und die Lernenden beim

Deutschlernen zu unterstützen. Lehr- und Lernmedien können also → **Lehrwerke,** Texte, Abbildungen aller Art, Spiele, Filme, → **Apps** usw. sein. Sie können extra für das Lernen im Klassenzimmer hergestellt worden sein. Es gibt aber auch Lehr- und Lernmedien wie Zeitungsartikel, Radiosendungen usw., die eigentlich für ganz andere Zwecke verfasst wurden und dann für das Sprachenlernen eingesetzt werden.

Lehrerhandbuch

Eine Komponente des Lehrwerks, auch Lehrerhandreichung oder Lehrerheft genannt. Das Lehrerhandbuch unterstützt die Lehrkraft bei der Arbeit mit Lehrbuch und Arbeitsbuch. Lehrerhandbücher liefern neben Lösungen Zusatzinformationen zum didaktisch-methodischen Konzept des Lehrwerks, Vorschläge für das Unterrichten und Zusatzmaterialien.

Lehrwerk

Das Lehrwerk steuert oder begleitet den Lernprozess für einen bestimmten Zeitraum. Im Lehrwerk wird die Vielfalt der sprachlichen und kulturellen Phänomene der Zielsprache unter didaktischen Gesichtspunkten miteinander in Beziehung gebracht. Es besteht normalerweise aus verschiedenen Komponenten (→ **Lehrbuch,** → **Arbeitsbuch,** → **Lehrerhandbuch**) und bezieht sich auf einen bestimmten zu erreichenden Sprachstand und auf bestimmte → **Zielgruppen**.

Lektion

Organisationseinheit des Lehrwerks. Lektionen können je nach Lehrwerk einen unterschiedlichen Umfang und Aufbau haben.

Lernen durch Lehren

Die Methode Lernen durch Lehren (LdL-Methode) ist eine lernerzentrierte und kooperative Unterrichtsmethode. Sie geht davon aus, dass Lernende selbst nachhaltiger lernen, wenn sie anderen Lernenden etwas erklären bzw. diese unterrichten. Bei der Methode wird deshalb die Planung und Durchführung von einzelnen Unterrichtseinheiten von einer Gruppe von Lernenden weitgehend selbstständig und eigenverantwortlich übernommen. Dazu gehört, dass die Gruppe möglichst viele Aufgaben und Funktionen der/des Lehrenden übernimmt. Die/der Lehrende agiert während des gesamten Prozesses begleitend: Sie/er unterstützt die Gruppe bei der Vorbereitung des Unterrichts und begleitet auch die Durchführung.

Lernziel

Lernziele sind diejenigen Ziele oder auch Kompetenzen, die die Lernenden durch Unterricht erreichen sollen. Lernziele beziehen sich im Fremdsprachenunterricht auf die drei Bereiche Wissen, Tun oder Handeln können und auf Einstellungen oder Haltungen.
Lernziele werden häufig in Form von Kann-Beschreibungen formuliert.

Lese-, Hör- und Hör-Sehstile

Je nach Ziel der Rezeption und Textsorte kann man beim Lesen, Hören und Hör-Sehen verschiedene Rezeptionsstile einsetzen: Man kann beim Lesen, Hören und Hör-Sehen global, selektiv oder detailliert rezipieren.

M

Medien

Als Medien bezeichnet man jene Hilfsmittel, die dazu dienen, Informationen zu präsentieren und zu verbreiten. In Abgrenzung zu einem Werkzeug kann man ein Medium als einen Informationsträger verstehen, der mit einem Inhalt verbunden ist.

Medienkompetenz

Lernende mit einer hohen Medienkompetenz können sowohl im Unterricht als auch außerhalb des Klassenzimmers/Kursraums reflektiert und erfolgreich mit Medien umgehen. Zur Medienkompetenz gehören Teilkompetenzen aus den Bereichen Informations- und Medienkompetenz, digitale Kommunikation und Zusammenarbeit, Erstellung digitaler Inhalte, verantwortungsvoller Umgang mit digitalen Medien und digitales Problemlösen.

P ...

Podcast

Im Allgemeinen werden unter Podcasts privat oder kommerziell produzierte Beiträge in Audioform (Audiocast) oder Videoform (Videocast) verstanden, die im Internet veröffentlicht werden und dort heruntergeladen werden können. Zum Teil kann man diese Podcasts auch abonnieren, dann bekommt man sie regelmäßig zugeschickt. In Lehr- und Lernkontexten ist die Defintion von Podcasts inzwischen sehr viel breiter: Hier werden zunehmend alle informativen Audio- oder Videobeiträge als Podcasts bezeichnet, ganz unabhängig davon, ob sie als Einzelbeiträge oder als Reihe in geschützten Moodle-Räumen oder in Podcast-Portalen usw. veröffentlicht werden.

Praxiserkundungsprojekt

Die Aktions- oder Unterrichtsforschung geht davon aus, dass Lehrende – wie andere Professionelle auch – die Bedingungen und Möglichkeiten ihrer eigenen Praxis erforschen können. Das Praxiserkundungsprojekt ist dabei ein zentrales Instrument. In einem Praxiserkundungsprojekt versuchen Lehrkräfte, einen für sie interessanten Aspekt der eigenen Praxis zu erkunden. Es wird in der Regel durch einen Impuls (eine neue Idee, ein Vorschlag etwas zu verändern, eine Anregung durch einen Vortrag) angestoßen und von einer Erkundungsfrage bestimmt. Auf diese Frage versucht die Lehrkraft alleine oder mit anderen eine Antwort in ihrem Unterricht zu finden. Sie plant den Unterricht und sie beobachtet ihn. Sie sammelt Daten (Texte von Lernenden, Aufgaben und Übungen, Beobachtungen in Form von Notizen usw.). Die Daten helfen dabei zu verstehen, was im Klassenzimmer/Kursraum passiert ist. Die Lehrkraft fasst ihre Erkenntnisse zusammen, um sich mit anderen darüber auszutauschen.

Progression

In einem Lehrwerk werden sprachliche Phänomene in einer bestimmten Reihenfolge eingeführt und geübt. Mit dem Begriff Progression bezieht man sich zum einen auf die Beschreibung der Reihenfolge, in der die sprachlichen Phänomene eingeführt werden, und zum anderen auf das Tempo, mit dem sie behandelt werden (steile versus flache Progression). Kriterien, die bei der Festlegung der Reihenfolge von grammatischen Gegenständen herangezogen werden, sind z.B. kommunikative Relevanz, Einfachheit innerhalb des zielsprachlichen Systems, leichte Lernbarkeit.

S ...

soziale Medien

Soziale Medien sind Software-Anwendungen im Internet, die nicht nur für individuelle Zwecke eingesetzt werden, sondern die es Menschen ermöglichen, miteinander in Beziehung zu treten und zu kommunizieren. Über soziale Medien kann man zum einen Informationen veröffentlichen. Zum anderen bieten soziale Medien die Möglichkeit, die veröffentlichten Informationen zu kommentieren und mit denen, die sie veröffentlicht haben, Kontakt aufzunehmen.

Strategie

Eine Strategie ist eine planvolle Vorgehensweise, um ein festgelegtes Ziel zu erreichen. Strategien beim Lernen werden bewusst oder unbewusst eingesetzt. Unterscheiden lassen sich unter anderem kognitive und metakognitive Lernstrategien. Kognitive Strategien beziehen sich direkt auf die Lernprozesse, mit den metakognitiven Strategien steuert und kontrolliert man seinen eigenen Lernprozess.

Synchronizität

Mit dem Grad der Synchronizität wird angegeben, wie zeitgleich (das heißt synchron) eine internetgestützte Kommunikation stattfindet oder wie zeitverzögert (also asynchron). Eine Anwendung, mit der man synchron kommunizieren kann, wäre ein → **Chat**. E-Mail ist eine typische asynchrone Anwendung.

T ...

Textsorten

Textsorten unterscheiden sich voneinander in ihren Funktionen (z.B. informieren, an jemanden appellieren usw.), in Bezug auf die Kommunikationssituation, in Bezug auf ihre Verwendung und vor allem hinsichtlich ihrer Struktur. Im Unterricht ist die Arbeit mit unterschiedlichen Textsorten besonders wichtig, weil zu einer Sprachkompetenz auch gehört, verschiedene Textsorten zu kennen, zu verstehen und mündlich und schriftlich nutzen zu können.

U ... Übungsgrammatik

In Übungsgrammatiken werden grammatische Phänomene dargestellt, erläutert und geübt.

W ... Wiki

Wikis sind öffentlich zugängliche oder geschützte Webseiten, die gelesen und auch gemeinsam bearbeitet werden können. Alle Nutzerinnen und Nutzer haben dieselben Rechte, die Inhalte zu ergänzen, zu verändern und zu löschen. Wikis sind technisch leicht zu bedienen; damit wird erreicht, dass die Inhalte und das Zusammenarbeiten im Vordergrund stehen.

World Wide Web (WWW)

Das WWW ist ein über das Internet abrufbares Hypertext-System. Um es zu nutzen, braucht man einen Webbrowser, welcher die Daten vom Webserver holt und zum Beispiel auf dem Bildschirm anzeigt. Die Nutzenden können den Hyperlinks im Dokument folgen, die auf andere Dokumente verweisen. Hierdurch ergibt sich ein weltweites Netz aus Webseiten. Das WWW wird auch häufig als „das Netz" bezeichnet.

Z ... Zielgruppe

Bezeichnung für eine Gruppe von Deutschlernerinnen und -lernern. Mit diesem Begriff wird festgehalten, dass sich z.B. Lehrwerke auf bestimmte Gruppen von Lernenden mit spezifischen Lernbedürfnissen beziehen.

Zusatzmaterial

In einem weiten Sinn bezieht sich der Begriff Zusatzmaterial auf alles, was im Unterricht zusätzlich zur Arbeit mit dem Lehrwerk verwendet wird. Meist bezieht sich der Terminus Zusatzmaterial jedoch auf Lehr- und Lernmedien, die selbst unter didaktischen Gesichtspunkten zusammengestellt wurden.

Literaturhinweise

Die Internetseiten wurden zuletzt im März 2020 abgerufen.

ANSKEIT, Nadine (2012): *WikiWiki in die Schule. Unterrichtsbeispiele und Praxiserfahrungen zum Einsatz von Wikis in der Schule.* In: BEISSWENGER, Michael / ANSKEIT, Nadine / STORRER, Angelika (Hrsg.): *Wikis in Schule und Hochschule.* Boizenburg: Werner Hülsbusch. Reihe „E-Learning". S. 13-46.

BALLWEG, Sandra u.a. (2013): *Wie lernt man die Fremdsprache Deutsch?* Deutsch Lehren Lernen. Band 2. Stuttgart: Ernst Klett Sprachen.

BARKOWSKI, Hans u.a. (2014): *Deutsch als fremde Sprache.* Deutsch Lehren Lernen. Band 3. Stuttgart: Ernst Klett Sprachen.

BAUSCH, Karl-Richard / CHRIST, Herbert / KÖNIGS, Frank (Hrsg.) (2003): *Der Gemeinsame europäische Referenzrahmen für Sprachen in der Diskussion.* Tübingen: Narr.

BIECHELE, Markus u.a. (2003): *Internet-Aufgaben Deutsch als Fremdsprache.* Klett Computerpraxis Fremdsprachen. Stuttgart: Klett.

BIECHELE, Markus / PADROS, Alicia (2003): *Didaktik der Landeskunde.* Fernstudieneinheit 31. Berlin/München: Langenscheidt.

BRAND, Linda / KRESIN-MURAKAMI, Jutta / PECHATSCHECK, Karl (1996): *Die Schöne ist angekommen.* Stuttgart: Ernst Klett Sprachen.

BRASH, Bärbel / PFEIL, Andrea (2017): *Unterrichten mit digitalen Medien.* Deutsch Lehren Lernen. Band 9. Stuttgart: Ernst Klett Sprachen.

BRINITZER, Michaela / DAMM, Verena (1999): *Grammatik sehen: Arbeitsbuch für Deutsch als Fremdsprache.* Ismaning: Hueber.

BRÜCKNER, Cornelia (2012): *Mit Shared Documents selbstbestimmte und kreative Lernumgebungen schaffen.* In: WAGNER, Jürgen / HECKMANN Verena (Hrsg.): *Web 2.0 im Fremdsprachenunterricht: Ein Praxisbuch für Lehrende in Schule und Hochschule.* Glückstadt: Werner Hülsbusch. S. 42-49.

DREYER, Hilke / SCHMITT, Richard (2012): *Lehr- und Übungsbuch der deutschen Grammatik – aktuell.* 2. Auflage. Ismaning: Hueber.

ENDE, Karin u.a. (2013): *Curriculare Vorgaben und Unterrichtsplanung.* Deutsch Lehren Lernen. Band 6. Stuttgart: Ernst Klett Sprachen.

ENGEL, Ulrich u.a. (1977): *Mannheimer Gutachten zu ausgewählten Lehrwerken, Deutsch als Fremdsprache.* Erstellt im Auftrag des Auswärtigen Amtes der Bundesrepublik Deutschland von der Kommission für Lehrwerke DaF. Heidelberg: Groos.

EUROPARAT (2001): *Gemeinsamer europäischer Referenzrahmen für Sprachen: lernen, lehren, beurteilen.* Stuttgart: Ernst Klett Sprachen.

EUROPARAT (2020): *Gemeinsamer europäischer Referenzrahmen für Sprachen: lernen, lehren, beurteilen – Begleitband.* Stuttgart: Ernst Klett Sprachen.

FANDRYCH, Christian / TALLOWITZ, Ulrike (2000): *Klipp und Klar: Übungsgrammatik Grundstufe Deutsch.* Stuttgart: Ernst Klett Sprachen.

FANDRYCH, Christian / THURMAIR, Maria (2011): *Textsorten im Deutschen*. Tübingen: Stauffenburg.

FUNK, Hermann / KÖNIG, Michael / ROHRMANN, Lutz (2006): *Kompaktgrammatik: Deutsch als Fremdsprache zum schnellen Nachschlagen*. Berlin: Cornelsen.

FUNK, Hermann u.a. (2014): *Aufgaben, Übungen, Interaktion*. Deutsch Lehren Lernen. Band 4. Stuttgart: Ernst Klett Sprachen.

GEIST, Hanne (2002): *‚Crazy' im Deutschunterricht. Leselust durch Aufgabenorientierung und Lesestrategien*. In: Fremdsprache Deutsch, Heft 27. Ismaning: Hueber. S. 42-47.

GLABONIAT, Manuela u.a. (2005): *Profile deutsch. Gemeinsamer europäischer Referenzrahmen. Lernzielbestimmungen, Kannbeschreibungen, kommunikative Mittel, Niveaus A1-A2, B1-B2, C1-C2*. Stuttgart: Ernst Klett Sprachen.

HALL, Karin / SCHEINER, Barbara (2012): *Übungsgrammatik DaF für Fortgeschrittene*. Ismaning: Hueber.

HELBIG, Gerhard / BUSCHA, Joachim (2017): *Deutsche Grammatik. Ein Handbuch für den Ausländerunterricht*. Stuttgart: Ernst Klett Sprachen.

KALT, Andreas (2017): *Erklärst Du schon oder lernst Du noch?* In: Didacta. Das Magazin für lebenslanges Lernen. 02/17. S. 14-16. Online: www.avr-emags.de/emags/didacta/didacta_2_2017/#16

KRUMM, Hans-Jürgen (1998): *Stockholmer Kriterienkatalog*. In: KAST, Bernd / NEUNER, Gerd (Hrsg.): *Zur Analyse, Begutachtung und Entwicklung von Lehrwerken*. Berlin/München: Langenscheidt. S. 100-105.

LEBERT, Benjamin (1999): *Crazy*. München: Goldmann.

LUNDQUIST-MOG, Angelika / WIDLOK, Beate (2015): *DaF für Kinder*. Deutsch Lehren Lernen. Band 8. Stuttgart: Ernst Klett Sprachen.

MARTIN, Jean-Pol (2018): *Lernen durch Lehren: Konzeptualisierung als Glücksquelle*. In: BUROW, Olaf-Axel / BORNEMANN, Stefan (Hrsg.): *Das große Handbuch Unterricht & Erziehung in der Schule*. Kronach: Carl Link. S. 345–360.

MITSCHIAN, Haymo (2004): *Lernsoftware. Bewertung in Theorie und Praxis*. München: Kopaed.

O'SULLIVAN, Emer / RÖSLER, Dietmar (2013): *Kinder- und Jugendliteratur im Fremdsprachenunterricht*. Tübingen: Stauffenburg.

PEUSCHEL, Kristina (2017): *Podcasts im DaF-Unterricht: Von der Idee zum eigenen Beitrag*. Magazin Sprache März/2017. Goethe-Institut. Online: www.goethe.de/de/spr/mag/20950312.html

PLATTEN, Eva (2008): *Gemeinsames Schreiben im Wiki-Web – Aktivitäten in einer untutorierten Schreibwerkstatt für fortgeschrittene Deutschlernende*. In: Zeitschrift für Interkulturellen Fremdsprachenunterricht. 13 (1). Online: https://tujournals.ulb.tu-darmstadt.de/index.php/zif/article/view/224/216

QUANDT, Joachim (2010): *Bauanleitung für eine Web 2.0-Lernumgebung*. In: Fremdsprache Deutsch, Heft 42. Ismaning: Hueber. S. 51-58.

QUETZ, Jürgen / ROSSA, Henning (Hrsg.) (2019): *Themenheft: Der neue Companion Volume to the CEFR (Begleitband zum GER)*. Zeitschrift für Fremdsprachenforschung. Nummer 30, Heft 2/2019.

REDECKER, Christine / PUNIE, Yves (Hrsg.) (2019). *Europäischer Rahmen für die digitale Kompetenz Lehrender: DigCompEdu*. Online: https://ec.europa.eu/jrc/sites/jrcsh/files/digcompedu_german_final.pdf

REIMANN, Monika (2016): *Grundstufen-Grammatik für Deutsch als Fremdsprache. Erklärungen und Übungen*. 5. Dr., aktualisierte Auflage. Ismaning: Hueber.

RÖSLER, Dietmar (1984): *Lernerbezug und Lehrmaterialien DaF*. Heidelberg: Groos.

RÖSLER, Dietmar (2007): *E-Learning Fremdsprachen. Eine kritische Einführung*. 2. Aufl. Tübingen: Stauffenburg.

RÖSLER, Dietmar (2012): *Deutsch als Fremdsprache. Eine Einführung*. Stuttgart: J.B. Metzler.

RÖSLER, Dietmar / WÜRFFEL Nicola (Hrsg.) (2010): *Blended Learning. Kombiniertes Lernen im Fremdsprachenunterricht*. Zeitschrift Fremdsprache Deutsch. Heft 42. Ismaning: Hueber.

RUG, Wolfgang / TOMASZEWSKI, Andreas (2001): *Grammatik mit Sinn und Verstand. 20 Kapitel deutsche Grammatik für Fortgeschrittene*. Stuttgart: Ernst Klett Sprachen.

RUSCH, Paul / SCHMITZ, Helen (2013): *Einfach Grammatik. Übungsgrammatik A1 bis B1*. Stuttgart: Ernst Klett Sprachen.

SALOMO, Dorotheé / MOHR, Imke (2016): *DaF für Jugendliche*. Deutsch Lehren Lernen. Band 10. Stuttgart: Ernst Klett Sprachen.

SCHART, Michael / LEGUTKE, Michael (2013): *Lehrkompetenz und Unterrichtsgestaltung*. Deutsch Lehren Lernen. Band 1. Stuttgart: Ernst Klett Sprachen.

WERNER, Julia u.a. (Hrsg) (2018): *Flipped Classroom – Zeit für deinen Unterricht. Praxisbeispiele, Erfahrungen und Handlungsempfehlungen*. Gütersloh: Bertelsmann Stiftung. Online unter: http://flipyourclass.christian-spannagel.de/wp-content/uploads/2018/10/9783867938693_Flipped_PDF-Onlineversion.pdf

WESTHOFF, Gerard (1997): *Fertigkeit Lesen*. Fernstudieneinheit 17. Berlin/München: Langenscheidt.

WÜRFFEL, Nicola (2008): *Kooperatives Schreiben im Fremdsprachenunterricht: Potentiale des Einsatzes von Social-Software-Anwendungen am Beispiel kooperativer Online-Editoren. In: Zeitschrift für Interkulturellen Fremdsprachenunterricht*. 13 (1). Online: https://tujournals.ulb.tu-darmstadt.de/index.php/zif/article/view/226/218

WÜRFFEL, Nicola (2013): Leseverstehen. In: AHRENHOLZ, Bernd / OOMEN-WELKE, Ingelore (Hrsg.): *Deutsch als Fremdsprache*. Reihe: Deutschunterricht in Theorie und Praxis, Band 10. Hohengehren in Baltmannsweiler: Schneider Verlag. S. 130-140.

WÜRFFEL, Nicola (2018). *Hausaufgaben im DaF/DaZ-Unterricht. Ein altes Thema (digital) neu denken*. Info DaF 2018. S. 1-25. Online: https://doi.org/10.1515/infodaf-2018-0009

WÜRFFEL, Nicola (2020): *Soziale Medien im Deutsch-als-Fremdsprache-Unterricht: Potenziale und Herausforderungen.* In: MARX, Konstanze / LOBIN, Henning / SCHMIDT, Axel (Hrsg.): *Deutsch in Sozialen Medien. Interaktiv, multimodal, vielfältig.* (Jahrbuch des Instituts für Deutsche Sprache 2019). Berlin/Boston: De Gruyter. S. 217–232.

Quellenangaben

Bewerbungstraining (2009): Kursmaterial Deutsch als Zweitsprache Niveau A2–B1. Von Nadja FÜGERT und Ulrike RICHTER. Stuttgart: Ernst Klett Sprachen.

DaF kompakt neu A1 (2016): Kurs- und Übungsbuch. Von Birgit BRAUN u.a. Stuttgart: Ernst Klett Sprachen.

DaF kompakt neu B1 (2016): Kurs- und Übungsbuch. Von Birgit BRAUN u.a. Stuttgart: Ernst Klett Sprachen.

DaF leicht (2015): Kurs- und Übungsbuch mit DVD-ROM. A 2.2. Von Sabine JENTGES u.a. Stuttgart: Ernst Klett Sprachen.

DaF leicht (2016): Kurs- und Übungsbuch mit DVD-ROM. B1.1. Von Sabine JENTGES u.a. Stuttgart: Ernst Klett Sprachen.

Das DaZ-Buch (2017): Für den intensiven Spracherwerb in der Sekundarstufe. Lehrerhandbuch. Von Irene MOMMERTZ und Kerstin REINKE. Stuttgart: Ernst Klett Sprachen.

Delfin (2003): Lehrbuch und Arbeitsbuch. A1-B1. Von Hartmut AUFDERSTRASSE, Jutta MÜLLER und Thomas STORZ. Ismaning: Hueber.

Deutsch aktiv 1 (1979): Ein Lehrwerk für Erwachsene. Lehrbuch. Von Gerd NEUNER u.a. München: Langenscheidt.

Deutsch als Fremdsprache (1978): Grundkurs 1A. Von Korbinian BRAUN, Lorenz NIEDER, Friedrich SCHMÖE. Stuttgart: Klett.

deutsch.com A2 (2009): Deutsch als Fremdsprache. Kursbuch. Von Gerd NEUNER u.a. Ismaning: Hueber.

Deutsch für Schulen in Taiwan (2000): Von San-Iii CHANG u.a. Taipeh.

Deutsch ist easy! (2006): Lehrerhandreichungen und Kopiervorlagen „Deutsch nach Englisch" für den Anfangsunterricht. Von Anta KURSIŠA und Gerhard NEUNER. Ismaning: Hueber.

Deutsche Sprachlehre für Ausländer (1967): Von Heinz GRIESBACH und Dora SCHULZ. Ismaning: Hueber.

Insel der Präpositionen (2012): Ein Lernspiel. Recanati: Eli.

Interaktive Grammatikanimationen Deutsch (2014). München: Goethe-Institut.

Ja genau! (2009): Kurs- und Übungsbuch A1, Band1/2. Von Claudia BÖSCHEL, Dagmar GIERSBERG und Sara HÄGI. Berlin: Cornelsen.

Klasse! (2018): A1. Deutsch für Jugendliche. Von Sarah FLEER u.a. Stuttgart: Ernst Klett Sprachen.

Lagune 1 + 2 (2006): Kursbuch Deutsch als Fremdsprache. Niveaustufe A1 + A2. Von Hartmut AUFDERSTRASSE, Jutta MÜLLER und Thomas STORZ. Ismaning: Hueber.

Linie 1 (2017): Deutsch in Alltag und Beruf. A2. Von Stefanie DENGLER u.a. Stuttgart: Ernst Klett Sprachen.

Maximal (2018): Deutsch für Jugendliche. Kursbuch A1. Von Giorgio MOTTA u.a. Stuttgart: Ernst Klett Sprachen.

Menschen (2014): Deutsch als Fremdsprache. Kursbuch A1. Von Sandra EVANS, Angela PUDE und Franz SPECHT. Ismaning: Hueber.

Mit uns (2018): Deutsch für Jugendliche. Audio CD zum Arbeitsbuch B2. Von Anna BREITSAMETER u.a. Ismaning: Hueber.

Motive (2014-18): Kompaktkurs DaF. Von Wilfried KRENN und Herbert PUCHTA. Hueber: Ismaning.

Netzwerk (2014): Deutsch als Fremdsprache. Kurs- und Arbeitsbuch B1. Von Stefanie DENGLER u.a. Stuttgart: Ernst Klett Sprachen.

Netzwerk neu (2019): Deutsch als Fremdsprache. Kurs- und Übungsbuch mit Audios und Videos A1.1. Von Stefanie DENGLER u.a. Stuttgart: Ernst Klett Sprachen.

Optimal A1 (2004): Lehrbuch. Lehrwerk für Deutsch als Fremdsprache. Von Martin MÜLLER u.a. Stuttgart: Ernst Klett Sprachen.

Optimal B1 (2006): Lehrbuch. Lehrwerk für Deutsch als Fremdsprache. Von Martin MÜLLER u.a. Stuttgart: Ernst Klett Sprachen.

Passwort Deutsch (2001): Kursbuch 1. Von Ulrike ALBRECHT u.a. Stuttgart: Ernst Klett Sprachen.

Paul, Lisa & Co. (2017): Deutsch für Kinder. Kursbuch. Von Monika BOVERMANN, Manuela GEORGIAKAKI und Renate ZSCHÄRLICH. München: Hueber.

Perfekt in Deutsch (2012): Übungsgrammatik für Kinder und Jugendliche. Von Marina MOURIKI und Ulla-Britta CHIMARA. Stuttgart: Ernst Klett Sprachen.

Schritt für Schritt in Alltag und Beruf (2019): Kurs und Arbeitsbuch A2.2. Von Silke HILPERT u.a. Ismaning: Hueber.

Schritte plus (2010): Deutsch als Fremdsprache. Kursbuch + Arbeitsbuch A2.2. Von Silke HILPERT u.a. Ismaning: Hueber.

Starten wir! (2017): Deutsch als Fremdsprache. Kursbuch A1. Von Rolf BRÜSEKE. Ismaning: Hueber.

Starten wir! (2018): Deutsch als Fremdsprache. Kursbuch A2. Von Rolf BRÜSEKE. Ismaning: Hueber.

studio d A1 (2009): Deutsch als Fremdsprache. Interaktive Tafelbilder. Von Hermann FUNK u.a. Berlin: Cornelsen.

studio d A2 (2007): Kurs- und Übungsbuch. Von Rita NIEMANN u.a. Berlin: Cornelsen.

studio d B1 (2007): Kurs- und Übungsbuch. Von Hermann FUNK u.a. Berlin: Cornelsen.

studio d B2/2 (2011): Kurs- und Übungsbuch. Von Christina KUHN u.a. Berlin: Cornelsen.

Tamburin 2 (2000): Deutsch für Kinder. Von Siegfried BÜTTNER u.a. Ismaning: Hueber.

Team Deutsch 2+3 (2008): Deutsch für Jugendliche. Kursbuch. Von Ursula ESTERL u.a. Stuttgart: Ernst Klett Sprachen.

66 Wechselspiele – für die interaktive Partnerarbeit (2018): Deutsch als Fremdsprache. Von Michael DREKE und Wolfgang LIND. Stuttgart: Ernst Klett Sprachen.

Wechselspiel Junior (2000): Bilder und interaktive Arbeitsblätter für junge Deutschlernende. Von Michael DREKE und Sofia PRESTES SALGUEIRO. Stuttgart: Ernst Klett Sprachen

Wir 1 (2003): Grundkurs für junge Lerner. Lehrbuch. Von Giorgio MOTTA. Stuttgart: Ernst Klett Sprachen.

Angaben zu den Autoren

Dietmar Rösler

Dietmar Rösler ist Professor für Deutsch als Fremdsprache an der Justus-Liebig-Universität Gießen. Seine Hauptarbeitsgebiete: Lernen mit digitalen Medien, interkulturelle Kommunikation, Lehrmaterialanalyse.

Nicola Würffel

Nicola Würffel ist seit 2016 Professorin für Deutsch als Fremd- und Zweitsprache mit dem Schwerpunkt Didaktik und Methodik am Herder-Institut der Universität Leipzig. Vorher hatte sie eine Professur für die Didaktik der Neuen Medien an der PH Heidelberg inne. Ihre Forschungsschwerpunkte liegen in den Bereichen der Digitalisierung des Fremdsprachenlehrens und -lernens, des kooperativen Lernens und der Professionalisierung von Lehrkräften.

Postkarte schreiben

- Begrüßung / Verabschiedung
  - Rückendiktat?
- Waren oder hatten?
  - Meinungen: "das war...."
  - Essen im Urlaub
  - Aktivitäten in Berlin
- Eine Reihenfolge setzen
  - zuerst
  - danach
  - + Tage
  - + Tageszeiten
    - am Montag
    - am Vormittag

Binnendifferenzierung

- kulturelle Urlaub.
- EXTRA thematische Gruppen-Verteilung
- Ein Briefing
  - aktiver Urlaub in Berlin
  - relaxter Urlaub

Übersicht über die Videos auf der DVD

Aus der Datenbank mit Unterrichtsmitschnitten des Goethe-Instituts werden in dieser Einheit folgende Videos oder Ausschnitte aus Unterrichtsmitschnitten – Sequenzen – benutzt. Sie finden sie auf der beiliegenden DVD.

Unterrichtsmitschnitte	
Goethe-Institut Madrid	Sequenz 4/9
Schule New Delhi	Sequenz 1/6
Goethe-Institut Bratislava	
Goethe-Institut München	Sequenz 2/5 Sequenz 3/5 Sequenz 4/5
Deutsche Schule Sevilla	Sequenz 4/8 Sequenz 5/8 Sequenz 6/8

Gespräche über Unterricht
Gespräch über Vermittlung von Medienkompetenz
Gespräch über Lehrende als Moderatoren

Clem

- Music reading Do-re-me
- Super quick
Underwater, motivated

Michelle

- Rhythm?

Amelia

- Keeping beat steady
- Musicianship.
- Confidence
- Land of dreams.

Nye

Reading simple rhythms
Working on confident sound / using air)

Rosa

Rhythms - to word
Solfedge is fab. Great pieces
Matching words to music